Odilo Engels

Die Staufer

Sechste, überarbeitete und erweiterte Auflage

Verlag W. Kohlhammer
Stuttgart Berlin Köln

Die Deutsche Bibliothek – CIP-Einheitsaufnahme

Engels, Odilo:
Die Staufer/Odilo Engels. – 6., überarb. und erw. Aufl. –
Stuttgart ; Berlin ; Köln : Kohlhammer, 1994
(Urban-Taschenbücher ; Bd. 154)
ISBN 3-17-012953-8
NE: GT

Umschlagbild: Oberste Emailleplatte des Schwertes,
das zu dem für Friedrich II. geschaffenen Krönungsornat gehört.
(Aus: O. Engels/G. Trendel/A. Rapp, Stauferburgen am Oberrhein, 1977.
Verlag G. Braun, Karlsruhe)

Sechste, überarbeitete und erweiterte Auflage 1994

Stuttgart Berlin Köln
Verlagsort: Stuttgart
Umschlag: Studio 23
Gesamtherstellung:
W. Kohlhammer Druckerei GmbH + Co. Stuttgart
Printed in Germany

Inhalt

Vorwort 7

1. Die ersten Staufer 9
2. Das salische Erbe 18
3. Der staufisch-welfische Gegensatz 31
4. Die Wegbereitung 47
5. Programmatischer Auftakt? 55
6. Sacerdotium und Imperium 76
7. Die Reichsverwaltung in Italien 96
8. Der Wandel in der Reichsverfassung 107
9. Auf dem Wege zur Weltmonarchie 126
10. Der Kampf um das Thronerbe 140
11. Das »chint von Pulle« 150
12. Der glücklose Kaisersohn 158
13. Der Staatsschöpfer, Kreuzfahrer und vergöttlichte Kaiser 169
14. Die letzten Staufer 187
15. Die Staufer in der Geschichte 192

Literaturverzeichnis 203

Namen- und Sachregister 227

Stammtafel .... nach S. 244

Vorwort zur 6. Auflage

Seit der 3. Auflage sind derart viele Titel zur Geschichte der Staufer erschienen, daß eine gründlichere Überarbeitung des Textes unvermeidlich schien; das Ausmaß ist nicht an der Zahl der Kapitel abzulesen. Ihren Überschriften läßt sich bereits entnehmen, daß kein Anlaß bestand, die bisherige Grundlinie zu verändern. Besonders im verfassungshistorischen Detail jedoch schienen nicht nur Ergänzungen, sondern auch Korrekturen angebracht, zum Teil sogar substantieller Art. Der Fachmann wird sofort erkennen, wo ich auf Einwände oder weiterführende Beobachtungen zu reagieren versucht habe; wo ich meinen Standpunkt verteidigen zu müssen glaube, kann leider keine Diskussion stattfinden, weil sie den Charakter eines Taschenbuches sprengen würde. Das Literaturverzeichnis ist der leichteren Benutzbarkeit wegen umgestellt worden. Bei seiner Erstellung waren mir die Herren Dr. W. Georgi, Dr. G. Gresser und Gerhard Lubich dankenswerterweise behilflich.

Köln, im Frühjahr 1994 O. Engels

Vorwort zur 1. Auflage

Die deutsche Geschichtsschreibung des 19. Jahrhunderts war von zwei Leitgedanken beherrscht: von der auf Erbfolge beruhenden Legitimität eines Herrscherhauses und vom Idealbild eines im geschlossenen Staatskörper geeinten Volkes; Macht und Ansehen dieses Volkes, überhaupt sein Selbstverständnis, konnten sich dabei nur in den Taten des Herrschers verkörpern. Diese Prämissen haben das ältere Stauferbild geprägt. Die Geschichte der Staufer war identisch mit der Geschichte des Reiches, und es war eine glanzvolle, der eigenen Gegenwart nahezu verwandte Epoche, weil in ihr die Ideale und das 1871 endlich Erreichte schon einmal vorweggenommen schienen. Ein wichtiger Bestandteil der Reichsgeschichte ist die Geschichte der Staufer natürlich auch heute noch, aber – und darin liegt der Unterschied – sie ist eben nur ein Teil der Reichsgeschichte. Die landesgeschichtliche Forschung hat zwar eine Fülle von Details aufgearbeitet, eine Geschichte des Reiches aus dem Blickwinkel der Fürsten jedoch steht noch aus. Wir greifen deshalb zu einem Leitfaden, der geeignet erscheint, diesen Mangel wenigstens für die Frühzeit der Staufer auszugleichen. Das Staufergeschlecht als ein Adelshaus mit einem nur durch diesem Haus eigenen Bewußtsein zu betrachten, ist erst durch jüngste Forschungen zur Adelsgeschichte des hohen Mittelalters (K. Schmid) möglich geworden. Von hier – ergänzt durch eigene, in mehreren Seminarübungen vorbereitete und an anderer Stelle veröffentliche Untersuchungen – erfährt das Verhältnis der Staufer zu den Saliern, ihr Gegensatz zu den Welfen und ihre Selbsteinordnung in die voraufgegangene Kaiserreihe ein neues Licht.

O. Engels

1. Die ersten Staufer

Nur durch einen Zufall haben wir Kenntnis von den ersten Staufern. Als Friedrich Barbarossa seine Ehe mit Adela von Vohburg lösen wollte und an der Kurie einen Eheprozeß mit der Begründung anstrengte, mit seiner Frau zu nahe verwandt zu sein, mußte er die Reihe seiner Ahnen so weit zurückverfolgen, wie es die Prozeßmaterie erforderte. Otto von Freising, der andere Gewährsmann, eröffnet die Ahnenreihe erst mit dem ersten Schwabenherzog aus der Stauferfamilie, so daß für uns der Stammbaum vor der zweiten Hälfte des 10. Jahrhunderts im ungesicherten Stadium tastender genealogischer Kombinationen bleibt.

Als erster durch Belege abgesicherter Staufer hat nach wie vor ein Friedrich zu gelten, von dem außer seinem Namen nur gesagt werden kann, daß seine Schwester mit dem Grafen Berthold im Breisgau verheiratet war, aus deren Nachkommenschaft Adela von Vohburg hervorgehen sollte. Der Sohn dieses Friedrich, der gleich seinem Vater den Leitnamen der Familie trug, ist um die Mitte des 11. Jahrhunderts als Pfalzgraf in Schwaben nachweisbar. Der Friedrich in der dritten Generation läßt sich bereits lokalisieren; er nannte sich nach der Burg Büren, wohl zu identifizieren mit dem heutigen Wäschenbeuren unweit von Göppingen. Seine Gattin Hildegard war die Tochter eines elsässischen Grafen (von Mousson-Mömpelgard) und späte Nachfahrin eines Königshauses. Die Staufer gehörten in jedem Falle zum süddeutschen Hochadel in einer den Zähringern vergleichbaren Stellung.

In der vierten Generation schon konnte die Familie ihr Ansehen gewaltig steigern. Hildegard schenkte sechs Kindern das Leben, doch nur einer, wiederum Friedrich mit Namen, war ein Staufer; die anderen stammten offenbar aus zwei späteren Ehen der Mutter und verschwanden dadurch aus dem Blickfeld der staufischen Familientradition. Der Älteste hatte die Pfalzgrafenwürde wohl nicht inne, war aber nachweislich Graf ein Jahrzehnt, bevor König Heinrich IV. ihn 1079 zum Herzog der Schwaben ernannte und ihm seine einzige Tochter Agnes zur Frau gab. Aber nicht durch dieses Ereignis allein, das die Familie in Königsnähe führte, verdichtete sich das Selbstverständnis der Staufer zu einem Adelshaus. Vor seiner Ernennung zum Herzog errichtete Friedrich auf der Kuppe des Hohenstaufen einen (neuen?) Stammsitz, von dem das Geschlecht seinen Namen später ableiten sollte. Und seine ältere Burg oberhalb von Lorch im Remstal wandelte er nach 1090 in das Hauskloster seiner Familie um.

Der Besitzstand dieser frühen Staufer dürfte nicht allzu umfangreich gewesen sein. Nur von drei Komplexen können wir mit Sicherheit sagen, daß sie sich schon vor der Ernennung Friedrichs zum Herzog in staufischer Hand befunden haben. Der eine bestand aus dem Hohenstaufen mit seiner Hauptburg Stoph bzw. Stauf und mit Wäschenbeuren sowie Lorch in seinem Umkreis; die beiden anderen lagen im Elsaß und sind offenbar von Hildegard in die Ehe mit Friedrich von Büren eingebracht worden. Hier nannten die Staufer Teile in und um Schlettstadt mit der Hohkönigsburg ihr eigen und weiter nördlich bei Hagenau ein Drittel des Heiligen Waldes, in den sie sich mit den Saliern und den Grafen von Lützelburg teilten. Es ist eingewandt worden, der ursprüngliche Besitz müsse ausgedehnter gewesen sein, weil der später größere Umfang nicht in allen Teilen als Zuwachs belegt werden kann. Wir müssen dahingestellt sein lassen, ob die Dürftigkeit der Quellenmitteilung auf eine tatsächlich schmale Machtposition zurückzuführen ist oder eine Ausweitung des Besitztums unter der Hand vor sich ging, weil die Tätigkeit des Schwabenherzogs in Diensten des Reiches die Grundlinien der staufischen Frühzeit für uns weitgehend verschüttet hat. Die Machtposition der Staufer war jedenfalls nicht so stark, daß ihnen 1079 schon deshalb die schwäbische Herzogsgewalt zugefallen wäre.

Otto von Freising motiviert die Übertragung des Herzogsamtes in den Gesta Friderici mit der Not des Reiches und der bewährten Treue des Staufers zum Königshaus. In einer äußerst kritischen Lage befand sich Heinrich IV. tatsächlich. Wir müssen hier etwas ausholen, denn die mißliche Lage Heinrichs IV. war keineswegs allein von seiner Auseinandersetzung mit dem Reformpapst Gregor VII. gezeichnet. Gleichzeitig nämlich begann unter diesem Herrscher ein Umbruch der inneren Herrschaftsordnung allererste Auswirkungen zu zeigen. Man pflegt seit einiger Zeit diesen Umbau der Herrschaftsstruktur, der sich vom 11. bis in das 13. Jahrhundert hinzog, als einen Übergang vom Personenverbandsstaat zum territorialen Flächenstaat zu kennzeichnen.

Je intensiver man sich mit diesem Prozeß beschäftigt, desto rätselhafter erscheint er, was seine eigentlichen Ursachen angeht. Wir wollen uns hier auf einige Beobachtungen beschränken, die das Ausmaß des Umbruchs und die neue Entwicklungsrichtung andeuten. Die Verfassung des Reiches als ein Personenverbandsstaat bringt man gerne mit der Einteilung Deutschlands in Stammesherzogtümer in Verbindung. Der Adel eines Stammesgebietes, ausgestattet mit ursprünglichen Eigenrechten, habe sich unter der Führung eines Herzogs zu einem Verband zusammengeschlossen und sei im Rahmen dieses Gefolgschaftsverbandes der Königsherrschaft eingegliedert worden. Um das Unfertige eines Stammesherzogtums, solange es existierte, zu erkennen, muß man unbedingt hinzufügen, daß es in seinen Anfängen auf das Bemühen eines potenten Adligen zurückgeht, in seinem Stammesgebiet eine zumindest vizekönigliche Stellung zu erringen, dieser den Adel aber nicht vollständig in seine Gefolgschaft zu zwingen vermochte. Niederlothringen und Sachsen beispielsweise sind nur sehr selten bzw. niemals in ihrem ganzen Umfang von der Herzogsherrschaft erfaßt worden. Allerdings fanden die Herzöge bis auf Franken, wo die stammesherzogliche Gewalt schon früh erlosch, stets in ausreichendem Maße Gefolgschaftswillige, so daß sich die Königsgewalt mit dieser neuen Einrichtung abfinden mußte. Sie tat es, indem sie den Herzog zu ihrem Beauftragten erklärte und ihm damit einen Verfügungsanspruch über den gesamten Stammesadel, jetzt kraft Amt, zugestand. Dieser Auftrag jedoch konnte den ursprünglichen Charakter eines Zugeständnisses nie abstreifen. Das Stammesherzogtum hatte sich wie eine neue Instanz zwischen Königsgewalt und Grafschaftsebene geschoben, das Königtum aber auf seine unmittelbare Zuständigkeit für die Grafschaft nicht verzichtet; infolgedessen blieben die Kompetenzen des Stammesherzogs fließend und in der Praxis von der jeweiligen Machtlage abhängig. Die Stammesherzöge hatten nur den Anfang gemacht; schon im 10. Jahrhundert zogen weitere potente Adelsfamilien in dem Wunsch, Königsähnlichkeit zu erlangen, nach und brachten die Herzogsgewalten gewissermaßen von unten her in Bedrängnis. Seit der Jahrtausendwende setzte diese Entwicklung das Königtum sogar instand, die stetig zunehmende Zahl des aufsteigenden Adels gegen die Herzogsgewalten auszuspielen oder, wie vornehmlich in Bayern und Schwaben, die Herzogsämter mit Mitgliedern der königlichen Familie zu besetzen und damit den Versuch Ottos des Großen zu wiederholen, die stammesherzogliche Führung als verlängerten Arm der königlichen Sphäre in Erscheinung treten zu lassen. Um die Mitte des 11. Jahrhunderts weitete sich die Zahl des aufstrebenden Adels in überraschender Breite aus und verdichtete einen Prozeß, der sich bis in das 13. Jahrhundert hinziehen sollte. Er brachte nicht nur dem Stammesherzogtum einen unaufhaltsamen Untergang

– in ersten Auswirkungen vor allem in Niederlothringen und Schwaben schon gegen Ende des 11. Jahrhunderts, andernorts in den letzten Ausläufern erst im 13. Jahrhundert erkennbar – sondern bedrohte auch die Superiorität der Königsgewalt.

Kennzeichen des neuen adligen Selbstverständnisses ist eine straffere Eingrenzung der Abstammungsgemeinschaft, die mit einer Verankerung in territorial fixierten Bezugspunkten einherging. Die Familie schuf sich eine Hauskirche oder ein Hauskloster, das ihr gleichzeitig als Grablege der verstorbenen Mitglieder diente; der dortige Konvent hatte für das Seelenheil der Bestatteten zu beten und kümmerte sich um die Geschichte der Abstammungsgemeinschaft, die von daher wiederum ihr eigenes unverwechselbares Profil bezog. Ferner errichtete und bewohnte der Adlige Höhenburgen mit betont repräsentativer Zielsetzung; eine von ihnen schälte sich als Stammsitz heraus, auf den alle Rechte der Familie bezogen wurden, und der ihr schließlich auch den Namen gab. Durch diesen Griff auf einen überpersonalen Bezugspunkt zeichnet sich bereits ab, daß dem Adelshaus – wie man es jetzt nennen muß – nicht mehr allein der biologische Zusammenhang zugrunde lag, sondern zusätzlich auch der Besitz oder ein wichtiges Amt.

In diesem Zusammenhang wandelte sich auch die Amtsvogtei zur Herrenvogtei. Das heißt, nicht mehr das Kloster oder der Bischof wählten sich einen Adligen zum Vogt und fühlten sich dabei nicht an die einmal mit dem Amt betraute Familie gebunden, sondern dieses Amt wurde nun von der Adelsfamilie wie ein erblicher Besitz eifersüchtig gehütet. Es ist ein Indiz für das Auseinandertreten von Besitz und Herrschaftsrechten. Bislang hatten Herrschaftsaufgaben ein Interesse beansprucht, weil sie Einkünfte abwarfen; nunmehr jedoch nahmen Herrschaftsfunktionen neben dem Besitz einen Eigenwert an und weiteten diese über die Grenzen des eigenen Besitztums hinaus aus. Der Ruf der kirchlichen Reformpartei nach Überwindung des Eigenkirchenwesens mag zu dieser Entwicklung erheblich beigetragen haben; mindestens ebenso entscheidend dürfte an ihr aber auch das aufkommende Hausverständnis des Adels beteiligt gewesen sein, denn die erste ausdrückliche Reservierung der Erbvogtei zeigt sich oft genug mit der Gründung des Hausklosters verbunden. Das wiederum läßt eine vorsichtige Schlußfolgerung auf die Territorialisierung der Herrschaftsausübung zu.

Den Übergang vom Personenverbandsstaat zum Flächenstaat ließ Theodor Mayer mit dem späten 11. Jahrhundert einsetzen.

Sieht man diesen Prozeß jedoch mit der Ausbildung des adligen Hausverständnisses ursächlich verknüpft, dann erklärt sich besser, warum territorialpolitische Momente schon vorher eine Rolle spielten, der Territorialisierungsprozeß aber erst im späten 11. Jahrhundert richtig erkennbar wird und in seiner Ausformung über diese Jahrhundertwende hinaus wesentlich länger dauerte. Der oftmals weit verstreute Besitz gewann unter dem Gesichtspunkt seiner Nutzung zur wirksamen Herrschaftsausübung an Interesse. Zunächst entschloß man sich zum planmäßigen Ausbau von Herrschaftsinseln, und sei es nur durch Erwerb von Vogteirechten, mit deren Hilfe sich ein größeres Gebiet machtpolitisch durchdringen ließ, am Ende schritt man zur Arrondierung, um möglichst geschlossene Herrschaftsbezirke zu erzielen. Nur so ließ sich das Maß an Herrschaftsrechten qualitativ steigern.

Damit ging eine Emanzipation in der Herrschaftsbegründung einher. Die Amtsgrafschaft hatte sich faktisch in derselben Familie vererbt, aber sie war immer noch als ein vom König kommender Auftrag verstanden worden. Nunmehr tauchen Brüder oder der noch unmündige Sohn mit dem Grafentitel – bezogen auf denselben Bezirk – gemeinsam auf. Amtsgut wurde unter der Hand der königlichen Verfügung entzogen; die vom Herrscher zu Lehen gehende Burg wurde gerne durch eine auf Kirchenboden errichtete Anlage ersetzt. Man wollte den Auftrag des Herrschers abstreifen und möglichst in eigener Vollmacht die alten Funktionen ausüben. Darüber gingen zum Teil die alten Grafschaften zu Bruch; es tauchen im weiteren Verlauf grafschaftsähnliche Herrschaften auf, deren Herr den Grafentitel nicht führte. Eine Steigerung in diesem Zusammenhang bildeten die durch Rodung gewonnenen Territorien. Unzugängliche Wildnis war, herrschaftlich gesehen, Niemandsland. Wer im Besitz gräflicher Rechte war und im Niemandsland rodete und Burgen oder Städte anlegte, konnte unangefochten eine lückenlose Flächenherrschaft entwickeln. Aber das war noch nicht das Entscheidende. Um das gerodete Land zu bevölkern, brauchte der Herr Siedlungswillige; er suchte sie dadurch zu gewinnen, daß er Befreiungen von der Leibeigenschaft in Aussicht stellte. Von diesem Moment an wurde die persönliche Bindung an den Adelsherrn durch eine territoriale ersetzt; das heißt, der Hörige war nicht mehr ein und demselben Herrn verpflichtet, ganz gleich wo er sich aufhielt, sondern als Freier wechselte er mit seinem Aufenthaltsort auch den Herrn. Die Herrschaftsbasis zeigte sich gerade darin auf ein Territorium projiziert.

Wir haben mit diesem skizzenhaften Exkurs unserer Darstellung zum Teil vorgegriffen; aber es war notwendig, um die Entwicklungsrichtung deutlich zu machen, die Heinrich IV. bereits Schwierigkeiten bereitete. Er erkannte die Konsequenzen, die sich aus der Umwälzung für die Königsherrschaft ergaben, und paßte sich in bewußter Konkurrenz zum Adel dem beginnenden Territorialisierungsprozeß an. Als erster deutscher König begann er, Königsgutsbezirke an politisch entscheidenden Stellen zur Landesherrschaft auszubauen, um von solchen Inseln aus auf den Adel der Umgebung einzuwirken. Statt wie bisher die Vogtei eines Königshofes der bodenständigen Grafengewalt zu überlassen, gab er die Verwaltung solcher Höfe in die Hände königlicher Dienstmannen, die dem König dadurch verpflichtet wurden, daß sie durch Vergabe von Dienstlehen und durch Einsatz an entscheidenden Punkten zum Ministerialen aufsteigen konnten.

Daß Heinrich IV. ausgerechnet in Sachsen ein ansehnliches Königsland zu schaffen suchte, ging nicht nur von der Erwägung aus, er müsse in ein Stammesgebiet mit ausgeprägtem Selbstbewußtsein einbrechen, sondern hatte auch einen praktischen Grund. Die Salier hatten vor allem durch den Heimfall des liudolfingischen Besitztums an der sächsisch-thüringischen Grenze zahlreiche Königsgutsbezirke besessen, die in den Jahren der Unmündigkeit Heinrichs der Königsgewalt verlorengegangen waren. Es handelte sich gewiß um eine Revindikationspolitik, aber mit besonderen Merkmalen. Über das Entfremdete hinaus sollte der unmittelbar dem Herrscher zur Verfügung stehende Bezirk erweitert werden, damit das Königsland schon vom Gewicht seines Umfanges her die Herzogsgewalt praktisch ersetzen könne. Der Sachsenherzog Bernhard II. hatte auf Kaiser Heinrich III. einen Anschlag geplant gehabt, von diesem war ihm der Bremer Erzbischof Adalbert I. als Interessenvertreter des Kaisers entgegengestellt worden. Der sächsische Adel fühlte sich sicherlich durch die schwäbischen Ministerialen, die von Hause aus unfrei, als Verwalter der königlichen Burgen aber dem Adel praktisch gleichgestellt waren und sich zur Heirat mit edelfreien Sächsinnen berechtigt glaubten, in seiner Standesposition bedroht. Mindestens ebenso schwer wog für ihn aber auch die Aussicht vermehrter direkter Eingriffe der Königsgewalt in das innere Kräftegefüge des Stammesgebietes.

Der Aufstand der sächsischen Adelsopposition wäre eine regionale Angelegenheit geblieben, wenn nicht der übrige deutsche Adel im sächsischen Beispiel, wozu noch die rheinische Städtepolitik Heinrichs kam, eine Bedrohung seiner Stellung gesehen hätte. Seit 1072 zeigten sich die süddeutschen Herzöge Rudolf von Schwaben, Berthold von Kärnten und Welf von Bayern zunehmend verstimmt. In Gregor VII., der aus ganz anderen Gründen die sakrale Grundlage des Königtums bekämpfte, fanden sie einen Bundesgenossen. Das Maß schien voll, als das Königtum im Bußgang zu Canossa eine bislang nicht gekannte Demütigung erfuhr. Wenig später, noch im Jahre 1077, rief man auf dem Fürstentag in Forchheim den Schwabenherzog Rudolf von Rheinfelden zum Gegenkönig aus. Heinrich IV. erklärte zwar seine Gegner ihrer Amtslehen verlustig, hatte aber damit die Opposition nicht bezwungen. Ziemlich geschlossen stand nur Sachsen hinter Rudolf; in Bayern hielt der höhere Adel zum Gegenkönig, der niedere Adel dagegen zum Salier. Der schwäbische Stamm war völlig gespalten; hier ging der Riß sogar mitten durch einzelne Geschlechter. Rudolf mußte sich nach Sachsen zurückziehen, doch befanden sich gerade in Schwaben bedeutende Machtpositionen seiner Partei. Rudolfs eigene Besitzungen lagen südlich des Oberrheins, die des Welfen nördlich des Bodensees und die des Zähringers (Berthold von Kärnten) beiderseits des Schwarzwaldes mit dem Schwerpunkt um Weilheim (Teck). Es war zu erwarten, daß die Partei des Gegenkönigs eine Verbindung Sachsens mit den süddeutschen Besitzungen herzustellen suchte. Das aber wollte Heinrich IV. verhindern.

In diesem Rahmen ist die Übertragung der schwäbischen Herzogswürde auf den Staufer zu sehen. Es dürfte sich um einen Akt handeln, der einer politischen und strategischen Überlegung des Augenblicks entsprang und nicht Bestandteil einer weitschauenden Planung war. In den Augen Heinrichs IV. galt das schwäbische Herzogsamt seit 1077 als eingezogen; nach Auffassung Rudolfs von Rheinfelden hingegen wurde es von seiner Gattin Adelheid in seinem Auftrag verwaltet. Als Adelheid zu Anfang des Jahres 1079 starb, wählten die Parteigänger Rudolfs dessen Sohn Berthold zum Herzog der Schwaben; und Rudolf gab dem Zähringer Berthold, einer wichtigen Stütze des neuen Herzogs, seine Tochter Agnes zur Frau. Was Heinrich IV. also zu Ostern 1079 tat, war Teil eines politischen Zug-um-Zug-Geschäftes. Da der eine das Amtslehen wieder ausgab, durfte der andere nicht zurückstehen; und da der eine Herzog eine Königstochter zur Frau erhielt, um ihn fester an den Herrscher zu binden, mußte die Gegenpartei ebenfalls mit einer solchen Heiratsverbindung geehrt werden. Den Herzog durch Heirat an das Königshaus enger zu binden, war übrigens schon länger eine Politik der Salier in Süddeutschland.

Daß die Wahl ausgerechnet auf den Staufer fiel, wird gewöhnlich mit Gründen strategischer Notwendigkeit erklärt. Natürlich wußte man, wie knapp das staufische Besitztum nur mit anderen schwäbischen Adelsfamilien konkurrieren konnte. Sein schwäbischer Kernbesitz aber – das gab offenbar den Ausschlag – lag an der Straße, die von Oberschwaben über Ulm und die Steige nach Franken und weiter nach Sachsen führte. Wollte Heinrich IV. Sachsen und Schwaben voneinander trennen, dann mußte er im Stauferbesitz einen geeigneten Sperriegel sehen, der die schwäbischen Kräfte zu binden in der Lage war, während er selbst von Franken aus die Sachsen angriff. Da die Familie Friedrichs schon im Besitz der schwäbischen Pfalzgrafenwürde war, vereinte sich das strategische Erfordernis in glücklicher Weise mit dem naheliegenden Rückgriff auf den Träger der nächstfolgenden Würde.

Welchen Vorteil die Übertragung der Herzogswürde dem Staufer einbrachte, liegt nicht ohne weiteres auf der Hand. Rein machtpolitisch gesehen, mußte Friedrich seine Herzogsgewalt mit Berthold von Rheinfelden teilen, denn der Rivale führte keineswegs ein Schattendasein; er war sogar in der Lage, eigene Landtage im südlichen Schwaben einzuberufen und unbehelligt abzuhalten. Beide beanspruchten das ganze Schwabenherzogtum. Die Schwäche der herzoglichen Stellung beider war nicht allein durch das Doppelkönigtum bedingt, denn schon vorher hatte sich ein langsamer Niedergang der stammesherzoglichen Stellung abgezeichnet; wenn man an Niederlothringen denkt, war diese Entwicklung in Schwaben kein Einzelfall. Heinrich IV. zog daraus die Konsequenzen, nachdem er sich 1097 mit Herzog Berthold von Zähringen, seit 1092 der Nachfolger Bertholds von Rheinfelden, ausgesöhnt hatte; die alte geschlossene Einheit des schwäbischen Stammes wurde nicht wiederhergestellt. Das Amtsherzogtum verblieb zwar seit 1098 durch kaiserlichen Schiedsspruch ungeteilt beim Staufer, aber der Zähringer durfte seinen Herzogstitel weiterführen und erhielt zum Zeichen dieser Würde die Reichsvogtei Zürich. Das heißt, der Kaiser sanktionierte den schon länger bestehenden Zustand der Spaltung des Stammesherzogtums, indem er den Zähringer und dessen Vasallen von der Folgepflicht gegenüber dem Schwabenherzog befreite, ihn mit einem alten Vorort der schwäbischen Herzogsgewalt ausstattete und dadurch unmittelbar der Reichsspitze zuordnete. Damit verkleinerte sich das Schwabenherzogtum um ein neues Herzogtum, das auf einer ganz anderen Rechtsgrundlage basierte. Gerade dieser Ausgang der schwäbischen Auseinandersetzung macht unwahrscheinlich, der Staufer habe in seiner Herzogswürde einen Auftrag oder ein Mittel gesehen, das Stammesherzogtum in seiner alten Bedeutung zu restaurieren. Friedrich selbst gab nach anfänglichem Bemühen in der Gegend von Ulm und Augsburg jeden Versuch auf, eine bis auf die eximierten Gebiete der Zähringer ungeteilte Anerkennung in Schwaben zu erzwingen. Das besagt natürlich nicht, der Staufer hätte Vorrechte eines Amtsherzogs – wie Heerführung des Stammesaufgebots, Landfriedewahrung, landrechtliche Gerichtsbefugnisse über Freie, Verfügungsrecht über herrenloses Gut ausgestorbener Adelsfamilien – nicht wahrgenommen. Aber er konnte sie im wesentlichen nur im nördlichen Schwaben zur Anwendung bringen, zumal auch die Welfen im eigenen oberschwäbischen Besitztum herzogliche Funktionen ausübten. Diese Einschränkung mußte die staufische Herzogsgewalt auf die neuen, in Umrissen sich bereits abzeichnenden Herrschaftsgrundlagen verweisen. Und die Vorrechte eines Amtsherzogs, soweit sie sich noch realisieren ließen, boten dazu eine vorteilhafte Ausgangsposition.

Auf diesem Hintergrund läßt sich ein anderer, für die Zukunft eigentlich entscheidender Vorteil genauer einschätzen. Die Übertragung des Herzogsamtes und die damit verbundene Heirat mit einer Kaisertochter brachten den Staufern einen sozialen Aufstieg, der sie in die vorderste Linie der Reichsfürsten stellte. Um jedoch aus einem Geschlecht von nur regionaler Bedeutung zu einer Familie emporzusteigen, welche die Geschicke des Reiches entscheidend mitbestimmte, genügte der formale Aufstieg allein nicht. Hier können die konkreten Umstände des Jahres 1079 nicht hoch genug veranschlagt werden; die Hilfsbedürftigkeit des Saliers veranlaßte den Aufstieg der Staufer, und wollten sich diese gegen ihre Rivalen behaupten, dann konnten sie es nur in Vertretung königlicher Interessen tun. In der Tat zeigt sich Friedrich an allen Unternehmungen der kaiserlichen Partei in der Folgezeit beteiligt; und als sich Heinrich IV. in Italien aufhielt, war Friedrich sogar der Träger aller militärischen Aktionen der Salier in Deutschland. Diese Ausgangsposition der Staufer führte somit gleich über den schwäbischen Rahmen hinaus; sie sollte auch ihr Hausbewußtsein und ihre Hausmachtorientierung nachhaltig prägen.

2. Das salische Erbe

Die den Staufern eigentümliche, wesentlich aus der Situation des Jahres 1079 erklärliche Hausmachtorientierung wird an einem Vergleich mit den beiden Rivalen in Schwaben, den Zähringern und den Welfen, augenfällig.

Um die Wende zum 12. Jahrhundert waren die Zähringer im Begriff, den Schwerpunkt ihrer Herrschaft von Weilheim (Teck) in das rechte Oberrheintal zu verlegen. Die Burg Hohenbaden (oberhalb des heutigen Baden-Baden) kristallisierte sich als ein neuer Mittelpunkt heraus, der die Limburg bei Weilheim, das Chorherrenstift Backnang und das Grafenamt des Breisgaues zugeordnet wurden. Dieser nördliche Komplex sollte mit der Zürcher Reichsvogtei verbunden werden, deren weites Hinterland bis Uri reichte. Bevor die Talstraße längs des rechten Rheinufers durch Städtegründungen (Freiburg, Offenburg) gesichert werden konnte, spielte Villingen mit den Grafenrechten in der Baar die Rolle eines Brückenschlages. Die Vogtei des Klosters Stein ermöglichte einen sicheren Rheinübergang, und neuer Besitz um Winterthur verlängerte den Weg bis Zürich.

Östlich an die Linie Villingen-Stein grenzte der schwäbische Herrschaftskomplex der Welfen. Ihr ältester Besitz gruppierte sich um Ravensburg und Altdorf-Weingarten. Die Abtei Weingarten diente der Familie als Begräbnisstätte und wurde um das Kloster Hofen erweitert, als das Erbe der Grafen von Buchhorn in den Besitz der Welfen überging. Nach Norden hin griff der Komplex auf die Burg Achalm bei Reutlingen und auf die Vogtei des Klosters Zwiefalten aus, wobei die Vogtei des Priorates Ochsenhausen die Funktion eines Zwischengliedes übernahm. Und nach Süden hin dehnte sich der welfische Einfluß durch die Vogtei des Stiftes Langnau bei Tettnang und seit 1123 weiter über die Reichenau bis Wülfingen bei Winterthur aus. 1120 erbte Heinrich der Schwarze von seinem Bruder Welf V. das bayerische Herzogtum; er selbst war mit Wulfhild, der Erbtochter des Herzogs Magnus von Sachsen, verheiratet und faßte damit, da ein Teil des Billungererbes an die Welfen fiel, erstmals in Sachsen Fuß.

Nachdem das Kärntner Herzogsamt in den Wirren um die Königsmacht Heinrichs IV. abhanden gekommen war, beschränkten sich die Zähringer auf den alemannischen Raum und drangen 1127 in das angrenzende Hochburgund vor; ihre Hausmachtpolitik tendierte im wesentlichen auf Arrondierungen mit dem Ziel eines möglichst geschlossenen Herrschaftsraumes. Die Welfen agierten demgegenüber weit ausgreifender. Besonders ihr bayerischer Zweig bewegte sich in einer überregionalen Größenordnung, zumal Welf IV. als Sohn des Markgrafen Albert Azzo II. von Este aus italienischem Fürstengeschlecht stammte und nur über seine Mutter Cuniza, die Tochter des letzten Welfen älterer Linie, 1055 das süddeutsche Erbe der Welfen übernommen hatte sowie die Heirat Welfs V. mit Mathilde von Tuszien (1089) reichen Besitz in Italien hatte einbringen sollen. Kennzeichnend ist dabei für die Welfen, daß ihre so weitgespannte Politik nicht in Diensten der Königsgewalt stand oder ihrer Gunst gar Erfolge verdankte, sondern sich eher, wie im Falle Welfs V. und Mathildes von Tuszien, gegen die Königsgewalt richtete.

An solche Dimensionen konnten die Staufer vorerst nicht denken. Als Herzöge von Schwaben versuchten sie auch nicht, in die Interessenzonen der Zähringer und Welfen einzubrechen, sondern sie richteten, ausgehend vom nordschwäbischen und unterelsässischen Kernbesitz, ihre Hausmachtexpansion gegen Norden. Die Obervogtei über das Kloster Weißenburg und das Hochstift Speyer gab Friedrich I. in der Pfalz ein solches Gewicht, daß ihm kurz vor seinem Tode (1105) inoffiziell der Titel eines Herzogs von Franken zugesprochen werden konnte, der in Abweichung vom Amtstitel die spürbare Präsenz seiner Hausmacht in diesem Raum bereits kennzeichnete. In südlicher Richtung erwarb der Staufer lediglich Reichsgut in Ulm und nannte unbedeutenden Streubesitz jenseits der Donau sein eigen. Die drei großen Familien Schwabens lebten noch in friedlicher Nachbarschaft, die sich auch in ehelichen Verbindungen Ausdruck schuf; der Zähringer Berthold III. war mit Sophie, und Friedrich II. von Schwaben, Nachfolger des ersten Stauferherzogs, war mit Judith, beide Töchter des Welfen Heinrich des Schwarzen, verheiratet. Was die staufische Territorialpolitik somit charakterisiert, ist eine Verlängerung der ursprünglichen Hausmachtzentren in Form einer Inselkette mitten in die Zone der dicht gestreuten salischen Hausmacht Rheinfrankens hinein. Aber auch hier verfolgte ihre Expansion nicht das Ziel, der territorialen Grundlage der salischen Königsgewalt Abbruch zu tun.

Zwei Konfliktherde drohten Heinrich V. in eine ähnliche Situation zu bringen, wie seinerzeit seinen Vorgänger. Als der Kaiser 1112 die Politik seines Vaters in Sachsen wieder aufnahm, sammelte sich sofort um den Sachsenherzog Lothar von Supplinburg, dessen Herzogsgewalt eine ungleich stärkere Macht entfaltete, als es vor ihm den Billungern je gelungen war, eine neue Fürstenopposition. Das Vorgehen Heinrichs V. schien zunächst erfolgreich, da Lothar sich 1114 in Mainz unterwerfen mußte; aber im Februar 1115 erlitt das kaiserliche Heer am Welfesholz bei Mansfeld eine entscheidende Niederlage. Die Sachsenpolitik der Salier brach damit zusammen.

Der andere Konfliktherd resultierte aus einem territorialpolitischen Gegensatz zwischen den Saliern und dem Erzbischof von Mainz. Seit der Wende zum 12. Jahrhundert machte sich von Oberlothringen nach Norden fortschreitend ein Verfall des alten Grafenamtes mit den schon erwähnten Folgen für die Königsgewalt bemerkbar. Um die Superiorität der Königsgewalt zu wahren, machte sich Heinrich V. die sächsische Politik seines Vaters auch hier zu eigen und begann um 1107 mit der Revindikation eigener Rechte auf dem linken Ufer des Ober- und oberen Mittelrheins, wo sich der Kern des salischen Haus- und Reichsgutes in dichter Streulage befand. Vor allem richteten sich seine Bemühungen auf die Stadt Worms, deren Stadtherrschaft ihm zusammen mit dem Wormser Bischof zustand, seinem Vater aber infolge der langen Auseinandersetzungen zugunsten des Bischofs faktisch abhanden gekommen waren. Seit 1107 verhinderte er, um ohne Aufsehen seine Rechte revindizieren zu können, die Wiederbesetzung des Bischofsstuhles in Worms und unterband 1111 einen Versuch der Wormser Bürger, sich selbst einen Bischof zu geben. Nicht nur als zuständiger Metropolit, sondern auch als Abkömmling des Saarbrücker Grafenhauses nahm Erzbischof Adalbert I. von Mainz an diesen Differenzen tätigen Anteil. Die Saarbrücker waren mit dem bodenständigen Adel am oberen Mittelrhein verwandt und so wie dieser ebenfalls schon länger an der Besetzung wichtiger Prälaturen auf dem Rheinufer mit eigenen Familienmitgliedern beteiligt; es war für sie nicht ungewöhnlich, daß Adalberts Bruder Bruno den Speyrer Bischofsstuhl besteigen konnte. Als Adalbert seine Hand nach dem Trifels, der wichtigen Reichsburg, ausstreckte, um seinen Bruder vor dem drohenden Zugriff des Kaisers zu entlasten, ließ dieser den Erzbischof kurzerhand gefangensetzen, bis die Niederlage am Welfesholz dieser Haft ein Ende machte. Adalbert war jetzt das Haupt einer kirchlichen Opposition im Reich, und schon ging Bischof Erlung von Würzburg, ursprünglich ein Vertrauensmann Heinrichs V. in einem ebenfalls wichtigen salischen Kräftefeld, zu ihm über. Es war nur eine Frage der Zeit, daß sich kirchliche und weltliche Opposition in einem neuen Bündnis mit dem Papsttum finden würden; die Gefahr eines erneuten Gegenkönigtums zeichnete sich damit ab.

Um einem solchen Bündnis zuvorzukommen, trat Heinrich 1116 wiederum eine Italienfahrt an; da Mathilde von Tuszien 1115 gestorben war, galt es zugleich, deren reiches Erbe für die Salier zu sichern. Für die Zeit seiner Abwesenheit bestellte der Kaiser zu Verwesern des Reiches den lothringischen Pfalzgrafen Gottfried von Calw und Friedrich II. von Schwaben, dessen Bruder Konrad, »frater Friderici ducis«, kümmerte sich um rechtsrheinische Belange. Was die beiden Staufer betrifft, so fand die Vertrauensstellung, die ihr Vater unter Heinrich IV. eingenommen hatte, hier eine Fortsetzung. Von seiten der Salier bestand offensichtlich kein Grund, der staufischen Territorialpolitik zu mißtrauen. Damit erweist sich bereits an dieser Stelle die Grundorientierung der staufischen Hausmacht als eine Neigung, in Fortsetzung der Ausgangsposition von 1079 jegliche Machtsteigerung in einer Anlehnung an das salische Kaiserhaus zu suchen.

Konrad, der Bruder Friedrichs II., hatte die ledig gewordenen Grafschaften um Komburg und Rothenburg an sich gezogen; möglicherweise war dies auf der Grundlage eines »dux orientalis Franciae de Rotinburc«, wie er einmal genannt wird, geschehen. Ein Herzogtum Franken hatte es schon längst nicht mehr gegeben, sondern allenfalls herzogliche Rechte, die der Würzburger Bischof wahrscheinlich seit dem 11. Jahrhundert in seinem Diözesangebiet ausübte. Auf sie bezog sich wohl die Rückgabe der »dignitas iudiciaria« an den Würzburger Bischof Erlung, die für den Mai 1120 bezeugt ist. Es weist darauf hin, daß der Staufer Konrad im Interesse seines Onkels tätig geworden war, jetzt aber nicht mehr gebraucht wurde, was nach dem Tod Erlungs (1121) Folgen haben sollte. Die Reichsbistümer Würzburg und Bamberg sowie die Stadt Nürnberg waren immerhin Kraftzentren des salischen Königtums zwischen Sachsen, Thüringen und Bayern, also zwischen Gebieten, die der Kontrolle der Königsgewalt weitgehend entglitten waren.

War Konrad in einer an Nordschwaben grenzenden und für die Königsgewalt wichtigen Einflußzone tätig, so Friedrich im nächsten Jahr im westfränkischen Rheintal, wo nach Otto von Freising »die größte Stärke des Reiches« lag, nämlich die seit dem Verlust der norddeutschen Güter dichteste Königslandschaft. Jedenfalls möchte man einen solchen Auftrag aus der Tatsache herauslesen, daß Friedrich 1116 vom elsässischen Staufenbesitz aus auf dem linken Rheinufer nach Norden vorrückte und »am Schwanz seines

Pferdes stets eine Burg hinter sich herzog«. In die heutige Sprache übersetzt heißt das, der Staufer festigte die territorialpolitische Vormachtstellung des Kaisers, indem er wahrscheinlich Burg und Kloster Limburg, die Stadt Worms und Burgen der Speyrer Kirche besetzte sowie möglicherweise neue Burgen im Unterelsaß und auf dem westlichen Ufer des oberen Mittelrheins anlegte. Auf diese Weise wurden das untere Elsaß sowie der Worms- und Speyergau wieder in festen Griff gebracht und die Talmündungen abgesichert, durch welche die Zugänge zum Reichsgut um Kaiserslautern und weiter nach Saarbrücken führten. Der Geschichtsschreiber Otto übertreibt nicht, wenn er behauptet, der Herzog von Schwaben habe das bedrohte Ansehen des Reiches bis zur Rückkehr des Kaisers verteidigt. Es ist gut möglich, daß Adalbert von Mainz jetzt schon, so wie es später deutlich erkennbar ist, damit begonnen hatte, die zwischen Lahn und elsässischer Nordgrenze ansässige Saarbrücker Verwandtschaft auf den Mainzer Erzstuhl so auszurichten, daß sich ein Netz enger personaler Beziehungen, das seinen Mittelpunkt im Mainzer Erzbischof sah, über die salische Stammlandschaft legte. Offenbar war es nicht das Ziel des staufischen Reichsvikariates, die Fürstenopposition zu bezwingen, wohl aber die territoriale Vorherrschaft des Saliers am oberen Rhein, die durch die Saarbrücker Verwandtschaft empfindlich gestört zu werden drohte, zu behaupten. Im Unterschied zu seinem Bruder gelang dies Konrad nur bis zu einem gewissen Grade. Man muß dabei in Rechnung stellen, daß die Voraussetzungen in Ostfranken bei weitem nicht so günstig waren, schon deshalb, weil die herzoglichen Rechte der Würzburger Kirche kaum einem Amtsherzogtum vergleichbar waren und Konrad die vorgegebenen Grenzen überschreiten mußte, wollte er hier einen abgerundeten Machtblock aufbauen. Die Grafenrechte im Umkreis von Rothenburg und im Kochergau hatte Konrad übernommen, ohne Rücksicht darauf, daß wahrscheinlich die beiden festen Plätze Rothenburg und die benachbarte Neuenburg vom letzten Grafen der Abtei Komburg, die ein Eigenkloster des Mainzer Erzstifts war, testamentarisch vermacht worden waren. Dieser und andere näher nicht bekannte Übergriffe des schwäbischen Eindringlings steigerten natürlich den erbitterten Widerstand, der sich um den Würzburger Bischof scharte.

Es ist verschiedentlich geäußert worden, die Staufer hätten ihre Kräfte hier selbstlos in den Dienst der salischen Kaisermacht gestellt. Das trifft nicht zu; denn Friedrich II. baute bei dieser Gelegenheit und auch schon vorher die von seinem Vater begonnene Kette von Besitzinseln aus. Die Streuung staufischer Hausmacht in Rheinfranken erfaßte 1118, als der Reichsauftrag mit der Rückkehr des Kaisers endete, Herrschaften und Güter in oder um Annweiler, Kaiserslautern, Kirchheimbolanden, Münsterdreisen, Alzey, Nierstein, Oppenheim, Bingen und Boppard. Man kann auch nicht sagen, die Staufer hätten hier der späteren Übernahme des salischen Erbes zielbewußt vorgearbeitet, denn noch war nicht abzusehen, daß die 1114 geschlossene Ehe Heinrichs V. mit der englischen Königstochter Mathilde kinderlos bleiben würde.

Das Verhältnis der Staufer zu den Saliern erscheint in der Folgezeit sogar noch komplexer. 1120 schien die Aussichtslosigkeit einer Unterwerfung der Opposition im Reich offenkundig, ein Ausgleich war unvermeidlich, an dessen Ende das Wormser Konkordat von 1122 stand. Die kaiserliche Politik schritt dabei über den Kopf der Staufer hinweg; schon 1120 wurde Konrad das fränkische Herzogsamt entzogen und Bischof Erlung wieder in seine alten Rechte eingesetzt. Von diesem Moment an suchte die staufische Politik eigene Wege. Erlung von Würzburg starb 1121, und der Kaiser sah für die Nachfolge einen Gebhard aus dem Grafenhause von Henneberg vor, während sich der Würzburger Klerus und der Mainzer Erzbischof für den Würzburger Domherren Rugger entschieden. Diesen Rugger hatten die Staufer von Anfang an unterstützt; bis zum Tode Ruggers im Jahre 1125 zogen sich infolgedessen die Auseinandersetzungen hin. Ein Kompromiß war im Wormser Konkordat bereits gefunden, als Heinrich V. 1124 zu einer Heerfahrt nach Frankreich aufbrach. Herzog Friedrich benutzte die Abwesenheit des Kaisers, um Burchard, der 1115 auf Betreiben Adalberts von Mainz gegen den Willen des Kaisers zum Bischof gewählt worden und seit dem Wormser Konkordat seine Diözese, aber nicht seine Bischofsstadt Worms betreten durfte, die Rückkehr auf den Wormser Bischofsstuhl zu ermöglichen. Dem Kaiser blieb nichts anderes übrig, als sein Unternehmen abzubrechen, wollte er die neue Gefahr im Zentrum seiner Hausmacht unter Kontrolle bringen. Ob die Gründe für diesen staufischen Kurswechsel in der Erwartung lagen, schon bald die Krone übernehmen zu können, läßt sich kaum entscheiden; 1121 war der Gedanke an ein Aussterben der Salierdynastie nicht mehr abwegig, aber ob damals die todbringende Krankheit den Kaiser schon sichtbar gezeichnet hatte, muß offenbleiben. Jedenfalls läßt sich eine ganz bestimmte politische Willensrichtung nicht ableugnen. Schon 1102 hatte Friedrich I.

sein Hauskloster Lorch dem Papst zu eigen aufgetragen, um für das Kloster den päpstlichen Schutz zu erhalten; ein solches Schutzverhältnis war keineswegs ungewöhnlich, aber kurz nach der abermaligen Bannung Heinrichs IV. durch Paschalis II. weist der Vorgang darauf hin, daß der Staufer für die Sache der Salier nur bis zu einer gewissen Grenze ein inneres Engagement aufbrachte. Ein bloßes Bündnis war das Verhältnis der Staufer zu den Saliern dennoch nicht. Man wird vielmehr so formulieren müssen, daß seitens der Staufer eine Tendenz zur Mitherrschaft im Bereich der salischen Territorialbasis Frankens bestand, die gegebenenfalls durch Stellungswechsel nachdrücklich angemeldet wurde; und daß dem eine Bereitschaft der Salier entsprach, in kritischen Situationen die staufische Hilfe zur Sicherung der eigenen Basis in Anspruch zu nehmen. Das grenzt die staufische Hausmachtorientierung am stärksten von den Welfen und den Zähringern ab.

Man könnte hier einwenden, Agnes, die Schwester Heinrichs V. und Mutter der beiden Stauferbrüder, sei in diesem Urteil nicht genügend berücksichtigt worden. Ohne Zweifel hat die Heirat Friedrichs I. mit einer Kaisertochter den Staufern eine größere Königsnähe gebracht und zur Steigerung ihres Ansehens beigetragen. Aber Agnes heiratete als Witwe um 1106 in zweiter Ehe den Markgrafen Leopold III. von Österreich aus dem Babenbergergeschlecht; und am Vergleich mit den Babenbergern wird die Akzentverteilung deutlich. Nicht nur die Staufer, sondern auch die Babenberger führten über Agnes den salischen Leitnamen Konrad in ihre Familien ein, öffneten sich damit also dem Einfluß des höher stehenden Kaisergeschlechts; dennoch blieb Leopold ein bloßer Parteigänger Heinrichs V. und war schon aufgrund der räumlichen Entfernung nicht in der Lage, seine politische Grundorientierung mit den Interessen der salischen Hausmacht auf unbefristete Zeit zu koordinieren. Dieses Gefälle verschärfte sich noch 1125, als durch den Tod Heinrichs V. die Frage der salischen Hinterlassenschaft anstand, deren Lösung den Staufern nicht nur einen beträchtlichen äußeren Machtzuwachs, sondern auch eine neue Stufe ihres Hausmachtverständnisses brachte.

Die letzte, Ekkehard von Aura zugeschriebene Rezension seiner Chronik berichtet, am Sterbebett des Kaisers in Utrecht hätten sich im Mai 1125 Mathilde, Friedrich von Schwaben und andere Große eingefunden: »So gut er konnte, gab Heinrich ihnen Rat über den Stand der Reichsherrschaft und vertraute seine Hinterlassenschaft sowie die Kaiserin der Obhut Friedrichs, nämlich seines Erben, an«; die Reichsinsignien sollten bis zur

Königswahl auf dem Trifels hinterlegt werden. Von einer Empfehlung des sterbenden Kaisers für die Königsnachfolge ist keine Rede. Und Friedrich II. erscheint hier nicht als Universalerbe, sondern eher als Sachwalter einer Erbengemeinschaft, der er selbst angehörte. Aber die Umstände lassen mehr erkennen. Obwohl die Babenbergersöhne der Agnes mit Heinrich V. ebenso nahe verwandt waren wie ihre Staufersöhne, ging das salische Erbe bis auf einen höchstens geringen Rest an die Staufer über; der Erbgang erfolgte also in der Weise, als ob Agnes erst nach dem Erbfall ein zweites Mal geheiratet und damit auf alle Ansprüche aus der ersten Ehe verzichtet hätte. Und Friedrich teilte die Erbmasse mit seinem Bruder in Fortsetzung des Reichsauftrags von 1116; er selbst reservierte sich alle Güter links des Rheins, seinem Bruder wies er die anfallende Hinterlassenschaft rechts des Rheins zu. Als Söhne der letzten Salierin also fühlten sie sich erbberechtigt, und als bisherige Mitträger der salischen Territorialbasis arrondierten sie lediglich innerhalb einer alten Interessenzone ihre Hausmacht. Beides waren geradezu natürliche Voraussetzungen für den weitergehenden Gedanken, auch das Königsamt des letzten Saliers beanspruchen zu können.

In diesem Bewußtsein ging Friedrich II. von Schwaben im August 1125 nach Mainz. Die Wahlhandlung dort ist weit besser belegt als so manche andere deutsche Königswahl, und doch bereiten Einzelfragen Schwierigkeiten, weil nicht der Staufer als nächster Verwandter des Verstorbenen, sondern der Supplinburger Lothar von Sachsen zum König gewählt wurde. Daß sich Adalbert I. von Mainz in der Wahlversammlung als Königsmacher betätigt habe, und zwar zugunsten des Sachsenherzogs Lothar, ist heute nicht mehr über jeden Zweifel erhaben. Die Hauptquelle läßt nur erkennen, daß sich die Bischöfe vorher auf ein neues Wahlverfahren geeinigt haben müssen und mehr als nur eine formale Wahl wollten. Obwohl der Wahlvorgang in turbulente Szenen ausartete und sich der Gewählte sehr überrascht gab, scheint er der eigentliche Betreiber seiner Wahl gewesen zu sein. Von einer Heiratsverbindung der Erbtochter Lothars mit dem Welfensohn Heinrich dem Stolzen ist vor 1127 keine Rede; statt dessen sind heute reiche personale Beziehungen des Sachsenherzogs bis ins östliche Bayern bekannt, die geeignet sind, den letztlich ausschlaggebenden Wechsel des Bayernherzogs von einer Befürwortung Friedrichs von Schwaben auf die Seite Lothars von Supplinburg zu erklären. Nicht unwichtig ist in diesem Zusammenhang auch, daß seit 1123 eine Zusammenarbeit des Mainzer Erzbischofs mit den Staufern in Worms und Würzburg zu beobachten ist, sein nie sonderlich herzliches Verhältnis zu Lothar von Supplinburg aber sich seit dieser Zeit verschlechterte; Lothar überging bei der Wiederbesetzung des Halberstädter Bischofsstuhles die Rechte des Mainzer Metropoliten, und Adalbert griff militärisch zugunsten Wiprechts von Groitzsch ein, der vom Kaiser zum Markgrafen von Meißen bestimmt, von Lothar aber verdrängt worden war. Auch nach 1125 besserte sich das Verhältnis des Mainzers zu König Lothar nicht. Daß ein staufisches Königtum den politischen Zielen des Mainzer Erzbischofs mehr entgegengekommen wäre, ist unwahrscheinlich; aber diese Aussicht, die Adalbert 1125 durchaus vor Augen gestanden haben konnte, berechtigt noch lange nicht, der Behauptung Ottos von Freising, die er bezeichnenderweise nur in den Gesta und nicht in der Chronik macht, nur der persönliche Haß Adalberts habe die Wahl Friedrichs II. von Schwaben verhindert, ohne Vorbehalte zu folgen. Äußerlich beugte sich Friedrich dem Wahlergebnis und leistete Lothar III. die pflichtgemäße Huldigung. Im Grunde aber sträubte er sich gegen den neuen Zustand, nicht nur weil er ein Lehnsangebot des Königs ausschlug, sondern weit mehr noch, weil er nichts zur Absonderung des salischen Hausgutes vom Reichsgut unternahm. Ein Unterschied zwischen Hausgut, über das Heinrich V. als Haupt des Saliergeschlechtes geboten hatte, und Reichsgut, das nur der Ausübung der Königsherrschaft zur Verfügung stehen sollte, war längst geläufig, hatte aber im Laufe der hundertjährigen Salierherrschaft an Aktualität verloren und eine völlige Vermengung beider Bereiche nicht verhindern können. Für den Staufer hätte die durch den Dynastiewechsel erforderliche Absonderung eine Entwertung seiner Hausmachtposition in Franken bedeutet, denn die Besitzungen beider Rechtstitel waren so miteinander verzahnt, daß sie vielfach nur zusammen eine sinnvolle Machtballung ergaben. Friedrich von Schwaben aber besetzte nach der Wahl auch eindeutiges, nicht mit Hausbesitz vermengtes Reichsgut, wie Nürnberg, und das weist auf eine weitergehende Konzeption. Hatte er nicht die Krone erlangen können, so wollte er offenbar wenigstens die Autorität, die Heinrich V. ausgeübt hatte, wahren. Der verstorbene Kaiser hatte sie zu seiner Zeit faktisch nur in Süddeutschland ausgeübt, denn Norddeutschland befand sich schon lange im Einflußbereich des Supplinburgers; an der Machtverteilung im Reich hätte sich nach diesem Plan also durch den Wahlausgang von 1125 nichts geändert.

Wenn Lothar III. angesichts dessen auf einem Regensburger

Hoftag im November 1125 die Frage des salischen Reichsgutes zur Sprache bringen ließ, dann deshalb, um der Königsgewalt eine größere Breitenwirkung zu verschaffen, als sie seinem Vorgänger vergönnt war. Der Staufer brauchte nicht zu befürchten, einer rigorosen Ausplünderung unterworfen zu werden, aber er sollte wenigstens in Kompromißverhandlungen eintreten, womit eine vorbehaltlose Anerkennung des neuen Königtums verbunden gewesen wäre. Lothar handelte ohne Verzug, als er Ende Dezember 1125 auf seinem Königsumritt in Straßburg über den Staufer, der einer Vorladung nicht gefolgt war, die Acht verhängen ließ. Und bereits im Januar des folgenden Jahres beschlossen die Fürsten in Goslar die Vollstreckung der Acht mit Waffengewalt. Das Kriegsglück war allerdings nicht auf seiten der königlichen Partei. Noch im Winter mußte Lothar eine Niederlage in Böhmen hinnehmen, die der Reichsheerfahrt einiges an Stoßkraft nahm. Einem größeren Waffengang wich Friedrich aus; der König konnte sich zwar in Rheinfranken, Oberlothringen und im Elsaß festsetzen, wagte es aber nicht, in das Innere Schwabens, wohin sich Friedrich zurückgezogen hatte, vorzudringen. Die Welfen holten sich dort in einem Alleingang eine Niederlage. Und die Belagerung Nürnbergs, die anscheinend eine Art Entscheidung hätte herbeiführen sollen, mußte 1127 ergebnislos abgebrochen werden. Diese taktisch kluge Defensive der Staufer konnte auf den Adel nicht ohne Wirkung bleiben. Der Böhmenherzog, der neue Welfenherzog Heinrich der Stolze, Lothars Schwiegersohn, Herzog Simon von Oberlothringen, über seine Mutter ein Halbbruder Lothars, und der Zähringer, dem der König 1127 das Reichsrektorat in Burgund übertrug, waren Bundesgenossen, mit denen der Supplinburger rechnen konnte; aber die Großen in Franken und Niederlothringen, darunter Bischöfe, zogen sich aus dem Anhang des Königs zurück. Die Taktik, Lothar als einen glücklosen Heerführer in Erscheinung treten zu lassen, hatte ihre Wirkung nicht verfehlt.

Bislang hatte Friedrich seit 1125 im Vordergrund gestanden; er war in der Auseinandersetzung um den Umfang des salischen Erbes die treibende Kraft gewesen. Konrad, sein Bruder, kehrte erst im Sommer 1127 von einer Pilgerfahrt ins Heilige Land zurück, um an den Kämpfen um Nürnberg noch teilzunehmen. Ist dieses mangelnde Interesse am politischen Schicksal des Bruders schon rätselhaft, so muß um so mehr überraschen, daß Konrad sich am 18. Dezember 1127 ohne umsichtige Vorbereitung von fränkischen und schwäbischen Anhängern wahrscheinlich in der Neuenburg (Rothenburg) zum König ausrufen ließ und von da ab die Stellung seines Bruders in den Schatten stellte. Der letzte Schritt zu diesem Gegenkönigtum entbehrt nicht einer gewissen Folgerichtigkeit; Friedrich II. hatte mit dem salischen Erbe auch die faktische Machtstellung seines Oheims fortführen wollen und wurde durch die Gegenmaßnahmen Lothars III. in eine Situation gedrängt, die ihm nur noch die Alternative ließ, entweder dem Regensburger Fürstenspruch nachzugeben oder die Wahl von 1125 durch ein Urteil der Waffen wieder rückgängig zu machen. Fraglich mußte aber schon zu diesem Zeitpunkt sein, ob sich die zweite Möglichkeit überhaupt verwirklichen ließ. Die geschickte Personalpolitik Lothars hatte in Süddeutschland nämlich einen Anhang geschaffen, der die staufische Hausmacht praktisch einkreiste; der Erfurter Propst Embricho aus der königlichen Kanzlei, den Lothar 1127 auf den Würzburger Bischofsstuhl berief, bildete hierin den Schlußstein. In Sachsen war der Kreis des Lothar ergebenen Adels ohnehin dichter gestreut. Geht die unbedachte Königserhebung somit auf das Konto des zu impulsiven und waghalsigen Entschlüssen neigenden Temperaments Konrads? Friedrich erhielt später den Beinamen »der Einäugige«, ein körperlicher Defekt, der ihn königsunfähig machte; um beantworten zu können, warum Konrad und nicht er König wurde, wäre es nötig zu wissen, wann er sein Auge verloren hat.

Zunächst blieb den Staufern das Kriegsglück hold. Friedrich besetzte 1128 Speyer und vertrieb den Bischof dieser Stadt, während Konrad eine Italienfahrt unternahm. Ihr konkreter Anlaß war eine Inbesitznahme der Mathildischen Güter, die der Gegenkönig als Rechtsnachfolger der Salier beanspruchen zu können glaubte; finanzielle Mittel Italiens sollten vermutlich zur Unterstützung des Krieges in Deutschland flüssig gemacht werden. Was Konrad jedoch erreichte, war nur seine Krönung mit der lombardischen Krone in Monza, ermöglicht durch die seit 1126 währende Opposition Mailands gegen den päpstlichen Zentralismus. Im Frühjahr 1130 kehrte er ohne sichtliche Ergebnisse heim.

Sollten die Staufer geglaubt haben, die Königserhebung Konrads würde einen personalpolitischen Erdrutsch zu ihren Gunsten auslösen, dann sahen sie sich getäuscht. Im Gegenteil, 1130 begannen die Erfolge Lothars den Krieg zu einem regional begrenzten Konflikt einzuengen. Herzogin Judith, die Gattin Friedrichs, mußte Speyer, den wichtigsten Platz Rheinfrankens, dem Gegner überlassen und starb kurz darauf; um dieselbe Zeit fiel Nürnberg mit seinem ausgedehnten Reichsgutsbezirk (Sebalder Forst, Altdorf, Schwabach). Im nächsten Jahr drängte Lothar die Staufer nach wechselvollen Kämpfen aus dem Elsaß heraus. Und da Friedrich gar nicht erst versucht hatte, das salische Erbe im Rhein-Main-Gebiet zu verteidigen, blieb die Staufermacht nunmehr auf den schwäbisch-ostfränkischen Kernbesitz beschränkt. Der Konflikt drohte zu einem Nebenschauplatz der Reichspolitik zu werden. Ermessen läßt sich seine relative Bedeutungslosigkeit am päpstlichen Schisma, das 1130 durch Uneinigkeit im Kardinalskolleg ausgebrochen war. Papst Honorius II. hatte die Stauferbrüder im Anschluß an die Reichsacht auch kirchlicherseits gebannt; den Bann wiederholte Innozenz II., jedoch nicht der Gegenpapst Anaklet II. Eine Annäherung zwischen Anaklet und den Staufern hätte in der Anerkennungsfrage nahegelegen, zumal sich Mailand dem Gegenpapst anschloß. Aber nicht nur geschah in dieser Richtung nichts, sondern Lothar III. konnte 1132 ohne Bedenken eine Italienfahrt antreten, um sich in der Lateranbasilika Roms zum Kaiser krönen zu lassen (Juni 1133) und eine für das Reich tragbare Kompromißlösung über das Eigentum der Mathildischen Güter mit der Kurie auszuhandeln.

Lothar III. kümmerte sich nicht nur um Belange, welche die Stellung des Reiches nach außen betrafen, sondern auch um den langfristigen Ausbau seiner Position in Deutschland. Das Reichsgut auf dem linken Ufer des Ober- und Mittelrheins stand ihm 1131 ohne Abstriche zur Verfügung; was aus der Zeit Heinrichs V. bekannt war, die Sicherung mit Hilfe von Burgen entlang des Rheins, wiederholte sich jetzt zugunsten des Supplinburgers. Allerdings ging Lothar noch einen Schritt weiter. Die Nachrichten sind sehr spärlich und gestatten zum Teil auch nur Rückschlüsse aus späteren Erwähnungen, aber so viel ist sicher, daß der Kaiser um 1131 im Anschluß an das 1127 eingerichtete burgundische Rektorat der Zähringer im Ober- und Unterelsaß sowie im Speyergau je eine Landgrafschaft eingerichtet haben muß. 1130/31 entstand auch die Landgrafschaft Thüringen, deren Aufgaben wir genauer kennen: Genehmigung von Grundstücksübertragungen, herzogsähnliche Gerichtsbefugnisse und Landfriedewahrung. Die Beauftragung der um Eisenach, Gotha und Sangershausen beheimateten Ludowinger mit der thüringischen Landgrafschaft sollte die königlichen Befugnisse in einem Raum zusammenfassen, wo das Mainzer Erzstift eine führende Rolle spielte, und dem Adel einen neuen Mittelpunkt anbieten. Landgrafen im Oberelsaß wurden die den Zähringern nahestehenden Habsburger und im Unterelsaß die mit den Habsburgern verschwägerten

Grafen von Huneburg. Die Huneburger wiederum waren Verwandte des Herzogs Simon von Oberlothringen, eines Halbbruders Lothars III. Nicht mehr die ehemals salische Machtzone am Rhein sollte eine Sogwirkung auf das westliche Hinterland ausüben, sondern umgekehrt war jetzt an eine Ausrichtung auf das Herzogtum Oberlothringen gedacht. Es ist deutlich zu sehen, daß Erzbischof Adalbert von Mainz und die Staufer in gleicher Weise geschwächt werden sollten. Die Huneburger hatten ihren Stammsitz an der Verbindungslinie Mainz-Saarbrücken und erhielten die landgräflichen Rechte dort, wo die Grafen von Werd – vor kurzem als Seitenlinie aus den Saarbrückern hervorgegangen – ihre stärkste Stellung besaßen. Und die Begrenzung der dritten Landgrafschaft auf den Speyergau durchschnitt sowohl den auf Erzbischof Adalbert ausgerichteten Adelskreis wie auch die staufische (nunmehr nur) Hausgutzone am oberen Mittelrhein. Darüber hinaus war das Elsaß dem Schwabenherzogtum praktisch entrissen. Es verwundert deshalb nicht, daß sich die Staufer und Saarbrücker miteinander verbündeten und Friedrich II. von Schwaben wohl um 1131 offensichtlich mit dem Einverständnis des Mainzer Erzbischofs in zweiter Ehe die Grafentochter Agnes von Saarbrücken heiratete.

Die Italienfahrt Lothars erklärt, warum die Kämpfe in Schwaben seit dem Winter 1131/32 nicht energisch betrieben wurden und die Staufer sich überhaupt so lange halten konnten; sie macht auch gerade im Hinblick auf die Mathildischen Güter die Aussichtslosigkeit des staufischen Anspruches anschaulich. Die Position der Staufer besserte sich im ganzen auch nicht, als sich die Zähringer aus Verstimmung über das entgangene Erbe des Calwer Grafen aus der Koalition gegen die Staufer zurückzogen. Im Herbst 1134 setzten schließlich Lothar von Norden her und der Welfenherzog von Süden aus zu einem Zangenangriff an; als die Stadt Ulm fiel, gaben die Staufer auf. Friedrich unterwarf sich im Frühjahr 1135 in Bamberg und Konrad im Herbst dieses Jahres im thüringischen Mühlhausen dem Kaiser. Beide mußten versprechen, an der geplanten nächsten Italienfahrt teilzunehmen. Konrad verzichtete auf seinen Königstitel. Und, wie im Mittelalter üblich, wurde der Friede mit einem Eheschluß besiegelt. Konrad vermählte sich mit Gertrud, einer Tochter des Grafen von Sulzbach und Schwägerin des verstorbenen Welfen Heinrich des Schwarzen.

Zweierlei erregt an diesem Friedensschluß Verwunderung. Zwischen militärischer Kapitulation und offizieller Aussöhnung liegt ein halbes bzw. ein ganzes Jahr. Man hat aus dieser Spanne geschlossen, die Staufer seien, da sie sich so viel Zeit lassen konnten, dem Kaiser nicht bedingungslos ausgeliefert gewesen. Weiterhin kam es in den Friedensbedingungen, statt die Reichsacht zu vollstrecken und die Staufer aller Besitzungen zu berauben, lediglich zu einem Vergleich. Einen Grund glaubte man in der süditalienischen Normannengefahr sehen zu müssen. Lothar war damals von Papst Innozenz, vom byzantinischen Kaiser und vom venezianischen Dogen gedrängt worden, Hilfe gegen die normannische Übermacht zu bringen; der Kaiser hätte unter diesen Umständen keinen staufischen Gefahrenherd in Deutschland zurücklassen können. Außenpolitische Umstände hätten demnach dieser Überlegung zufolge einen Untergang des Stauferhauses verhindert. Berücksichtigt man jedoch den Regensburger Fürstenspruch von 1125, dann fällt auf, daß Lothar nicht auf eine Vernichtung der Staufer, sondern nur auf eine Anerkennung seiner Königswürde hinarbeitete. Die Achterklärung war weniger ein strafendes Rechtsmittel als ein formales Instrument, um ein wirksames militärisches Vorgehen gegen Friedrich II. von Schwaben zu ermöglichen und zu rechtfertigen. Dies spricht für eine gewisse Flexibilität im Umgang mit dem Herrschaftsinstrumentarium, aber auch für eine Stetigkeit in der politischen Linie. Daß Lothar III. zu einem Ausgleich der rivalisierenden Kräfte noch bereit war, nachdem er jede Gefährdung seiner Stellung ausgeräumt hatte, läßt ihn als einen der bedeutenderen Herrscher des Reiches erscheinen.

3. Der staufisch-welfische Gegensatz

Heinrich der Schwarze hatte Nachforschungen über seine Ahnen anstellen und in der sogenannten Genealogia Welforum niederschreiben lassen; der Stoff wurde kurz nach 1134 im Lüneburger Michaelskloster auf Veranlassung Heinrichs des Stolzen erweitert. Der welfische Urahn Eticho zeichnete sich, so hieß es, durch das Bestreben aus, nicht von der Gunst eines Monarchen abhängig zu sein; sein Grab glaubte der Welfenherzog im südlichen Ammergau gefunden zu haben und stattete es würdig aus. Etichos Sohn Heinrich galt als der Begründer des welfischen Kernbesitzes im oberschwäbischen Ravensburg-Altdorf (= Weingarten). Er leistete dem Kaiser den Lehnseid und erhielt dafür Besitz zugesprochen, so viel er zur Mittagszeit mit dem Pflug umfahren könne;

doch der Kaiser wurde überlistet, denn Heinrich führte auf mehrmals ausgewechselten Pferden einen kleinen goldenen Pflug mit sich und grenzte auf diese Weise ein unerwartet großes Gebiet ein. Zwei Grundelemente also – Kaiserferne und Macht durch reichen Besitz – kennzeichneten den Anfang des Welfengeschlechts und bestimmten die Familientradition. In der sächsischen Welfenquelle von ca. 1134 zeigt sich der Ursprung in die Zeit Ludwigs des Frommen vorverlegt, da dieser Kaiser in seiner zweiten Gemahlin Judith eine Welfin geheiratet hatte.

Konturen eines solchen Selbstverständnisses waren durch eine erste Niederschrift der eigenen Hausgeschichte schon deutlich vorhanden, bevor die Bemühungen um die Anerkennung der Wahl von 1125 die Welfen in ein familiäres Verhältnis zum Königshaus des Supplinburgers stellten. Die Kanonisation des Konstanzer Bischofs Konrad im Jahre 1123 hatte Heinrich der Schwarze benutzt, um durch namhafte Zuwendungen an die Konstanzer Kirche den Stolz seiner Familie auf diesen eigenen Vorfahren kundzutun. Man muß sich diese zeitliche Aufeinanderfolge klarmachen, um die Möglichkeit auszuschließen, erst die Kaisermacht Lothars habe den Welfen zu ihrem anspruchsvollen Selbstbewußtsein verholfen. Freilich hatte Lothar III. seinen Schwiegersohn Heinrich den Stolzen zum Markgrafen von Tuszien und Lehnsinhaber der Mathildischen Güter gemacht und ihm auf dem Sterbebett noch das sächsische Herzogtum übertragen; aber schon vorher nannte der Bayernherzog ausgedehnten Territorialbesitz in Oberschwaben sowie Sachsen und in Italien das Erbe der Este sowie Guarda und Guastalla sein eigen. Die Herrschaftskomplexe der Welfen reichten 1137, als Lothar III. auf der Rückkehr von seiner Italienfahrt bei Reutte in Tirol starb, wahrhaftig »von Meer zu Meer«. Und es ist verständlich, daß der Kaiser den Gatten seines einzigen Kindes auch zum Amtsnachfolger wünschte, womit die Mehrheit der Fürsten ohnehin rechnete, wie Otto von Freising bezeugt. Aber Heinrich der Stolze erwartete den Wahltermin, der auf das Pfingstfest des Jahres 1138 nach Mainz angesagt war, nicht in dem Bewußtsein, als Erbe des Supplinburgers die Königsnachfolge anzutreten und damit eine angeheiratete Dynastie fortzusetzen, sondern im Selbstgefühl des Welfen, schon auf Grund des eigenen Machtgewichts dazu prädestiniert zu sein.

Aus diesem Grunde hatte Heinrich vermutlich darauf verzichtet, durch Wahlversprechungen für eine Anzahl sicherer Stimmen zu sorgen. Das aber tat der Staufer Konrad. Mit einer Minderheit von Fürsten, die den Welfen ablehnte, traf er sich ohne Wissen der

Mehrheit am 7. März in Koblenz und ließ sich dort zum König ausrufen. Nach einem Eilmarsch vollzog Kardinallegat Dietwin am so »Gewählten« in Aachen die Krönung und kirchliche Salbung. Erzbischof Albero von Trier hatte die Koblenzer Wahl geleitet, weil der Mainzer Erzstuhl vakant war; aus territorialpolitischen Gründen war er überdies an der Thronfolge eines Staufers interessiert, was auch den Kreis der Wähler bestimmte. Das war, modern ausgedrückt, ein regelrechter Staatsstreich. Und der Zeitpunkt war gut gewählt. Die Fürstenmehrheit konnte, auch wenn sie gewollt hätte, sich nicht rechtzeitig sammeln; und Heinrich der Stolze, der als mächtigster Fürst noch einer Etablierung dieses Königtums energischen Widerstand hätte leisten können, war in Sachsen gebunden, weil Markgraf Albrecht der Bär ihm dieses Herzogtum mit der Begründung streitig machte, dem Welfen sei das Herzogtum nicht ordnungsgemäß übertragen worden, und er selbst habe als Sohn einer Billungerin ebenfalls Anspruch auf dieses Amt. Die Fürstenschaft verhielt sich ohnehin merkwürdig zurückhaltend und nahm auf dem ersten Reichstag zu Bamberg am Pfingstfest die gegebene Lage ohne nachhaltiges Aufbegehren hin.

Um so mehr hat die Forschung dieses Ereignis beschäftigt. An sich ist die Frage müßig: Wie hätte sich die Entwicklung des Reiches gestaltet, wenn 1138 dem Welfen die Krone zugefallen wäre? Doch mit diesem Ereignis ist eine der entscheidenden Weichen des mittelalterlichen Reiches gestellt worden, so daß die Frage wenigstens so formuliert lauten sollte: Was vermochte Konrad nicht, und was bedeutete das für die Zukunft der Staufer und des Reiches?

Heinrich der Stolze befand sich im Nachteil, insofern er nur Schwiegersohn, aber nicht Blutsverwandter eines Königs war. Konrad III. konnte demgegenüber auf seine kaiserlichen Vorfahren hinweisen und tat es zwischen Aachener Krönungsakt und Bamberger Reichstag in einer Weise, die auf eine Identifizierung der Staufer mit den Saliern hinauslaufen mußte. Tatsächlich bezeichnete man die Stauferbrüder auch etwas später als die Träger des Saliergeschlechts oder als Waiblinger, da Waiblingen als der ursprüngliche Stammsitz der Salier angesehen wurde. Diese Orientierung entsprang einmal der tagespolitischen Notwendigkeit, die Abkunft aus einem königlichen Geschlecht herausstreichen zu müssen, um die Fürsten, die offenbar, wie schon 1125, zwischen Erbfolgeprinzip und Idoneität des Kandidaten schwankten, zur Anerkennung des neuen Königtums zu bewegen. Sie entsprach aber auch der bisherigen Entwicklungslinie des staufischen Hausverständnisses, jetzt allerdings auf die einfache Formel reduziert: durch die Kaisertochter Agnes setzte sich das Salierblut in den Staufern fort.

Man braucht nicht, wie es die ältere Forschung getan hat, eine kirchliche Reformpartei oder kuriale Interessenvertreter zu bemühen, um die Wahlen von 1125 oder 1138 so zu erklären, als habe man ein schwaches Königtum schaffen wollen, das jederzeit durch ein Zusammenspiel von Fürstenopposition und Papsttum in Schach gehalten werden konnte. Lothar war weder ein schwacher Fürst gewesen, noch hatte er Königsrechte in der Investiturfrage preisgegeben. Und Konrads Rolle nur als die eines Spielballs zu werten, widerspricht allein schon seinem Versuch, sich als Gegenkönig Lothars durchzusetzen. Beide haben der kurialen Anschauung, erst die Krönung in Rom konstituiere die Kaiserwürde und mache sie vom Papsttum abhängig, zumindest indirekt widersprochen, indem sie sich schon nach ihrer Königskrönung in eine Kaiserordnung einreihten. Konrads Motive liegen auf der Hand. Seine Königserhebung revidierte das gescheiterte Ende des Gegenkönigtums; vor allem stellte sie die vormals sinnvolle Verzahnung des salisch-staufischen Hausgutes mit Reichsgut wieder her, die erst den territorialpolitischen Wert der staufischen Hausmacht ausmachte. Und stellt man in Rechnung, daß Lothar den Welfen den Nürnberger Reichsgutsbezirk und sehr wahrscheinlich auch Ulm übertragen hat, dann läßt sich nicht ohne weiteres von der Hand weisen, daß der Staufer den kurz darauf folgenden Zusammenstoß mit den Welfen schon im Koblenzer Akt einkalkuliert hat. In diesem Falle hätte diese »Wahl« aus seiner Sicht vieles mit der Königserhebung von 1127 gemein. Auch die vielfach geäußerte Meinung, Heinrich der Stolze habe sich auf der Italienfahrt als ein energischer Verfechter von Reichsrechten erwiesen und sei deshalb für Innozenz II. unannehmbar gewesen, befriedigt nicht. Welf IV. und Welf V. waren im Investiturstreit exponierte Partner des Reformpapsttums gewesen; und Heinrich der Stolze setzte die traditionellen Beziehungen seines Hauses zu den päpstlich gesinnten Reformern der Kanoniker fort, eine Hausorientierung, welche die Staufer in ähnlicher Hinsicht nicht aufzuweisen hatten.

Statt ein Eingreifen der Kurie über den Kardinallegaten zu postulieren, erklärt sich die handstreichartige Wahl viel zwangloser aus den regionalen Umständen des Trierer Erzstifts, wozu der Wahlort Koblenz ja gehörte. Der rheinische Pfalzgraf Wilhelm von Ballenstädt war dabei, im Zuge der allgemeinen Verfassungsentwicklung und mit offenkundiger Zustimmung seines Verwandten Lothar III. sein Amt in eine Herrschaft aus eigener Wurzel umzuwandeln. Das bedeutete nicht nur bei der Kinderlosigkeit Wilhelms einen Erbgang auf den nächsten angeheirateten Verwandten, sondern gab dem Gewicht der Vogteien, die der Pfalzgraf innehatte, einen starken Auftrieb. Der Pfalzgraf war der Obervogt des Trierer Erzstiftes und des von pfalzgräflichen Ministerialen gegründeten Regularkanonikerstiftes Springiersbach, das sich anschickte, im weiten Bereich des Erzbistums Trier einen Verband von abhängigen Tochterstiften aufzubauen. Der Trierer Erzbischof Albero von Montreuil mußte befürchten, von der pfalzgräflichen Hausmacht an der unteren Mosel vollkommen beherrscht zu werden, um so mehr als 1131/32 hinter der großen Auflehnung der erzbischöflichen Ministerialen gegen Albero schon Pfalzgraf Wilhelm gestanden hatte. Von einem König aus dem Staufergeschlecht hingegen war zu erwarten, daß er die Praxis Heinrichs V. wieder aufgreifen und Tendenzen, den vom König kommenden Auftragscharakter eines Amtes abzustreifen, unterbinden werde. Und in der Tat, Konrad III. berief nach dem Tode Wilhelms einen Landesfremden zum rheinischen Pfalzgrafen. Im Bemühen um die Wahl Konrads III. dürfte Erzbischof Albero im übrigen den nicht unbedeutenden Saarbrücker Verwandtenkreis auf seiner Seite gewußt haben; denn Friedrich II. von Schwaben reiste sofort nach dem Koblenzer Akt nach Mainz, um dort die Wahl Adalberts II., eines Neffen Adalberts I., zum Erzbischof zu veranlassen und dessen Bestätigung durch seinen Bruder gleich mitzubringen.

Otto von Freising und in seinem Gefolge spätere Geschichtsschreiber machten sich die von Konrad III. gewollte propagandistische Orientierung zu eigen. Sie ließen das Wahlergebnis von 1125 als einen Unfall der Reichsgeschichte erscheinen, der 1138 wieder wettgemacht werden konnte; das Königtum Lothars III. bot sich in dieser Konzeption nur als eine bedeutungslose Episode dar. Ganz abwegig war diese Linienführung nicht, denn allein schon im Bereich der Kanzleipraxis knüpfte Konrad bewußt an die Verhältnisse unter Heinrich V. wieder an; die Reichskanzlei unter Lothar war, wie man heute weiß, trotz der durchgehend unbesetzten Stelle des Kanzlers kein Provisorium, aber eine stark von Sachsen bestimmte Personengruppe. Die Forschung des ausgehenden 19. Jahrhunderts folgte diesem Geschichtsbild nicht ganz. Ihr war Friedrich Barbarossa der alleinige Maßstab für eine

Beurteilung seiner beiden Vorgänger, ohne die politischen Leitlinien dieses bedeutenden Kaisers selbst einer kritischen Befragung zu unterziehen. Unter dem beliebten Blickwinkel der äußeren Machtentfaltung mußten ihm gegenüber die beiden vorausgegangenen Königtümer folglich als erfolglose und in ihrem Entscheidungswillen als weitgehend von reichsfremden Interessen abhängige Herrschaften abfallen; Lothar III. sei zu sehr auf den Ausbau der Hausmacht seines Schwiegersohnes bedacht gewesen, und Konrad III. glaubte man mit dem Schlagwort »Pfaffenkönig« hinreichend charakterisiert zu haben.

Dieses Urteil ist heute einem differenzierten Bild gewichen. Die landesgeschichtliche Forschung hat als erste in Konrad einen Wegbereiter seines Nachfolgers erkannt; und der Urkundenforschung erweist sich Konrad im Augenblick als der Herrscher, der unter Zuhilfenahme salischer Vorformen seinem Nachfolger den für diesen charakteristischen Begriffsapparat hinterlassen hat. Das Intervall engt sich so auf die Regierungszeit Lothars III. ein, allerdings auch hier in einem neuen Sinne. Man kann nicht sagen, Lothar habe in der Territorialpolitik, womit das Königtum auf den Verfassungsumbruch reagierte, eine Ausnahme gemacht. Beispiele in Thüringen/Hessen und am oberen Rhein sind hier schon genannt worden; hinzuweisen ist auch auf den Ausbau der welfischen Hausmacht, den der Kaiser mit der Absicht begünstigte, die Welfen in seine Rechtsnachfolge einzuführen. Es wäre verfehlt, darin nur eigensüchtige Motive zu sehen, denn die Politik der beiden staufischen Nachfolger auf dem Thron sollte beweisen, daß nur ein Königtum Aussicht hatte, im ganzen Reich präsent zu sein, das sich auf eine über das ganze Reich verteilte Hausmacht stützen konnte. Neben dem Ausbau territorialer Stützpunkte sind die Bemühungen der Staufer im 12. Jahrhundert um eine Reaktivierung des Lehnswesens kennzeichnend. Auch auf diesem Gebiet war Lothar nicht untätig, da der Reformkanoniker Gerhoh von Reichersberg Klage darüber führte, daß die Bischöfe dem Herrscher seit dem Wormser Konkordat außer dem Treueid auch die Mannschaft leisten mußten. Lothar bereits wies den Weg, wie man den Schwund des Amtsrechtes auffangen konnte. Man könnte allerdings meinen, er sei darin inkonsequent gewesen, wenn man berücksichtigt, daß er beispielsweise nicht nur die Umwandlung der rheinischen Pfalzgrafschaft in eine erbliche Territorialherrschaft duldete, sondern auch zwei Träger der rheinischen Pfalzgrafenwürde gleichzeitig anerkannte; er hütete sich, den 1113 von Heinrich V. eingesetzten Gottfried von Calw von diesem Amt wieder zu entbinden, weil er ihn als Bundesgenossen in Schwaben nicht verlieren wollte, wies aber auch den Erbanspruch Wilhelms von Ballenstädt, dessen Vater von Heinrich V. wegen Felonie abgesetzt worden war, nicht ab. Oder, um ein anderes Beispiel herauszugreifen: Am Schluß des Wahlvorganges von 1125 erklärte Lothar sich zu Konzessionen bereit, was den Anteil des Königs an kirchlichen Wahlen betraf, womit er die Gültigkeit des Wormser Konkordates nur bis zum Tode Heinrichs V. bestätigte, durch die Praxis der nächsten Jahre aber sorgte er dafür, daß die Vereinbarungen von 1122 stillschweigend in Kraft blieben. Ähnlich verstand er seine kaiserliche Schutzpflicht der Römischen Kirche gegenüber nicht, wie seine salischen Vorgänger noch, als Herrschaft, sondern als eine nur mehr im Einvernehmen mit dem Papsttum zu handhabende Funktion, gab aber den Anspruch des Reiches auf die Lehnshoheit über die normannischen Herrschaften in Süditalien der Forderung des Papstes zuliebe nicht preis. Will man diese Beobachtungen auf einen Nenner bringen, dann erwecken sie den Eindruck einer Politik, die sich nicht auf programmatische Leitsätze festlegen lassen wollte, die mehreren Möglichkeiten im Fluß der Verfassungsentwicklung zugänglich war, ohne den Blick für das Machbare zu verlieren, die insgesamt aus einer inneren Stärke heraus Gelassenheit zeigte.

Das ist es, was sich durch den Thronwechsel von 1138 änderte. Mit den Staufern bahnten sich nicht Perspektiven einer vollkommen neuen Politik den Weg, aber Konrad III. standen äußere Machtmittel nicht in annähernd gleichem Umfang wie seinem Vorgänger bzw. den Welfen zur Verfügung. Das führte zu einer Politik mit Zügen überanstrengter Konzentration. Die unzureichende Machtgrundlage steigerte das Autoritätsbedürfnis, schuf zuweilen eine gefährliche Risikobereitschaft und förderte einen Hang zum Programmatischen; die Vorstellung, das alte Kaisergeschlecht fortzusetzen, lenkte dabei den Blick allzu leicht in die Vergangenheit des Reiches und bezog von dort in mancher Hinsicht einseitige Zielsetzungen, die auch eine vermeidbare Polarisierung nicht scheuten. Nicht zuletzt ihm ist die Überleitung des staufisch-welfischen Konfliktes in einem verhärteten Gegensatz zu verdanken. Der Umbau der Reichsverfassung wurde dadurch allerdings beschleunigt, und eine bislang unbekannte Rationalität läßt den Verstaatungsprozeß unter der Stauferherrschaft durchsichtiger erscheinen.

Gleich zu Beginn seiner Herrschaft war Konrad III. darauf

bedacht, aus welchen Gründen auch immer, Maßnahmen seines Vorgängers rückgängig zu machen. Am gravierendsten war in diesem Rahmen seine Forderung, Heinrich der Stolze solle freiwillig auf das sächsische Herzogtum verzichten. Helmold von Bosau schreibt, es sei nicht rechtens, wenn sich zwei Herzogtümer in der Hand eines einzigen Fürsten befänden. In der Tat, es war ungewöhnlich, aber Herzog in Bayern und Sachsen war Heinrich im Hinblick auf die erwartete Königswürde. Warum sollte er nun, nach dem Koblenzer Ereignis, seinem Rivalen die Herrschaft erleichtern, die sich gegen eine solche Machtballung nur mühsam behaupten konnte? Überdies hatte Heinrich IV. 1096 die faktische Erblichkeit des bayerischen Herzogsamtes in der Familie der Welfen in die Wege geleitet; und was Sachsen angeht, bahnte sich die weibliche Erbfolge in Reichslehen zwar erst an, aber Konrad III. scheint sie in der Wiederausleihe berücksichtigt zu haben. Es ist verständlich, daß sich Heinrich der Stolze auf einen solchen Anspruch ebenfalls berufen konnte und unter diesen Umständen auch eine Huldigung an den König ablehnte. Daraufhin ließ Konrad den Welfen in die Acht verweisen, entzog ihm beide Herzogtümer und belehnte den Askanier Albrecht den Bären mit Sachsen und den Babenberger Leopold IV. von Österreich, seinen Halbbruder, mit Bayern.

Doch war mit diesem Schlag die staufisch-welfische Rivalität keineswegs aus dem Wege geräumt. Welf VI., Herr der welfischen Hausgüter in Oberschwaben und Bruder Heinrichs des Stolzen, dem die Markgrafschaft Tuszien bei dieser Gelegenheit entzogen worden war, bestritt jetzt die kriegerischen Aktionen in Süddeutschland, er besiegte 1140 den Babenberger bei Valley an der Mangfall, mußte allerdings eine Niederlage hinnehmen, als er die von den Staufern belagerte Feste Weinsberg bei Heilbronn entsetzen wollte. Heinrich der Stolze schlug sich frühzeitig nach Sachsen durch und konnte dort den Askanier weitgehend verdrängen. Er starb zwar schon im Oktober 1139, aber die Haltung der Sachsen hing offensichtlich nicht von seiner Person ab; denn Richenza, die Witwe Lothars III., konnte die Vormundschaft für den erst zehnjährigen Erben Heinrich den Löwen übernehmen, ohne eine Gefährdung der dortigen Welfenherrschaft zu riskieren. Welf VI. nutzte den Tod seines Bruders, um – wenn auch vergeblich – das Bayernherzogtum »iure hereditatis« für sich zu reklamieren. Die Stärke der beiden Parteien hielt sich ungefähr die Waage; Sachsen war für den Askanier kaum mehr wiederzugewinnen, während Bayern für den Babenberger noch nicht verloren schien.

Diese Überlegungen machte sich Konrad III. zu eigen, als der Tod Richenzas im Juni 1141 und Leopolds IV. einige Monate später einem Ausgleich den Weg zu öffnen schien. Nachdem Albrecht der Bär offenbar auf das sächsische Herzogtum verzichtet hatte, konnte mit ihm Heinrich der Löwe im Mai 1142 zu Frankfurt belehnt werden. Dafür mußte Gertrud, die Witwe Heinrichs des Stolzen, den Babenberger Heinrich II. Jasomirgott, den Bruder Leopolds IV., heiraten, der im Januar 1143 mit Bayern belehnt wurde – als hätte ihm seine Frau dieses Herzogtum als Erbe zugeführt. Heinrich der Löwe war zudem noch nicht großjährig; so glaubte der König, über dessen Mutter Gertrud auch Sachsen unter babenbergischen Einfluß bringen zu können. Ein echter Ausgleich war dieser Vorgang nicht. Denn einmal reservierte sich Konrad bei dieser Gelegenheit das Reichsgut in Bayern; sein Bruder Friedrich II. hatte ja den weitaus größeren Teil der staufischen Hausmacht inne, nämlich das Schwabenherzogtum und das salische Erbe auf dem linken Rheinufer. Und Welf VI. aus der welfischen Nebenlinie ließ man unberücksichtigt, sei es weil er kein Inhaber eines Amtsherzogtums gewesen war oder weil man ihn einfach unterschätzte. Aber gerade er hielt den staufisch-welfischen Gegensatz am Leben, umso mehr, als er mit Unterstützung der Grafen von Dachau und Wolfratshausen, des Markgrafen der Steiermark und des Regensburger Bischofs den schwäbisch-bayerischen Raum mit Kriegszügen überzog, nachdem Gertrud, die Schlüsselfigur, durch baldigen Tod nach ihrer Hochzeit ausgefallen war.

Auf Veranlassung Bernhards von Clairvaux ließ sich Konrad III. kurz nach dem Weihnachtsfest des Jahres 1146 gegen mancherlei Vernunftgründe zur Teilnahme am Zweiten Kreuzzug bewegen. Auf einem Reichstag zu Frankfurt im März 1147 sollten letzte Vorbereitungen für den Kreuzzug getroffen werden. Es war längst üblich, vor Antritt einer gefährlichen Heerfahrt – und nur dann – den Königssohn zum Nachfolger zu wählen, ein Akt, der gewöhnlich nicht auf den Widerstand der Wähler stieß. In diesem Sinne designierte Konrad in Frankfurt seinen Erstgeborenen Heinrich (VI.) zum Nachfolger im Königsamt, wurde aber mit einer Klage des inzwischen mündig gewordenen Heinrich des Löwen konfrontiert, die einer Wahlbedingung gleichkam. Man habe seinem Vater das bayerische Herzogtum widerrechtlich genommen und solle es ihm zurückerstatten. Der Kreuzzugstermin duldete keinen Aufschub, somit auch nicht die Wahl des Sohnes, und Unternehmungen in Abwesenheit Konrads waren nicht zu erwarten, da für die

Dauer des Kreuzzuges der Reichsfriede eingehalten werden mußte. Der Welfe konnte unter dieser Voraussetzung auf das Ende der Kreuzfahrt vertröstet werden, war aber schon nicht mehr bereit, unter der Führung Konrads in den Orient zu ziehen. Während Welf VI. am Orientkreuzzug teilnahm, bestand der sächsische Adel auf einem gesonderten Unternehmen gegen die heidnischen Slawen zwischen Elbe und Oder, an welchem auch der Zähringerherzog teilnahm, der seine Tochter Clemencia mit Heinrich dem Löwen vermählte. Notgedrungen deklarierte Bernhard von Clairvaux als päpstlicher Legat den Slawenfeldzug zum Wendenkreuzzug, eine Parallele zum Orientkreuzzug.

An der Tatsache, daß Heinrich der Löwe seine Forderung nach Rückgabe des Bayernherzogtums vorbringen und diese Klage nach Kreuzzugsende aufrechterhalten konnte, wird deutlich, wie wenig die älteren Maßnahmen Konrads III. rechtlich abgesichert waren. Die Beauftragung Heinrichs des Stolzen mit einem zweiten Herzogsamt, der Entzug des Bayernherzogtums im Jahre 1138 und der Erbgang Gertruds im Jahre 1142/43, alles das waren Rechtsvorgänge, die sich mit je eigenem Anspruch innerhalb eines Rahmens an zulässigen Möglichkeiten bewegten. Den Prozeß, den Heinrich der Löwe angestrengt hatte, konnte der König nur nach lehnsrechtlichen Normen führen, aber er war auch ein politischer; sein Ausgang hing nicht zuletzt von der Stellungnahme der im Königsgericht urteilenden Fürsten ab. Deren parteiliche Bindung aber war offenbar unklar; denn sonst bliebe unverständlich, warum ausgerechnet Heinrich der Löwe als Kläger den drei vorgeschriebenen Gerichtsterminen keine Folge leistete. Eine Schlüsselrolle fiel hier anscheinend Friedrich III. Barbarossa zu, der seinem 1147 gestorbenen Vater Friedrich II. im schwäbischen Herzogsamt gefolgt war. Seine Haltung ist für uns nicht ganz durchsichtig und läßt sich nur negativ umschreiben; mit der Politik seines königlichen Onkels ging er nicht ganz konform, aber er war auch nicht bereit, im Gericht vorbehaltlos für die Forderung des Welfen einzutreten. Im Grunde blockierte der Prozeß die Initiative des Königs, während außergerichtlich Fakten geschaffen werden sollten. Dem Aufstand Welfs VI. konnte zwar durch die Niederlage am Flochberg im Februar 1150 ein Ende gesetzt werden, aber Heinrich der Löwe besetzte nach und nach bis auf Österreich ganz Bayern. Und der Versuch Konrads im Herbst 1151, durch einen Handstreich auf Braunschweig den Gegner zum Rückzug zu zwingen, mißlang.

Der Frankfurter Reichstag von 1147 stellt in den staufisch-welfischen Beziehungen einen Wendepunkt dar; Konrad III. wurde durch die Forderung Heinrichs des Löwen in die Defensive gedrängt. Dies hatte auch auf die Außenpolitik des Königs geradezu verheerende Folgen.

Das Bild der europäischen Politik wurde von den Normannen bestimmt. 1127 war die Linie Robert Guiscards ausgestorben, und Roger II. hatte von der Insel Sizilien auf das Festland übergegriffen, um alle Normannenherrschaften in einem einzigen Großreich zu vereinigen. Roger, eine überragende politische Persönlichkeit, nutzte das 1130 ausgebrochene Papstschisma, indem er für seinen Beitritt zur Obedienz Anaklets II. von diesem die Anerkennung des neuen Einheitsreiches und seinen Aufstieg vom Fürsten zum König einhandelte. Byzanz fürchtete eine Wiederkehr der normannischen Expansionsabsichten auf Griechenland und erinnerte sich seiner alten Kontakte zu Kaiser Heinrich IV. Die zweite Italienfahrt im Jahre 1136 unternahm Lothar III. auf Bitten des Kaisers Johannes Komnenos, ein gegen die Normannen gerichteter Bündnisvertrag zwischen beiden Kaisern war im Jahr zuvor geschlossen worden. Durch den Tod Lothars wurde der Vertrag hinfällig, da er nur den Vertragspartner persönlich band. Nach dem Tode Anaklets II. glaubte Papst Innozenz II., mit den Normannen allein fertig werden zu können, doch der von ihm geleitete Kreuzzug endete mit seiner Gefangennahme; im Frieden von Mignano erkannte Innozenz das Königreich Rogers, wenn auch mit fiktiven Klauseln, als solches an.

In richtiger Einschätzung der unzureichenden päpstlichen Machtmittel knüpfte Johannes Komnenos an den Vertrag von 1135 an und schickte Gesandte an den Hof Konrads III., um eine Erneuerung des Bündnisses zu erreichen. Die Verhandlungen zogen sich bis 1142 hin, während Bischof Embricho von Würzburg das Einverständnis des Papstes einholte und die Zustimmung der Großen des Reiches erwirkt wurde. Zur Bekräftigung des Vertrages konnte dann Bertha von Sulzbach, die Schwägerin Konrads, an Stelle einer fehlenden leiblichen Tochter des Königs nach Byzanz geschickt werden, um den Kaisersohn Manuel zu heiraten. Doch der Vertragspartner Johannes Komnenos fiel 1142 auf einer Heerfahrt in Syrien, der Vertrag war ungültig. Vielleicht lag es am Versuch der Bürger Roms kurz vor dem Tod Innozenz II. im Jahre 1143, unter der Zauberformel »Senat und Volk von Rom« die vermeintlich unverjährbaren Rechte des weltbeherrschenden römischen Volkes wiederherzustellen und im Sog der kommunalen Autonomiebewegung Oberitaliens dem Papsttum das Recht der

Stadtherrschaft über Rom streitig zu machen, daß Manuel I., der Sohn und Nachfolger des Johannes Komnenos, zu einem Abkommen mit Roger II. zu gelangen trachtete; womöglich sah er die Hände Konrads III. durch die mißliche Lage des Papstes so sehr gebunden, daß an eine gemeinsame Bekämpfung der Normannen nicht zu denken war. Erst als sich die Verhandlungen mit dem sizilischen König zerschlugen, griff Manuel das von seinem Vater abgeschlossene Bündnis auf, erneuerte den Vertrag mit Konrad III. und heiratete Bertha im Januar 1146, die den Namen Irene annahm. Es handelte sich um ein förmliches Freundschafts- und Verteidigungsbündnis, dessen Ziel die Zerschlagung des normannischen Einheitsreiches in Süditalien war.

Kaiser Manuel und der Papst erwarteten Konrads tatkräftige Hilfe gegen die Normannen, dieser jedoch nahm das Kreuz. Während Roger II. im August 1147 die griechische Insel Korfu besetzte, wollte Konrad sein Heer auf dem Weg durch das Innere Kleinasiens nach Syrien führen, mußte aber aus Krankheitsgründen den Winter 1147/48 in Byzanz verbringen. Der Zweite Kreuzzug war nicht nur militärisch eine Enttäuschung, da die Rückeroberung Edessas ausblieb, sondern hatte am Ende auch eine quer durch Europa gehende Front geschaffen. Da Manuel die Normannen nicht vor dem August 1149 von der griechischen Küste vertreiben konnte, arbeitete er auf eine umfassende Koalition gegen Roger II. hin. Das Netz von Gegnerschaften verdichtete sich endgültig zu einem kunstvollen Bündnissystem: Die Babenberger in Österreich waren mit König Geisa II. von Ungarn verfeindet. Dessen Schwager, der Großfürst von Kiew, stand mit den Fürsten von Halitsch (am oberen Dnjestr) auf Kriegsfuß, weswegen dieser Anlehnung an Byzanz suchte und Geisa mit Roger in ein engeres Verhältnis trat. Welf VI. verließ schon im Sommer 1148 heimlich das Kreuzfahrerheer und trat wegen der Babenberger mit den Normannen in Kontakt. Auch König Ludwig VII. von Frankreich machte auf seiner Heimreise am Normannenhof Station, während Konrad III. sein kräftig dezimiertes Heer durch das Byzantinische Reich zurückführte. Wahrscheinlich im Oktober 1148 kam es in Thessalonike zu einem Treffen Konrads mit Manuel. Bei dieser Gelegenheit wurde der Vertrag von 1145 nochmals beschworen und das Versprechen Konrads »ins Gedächtnis gerufen«, Italien als Mitgift der Kaiserin Irene wiederzugewinnen, die jener als seine Verwandte dem Basileus zur Ehe gegeben hatte«, wie sich der griechische Chronist Kinnamos ausdrückt. Schon früh war in den Verhandlungen zwischen den beiden Bündnispartnern von der »Angelegenheit Apuliens und Langobardiens« die Rede, die zum Zeitpunkt der Hochzeit Bertha/Irenes noch offenstand. In den Verhandlungen von 1145 hätte der byzantinische Kaiser Unerhörtes gefordert, aber Konrad habe ihm widerstanden. Ob Konrad jetzt schon seine Schwägerin zur Adoptivtochter erklärte, damit sie dem Rang einer Braut des Kaisers angemessen ausgestattet erschien, ist ungewiß. Jedenfalls war Konrad nach byzantinischem Brauch als »Brautvater« zu einer ungewöhnlichen Mitgift verpflichtet, und das hieß in diesem Falle, er betrachtete Unteritalien als einen von den Normannen entfremdeten Teil seines Imperiums und beteiligte sich an einem Vernichtungskrieg gegen die Normannen, damit dieser Teil Italiens in die Hände der Kaiserin Irene gelangen konnte. Die Vereinbarung der Mitgift war sicher nicht Bestandteil des Vertragswerkes und noch nicht einmal beschworen, aber deswegen nicht etwa nur nebensächliches Beiwerk, wie einzuwenden versucht wurde. Welchen Wert hatte das Bündnis für Konrad, wenn es nur der Restitution ehemals byzantinischer Reichsgebiete diente? Man kann sich der Vermutung nicht entziehen, daß Konrad der byzantinischen Forderung nur in äußerster Bedrängnis zugestimmt hat, und das dürfte während der ersten Begegnung mit Manuel im Winter 1147/48 gewesen sein, als er, von unerwartet heftigen Kämpfen mit den Türken geschwächt, den weiteren Landweg aufgab und die Klage Heinrichs des Löwen auf ihm lastete.

Die Klage des Welfen betraf nicht nur den staufisch-welfischen Gegensatz, sondern richtete sich auch gegen die Babenberger; und sie waren stärker in die auswärtige Politik des Reiches eingebunden als irgendein anderes deutsches Fürstenhaus. Drei Beispiele machen dies deutlich. Als der Polenherzog Boleslaw III. 1139 starb, teilte er das Reich unter seine vier Söhne, wobei er dem Ältesten, Wladislaw, der mit Agnes, einer Tochter Leopolds III. von Österreich, verheiratet war, einen Vorrang einräumte. Im Vertrauen auf den Rückhalt, den Wladislaw bei so mächtigen Geschlechtern wie den Staufern und Babenbergern zu finden hoffte, ließ dieser seine Brüder die ihm zugebilligte Vormachtstellung spüren. 1146 lehnten sich die Brüder gegen ihn auf und trieben ihn ins deutsche Exil. Konrad unternahm sogleich einen Feldzug, gelangte aber nicht ins Innere Polens und wurde mit Versprechungen zur Rückkehr veranlaßt. Zu spät stellten sich die Versprechungen als ein Täuschungsmanöver heraus. Der Böhmenherzog Sobeslav hatte schon zu Lothar III. gute Beziehungen unterhalten. Leopold IV., Sohn und Nachfolger Leopolds III., heiratete Sobeslavs Tochter Maria; dafür verbürgte sich Konrad, die Amtsnachfolge ihres ältesten Bruders Vladislav sicherzustellen. Die Befürchtungen des Vaters waren berechtigt, denn nach dessen Tod (1140) erhoben die Großen Böhmens an Stelle des anscheinend unfähigen Sohnes dessen Vetter, ebenfalls Vladislav mit Namen, zum Herzog und verwandten sich für ihn beim deutschen König. Wiederum stellten die Babenberger den Heiratskandidaten, dieses Mal Gertrud, eine Schwester Leopolds IV., und Konrad vergaß sein früher dem alten Herzog gegebenes Versprechen, zumal sein Halbbruder Leopold um diese Zeit schon gestorben war. Wie der Polen und der Böhmenherzog suchte auch König Bela II. von Ungarn einen Rückhalt an Konrad III. und verlobte seine Tochter Sophia mit Heinrich (VI.), dem damals noch nicht zum König gewählten Sohn Konrads. Da Ungarn oft in Spannungen mit Byzanz lebte, erforderte das Bündnis Konrads mit Manuel eine Umorientierung. Der ungarische Kronprätendent Boris fand die Unterstützung des byzantinischen Hofes sowie des Polen- und des Böhmenherzogs, um Geisa durch ihn auf dem Thron zu ersetzen. Offensichtlich in Absprache mit Konrad III. überfiel der Babenberger Heinrich II. Jasomirgott 1146 Preßburg, doch der Umsturz mißlang, und die anschließende Schlacht an der Leitha blieb unentschieden. Belas Sohn Geisa II. wandte sich vom deutschen Hof ab, forderte seine Schwester Sophie, die im Kloster Admont auf ihre Großjährigkeit wartete, zurück und knüpfte erste Kontakte mit Welf VI.

Den deutschen Königshof um Hilfe anzugehen und diese Hilfe im Sinne einer steuernden Prädominanz den östlichen Nachbarn auch zu gewähren, hatte eine lange Tradition. Die angeführten Beispiele lassen allerdings eine gewisse Unberechenbarkeit der deutschen Politik sowie einen Mangel, stabilisierend auf das Vorfeld des Reiches einzuwirken, erkennen. Das trifft sich mit der Beobachtung, ohne Rücksicht auf die mit dem Papst und dem byzantinischen Kaiser abgestimmte politische Planung aus dem Impuls einer momentanen religiösen Begeisterung heraus die Teilnahme am Kreuzzug versprochen zu haben. Mit den deutsch-byzantinischen Bündnisverhandlungen setzte Konrad die Politik seines Vorgängers Lothar fort; aber der staufisch-welfische Gegensatz war eine Belastung, die Lothar III. noch hatte ausräumen können, bevor er seine Heerfahrt gegen die Normannen antrat. Der kleinere Spielraum, der Konrad zur Verfügung stand, engte sich durch die unglückliche Ungarnpolitik und erst recht durch die Klage Heinrichs des Löwen ein. Die drei Beispiele zeigen ebenfalls, welch führende Rolle die Babenberger im östlichen Vorfeld spielten. Sie fungierten nicht nur als der gewissermaßen verlängerte Arm des deutschen Königs, sondern stellten auch die Ehepartner, die dem Königshaus fehlten, als Garantie der königlichen Zusage. Ausgerechnet sie, welche als Herzöge von Bayern die staufisch-welfische Auseinandersetzung in entscheidendem Umfang mittrugen, drohten nun in einen Zweifrontenkrieg gegen Ost und West zu geraten. Das ist der Grund, warum Heinrich II. Jasomirgott in Thessalonike 1148 Theodora, eine Nichte Kaiser Manuels, heiratete. Byzanz sollte den Babenberger für die zu erwartende Auseinandersetzung um Bayern im Osten entlasten. Der staufisch-welfische Gegensatz und der byzantinisch-normannische Gegensatz begannen sich so ineinander zu verzahnen.

Es verwundert nicht, daß in den nächsten Jahren das gemeinsame Unternehmen gegen die Normannen nicht realisiert werden konnte. Die für das Jahr 1149 vorgesehene Heerfahrt mußte wegen der Erkrankung Konrads III. und wegen der aufständischen Umtriebe Welfs VI. verschoben werden; ebensowenig konnte sie in den beiden nächsten Jahren stattfinden, weil Ungarn wohl auf Anstiften Rogers die Serben vorgeschickt hatte, die Manuel im Norden seines Reiches banden. Auf Widerspruch im Reich stieß auch das Versprechen, der byzantinischen Kaiserin das Normannenreich nach erfolgter Eroberung als Mitgift zu überlassen. Im März 1149 hielt sich ein Gesandter Kaiser Manuels in Rom auf, durch den die Kurie von dem Versprechen erfahren haben muß, das noch nicht zum Vertragswerk gehörte, als es mit dem Papst abgestimmt wurde. Das Papsttum hatte sich in das Netz der beiden gegnerischen Koalitionen nicht einbinden lassen. Die Hauptsorge Papst Eugens III. (seit 1145) galt dem stadtrömischen Aufstand; mit ihm durften weder Byzanz noch die Normannen in Kontakt treten. Nicht weniger wichtig war es, Konrad III. von den Beistandsverpflichtungen gegenüber Byzanz zu lösen, nicht nur um den Staufer zum Eingreifen in die stadtrömischen Verhältnisse zu veranlassen, sondern auch um eine Rückführung Süditaliens in das Byzantinische Reich zu verhindern, denn sie bedeutete zugleich ja auch eine Rückkehr der lateinisch gewordenen Kirche Süditaliens in das griechische Patriarchat Konstantinopels. Der Bischof Anselm von Havelberg, der 1136 im Auftrage Lothars III. ein Gespräch mit dem byzantinischen Gelehrten Niketas von Nikomedien über die Möglichkeiten der Kirchenunion geführt hatte, wurde von Eugen III. aufgefordert, dieses Gespräch aufzuzeichnen. Und das Ergebnis, im »Antikeimenon« zusammengefaßt, lautete, nur wenn die Griechen in den Gehorsam der Römischen Kirche zurückkehrten, dem sie sich selbstherrlich entzogen hätten, sei sichergestellt, daß sie ihre gotteslästerlichen Vorstellungen ablegen und ihre mutwilligen Interpretationen der Kirchenväter korrigieren würden. In der Praxis schien eine Union der griechischen mit der lateinischen Kirche folglich aussichtslos, und dem Vorhaben Konrads drohte eine Auseinandersetzung grundsätzlicher Art mit dem Papsttum, die das staufische Königtum in unabsehbare Wirren gestürzt hätte.

Auch in einflußreichen Kreisen, die dem Stauferhof nahestanden, ahnte man die möglichen Folgen, zumal die Kurie vorsichtig anfragte, ob die Nachricht von dem ihr zu Ohren gekommenen Versprechen stimme. Doch Konrad III. versperrte sich allen Einwänden, bis Wibald, der Abt von Stablo-Malmedy und von Corvey, im Frühjahr 1150 auf den – man muß schon sagen – genialen Gedanken kam, das Bündnis mit einer zweiten Heirat zu festigen. Heinrich (VI.), der Sohn Konrads und inzwischen gewählte Thronfolger, sollte eine Nichte Kaiser Manuels heiraten, damit – das war der Hintergedanke – die Braut das an die Kaiserin Irene gefallene Normannenreich jetzt als ihre Mitgift in die neue Ehe einbringen konnte. Papst Eugen III. war anscheinend mit dieser Lösung einverstanden. Die Kurie hatte auf Zeitgewinn hingearbeitet, den von Roger II. zum Schaden der byzantinischen Position betriebenen Plan eines französisch-normannischen Kreuzzugs 1149/50 in einen finanziellen Beitrag für die im Heiligen Land stehenden Tempelritter umgewandelt und eine Festlegung in der Interpretation des Vertrages von Mignano hinsichtlich der normannischen Thronfolge vermieden. Sie war nun bereit, Verhandlungen über die Kaiserkrönung Konrads III. aufzunehmen, von der sie sich eine Entlastung in der stadtrömischen Situation erhoffte. Darüber starb Heinrich (VI.) noch im Laufe des Jahres 1150. Den byzantinischen Kaiser am Betreten italienischen Bodens zu hindern, was auch die päpstliche Kurie zur Bedingung ihrer Krönungszusage machte, war so wichtig, daß sich Konrad III. nun selbst, seit 1146 Witwer und mittlerweile 58jährig, auf dem Regensburger Reichstag von 1151 als Bräutigam der byzantinischen Prinzessin zur Verfügung stellte. Eine deutsche Delegation muß bereits Bedingungen für die Krönung ausgehandelt haben. Wibald scheint bei dieser Gelegenheit auch einen Kompromiß zwischen dem Papst und Vertretern der römischen Kommunalbewegung in die Wege geleitet zu haben, dem Eugen III. aber nicht zustimmte. Doch es kam weder zur Kaiserkrönung noch zur Hochzeit, bevor Konrad am 15. Februar 1152 in Bamberg starb.

Daß die mißliche Situation nicht so sehr in persönlichen Unzulänglichkeiten Konrads III. begründet war wie in der staufisch-welfischen Rivalität, unter deren Vorzeichen Konrad sein Königtum angetreten hatte, zeigen die richtungweisenden Ansätze zur Überwindung der eigenen konstitutiven Schwäche.

4. Die Wegbereitung

Der staufischen Hausmachttradition zufolge soll das Königtum Konrads III. die Salierherrschaft fortgesetzt und damit eine Brücke von den Saliern zum großen Stauferherrscher Friedrich Barbarossa geschlagen haben. Daß eine solche Kontinuität im Bereich der königlichen Kanzlei sichtbar wird, ist schon vermerkt worden. Unter den Saliern gab es für das deutsche, burgundische und italische Reich innerhalb des Imperiums je eine eigene Kanzlei. Heinrich V. bahnte hier 1122 schon eine erste Konzentration an, indem er dem italischen Kanzler Philipp auch das deutsche Kanzleramt übertrug. Konrad ging 1138 gleich einen Schritt weiter und bestellte für alle drei Reiche nur noch einen einzigen Kanzler.

Die Tätigkeit der Reichskanzlei hatte bisher in der Besorgung des Urkundengeschäfts bestanden; unter Konrad wurde dieser Tätigkeitsbereich ausgeweitet. Der Erzkanzler als Leiter der Reichskanzlei trat völlig zurück zugunsten des Reichskanzlers, des eigentlichen Kanzleivorstandes. Konrads erster Kanzler war Arnold aus dem Hause der Grafen von Wied, wie seine Vorgänger also ein Hochadliger; was bislang jedoch undenkbar gewesen wäre, Arnold verrichtete ohne zwingenden Grund als Diktator oder gar als Schreiber von Urkunden gewöhnliche Kanzleidienste, wurde daneben aber auch mit wichtigen diplomatischen Missionen betraut. Heinrich von Wiesenbach, den Konrad aus der Kanzlei des Bischofs Embricho von Würzburg übernahm, kann dazu als ein Gegenstück gelten; obwohl er als Protonotarius der Vorsteher der Notare war, ist er im Beurkundungsgeschäft nur gelegentlich nachzuweisen. Nimmt man noch hinzu, daß die Zahl der Kanzleikräfte unter Konrad ganz allgemein wuchs und daß diese mehr und mehr aus Dienstmannengeschlechtern stammenden Kräfte mit der Hofkapelle nichts mehr zu tun hatten, dann gibt es für die Änderungen nur die Erklärung: Die Reichskanzlei wurde zu einer Art oberster Verwaltungsbehörde umgestaltet.

Darin zeichnen sich einige Grundlinien der kommenden staufischen Reichspolitik in Umrissen bereits ab. Alle drei Momente – die prinzipielle Ausweitung der sachlichen und räumlichen Zuständigkeit sowie die Arbeitskräfte neuer Herkunft in der Kanzlei – resultierten aus der Notwendigkeit, die Grundlagen der Königsgewalt auf eine andere Basis zu stellen. Wie zu sehen war, hatte sich schon Heinrich IV. einer neuen Personengruppe zu bedienen versucht, die dem bodenständigen Adel fernstand. Unter Konrad wurde diese dem Monarchen ergebene Gruppe in weitaus größerem Umfang mit höchsten Aufgaben der Reichspolitik betraut und konsolidierte sich damit zur selbstbewußten Schicht des Ministerialenstandes; ohne sie hätten die nächsten Staufer ihre Italienpolitik nicht betreiben können. Unabhängigkeit vom bodenständigen Adel war auch der Grund für die Ausweitung des Tätigkeitsfeldes der Kanzlei; das Königtum benötigte dieselben Machtgrundlagen wie eine Adelsherrschaft auch und mußte mit diesen konkurrieren. Das Bestreben, gewachsene räumliche Grenzen weniger oder überhaupt nicht mehr zu respektieren, womit der Boden für die Italien- und Burgundpolitik Barbarossas ebenfalls vorbereitet wurde, fügte sich dann folgerichtig in diese Gesamttendenz ein; ob hier auch eine Reaktion auf die Profilierung des deutschen Reiches innerhalb des Imperiums durch Aneignung des vom Reformpapsttum ausgehenden Namens »regnum Teutonicum« ausgerechnet in jener Zeit zu sehen ist, läßt sich dagegen noch nicht entscheiden.

Auf diesem Hintergrund gewinnt die Territorialpolitik Konrads III. in Deutschland ein überlokales Interesse. Im nördlichen Schwaben war es den Staufern gelungen, die Welfen vollständig zu verdrängen. Die Feste Weinsberg konnte ihnen entrissen werden, ebenso der welfische Streubesitz im mittleren Neckartal. In Oberschwaben dagegen blieb die Stellung Welfs VI. unerschüttert; hier erzielte Konrad nur vereinzelte Vorstöße, so 1139 zur Abtei Reichenau und 1142 zum Hochstift Konstanz sowie zur Zisterzienserabtei Salem hin, die sich vorerst aber nicht ausbauen ließen. Der Zähringer hatte das Reichsrektorat über Burgund, das Lothar III. ihm 1127 aufgetragen hatte, für sich soweit nutzen können, als er 1133 den Grafen Amadeus von Genf bei Peterlingen entscheidend schlug und dadurch den ehemaligen Machtbereich Rudolfs von Rheinfelden zwischen Alpen und Jura endgültig an sich brachte. Jenseits des Jura jedoch hatte er weder für sich geschweige denn für das Reich irgendwelche Autorität gewinnen können. Hier war es Konrad, der an die Ansprüche des Reiches, die sein Vorgänger in Erinnerung gerufen hatte, ohne damit dauerhafte Ergebnisse zu erzielen, anknüpfte. In den Jahren 1142 und 1145 häufen sich die Nachrichten über burgundische Bittsteller am Hofe; sie alle wurden von Konrad im Sinne ihrer Bitte bedacht, ohne daß der Zähringer hinzugezogen worden wäre.

Der westliche Nachbar Schwabens war Herzog Simon von Oberlothringen. Als Halbbruder Lothars III. stand er dem staufischen Königtum zurückhaltend gegenüber und schob seine Huldigung hinaus, bis er 1139 starb. Seinem Sohn Matthäus hinterließ er auch eine Auseinandersetzung mit der Frauenabtei Remiremont, weswegen ihn schon Innozenz II. gebannt hatte. Um seiner Bedrängnis von zwei Seiten her zu entrinnen, schloß Matthäus auf Drängen des Königs mit dem Frauenkloster einen nicht gerade vorteilhaften Frieden und heiratete Judith, eine Tochter Friedrichs II. von Schwaben. Konrad mochte gehofft haben, seinen Anhang auf diese Weise vergrößern zu können; doch das Verhältnis des Herzogs zum Staufer blieb wegen der angewandten Druckmittel weiterhin kühl. In Rheinfranken hatten die Staufer als Erben der Salier in deren landschaftsbeherrschende Stellung eintreten und 1138 auch das Reichsgut in seinem alten Umfang wieder in Anspruch nehmen können. Eine Gelegenheit zu weiterem Ausbau bot sich 1147, als die Abtei Lorsch wegen Zahlungsunfähigkeit gegen Verzicht auf Eigengut von Leistungen befreit wurde. Giengen und Wiblingen in Schwaben sowie die Burg Windeck in der Nähe von Weinheim an der Einmündung des Weschnitztales waren der neue Gewinn für die Staufer. Sie beherrschten damit nicht nur die linksrheinische Straße von Schlettstadt bis kurz vor Mainz, sondern nunmehr wenigstens lükkenhaft auch die rechtsrheinische Straße nordwärts über Bruchsal hinaus.

Jenseits des Mains in die Wetterau reichte der staufische Einfluß noch nicht; hier wahrte das Mainzer Erzstift seine Vormacht nach wie vor. Erzbischof Heinrich von Mainz arbeitete eng mit den Welfen in Sachsen zusammen; die Interessenzonen beider reichten von Süden her bis Bursfeld an der oberen und von Norden her bis Corvey an der mittleren Weser. In diese Lücke entlang der Weser lag Reichsgut eingestreut; neben den ausgedehnten Königsgutsbezirken um die Pfalz in Goslar und entlang der unteren Saale war es das einzige nennenswerte Reichsgut in Sachsen. Nachdem der Plan gescheitert war, über die Heirat Gertruds mit dem Babenberger Heinrich Jasomirgott von diesen Reichsgutsinseln aus den staufischen Einfluß auf Sachsen auszudehnen, setzte Konrad 1146 zu einem neuen Versuch an, indem er Wibald, den Abt von Stablo-Malmedy, zum Vorsteher der Reichsabtei Corvey machte. Formal geschah dies mit der Begründung, Corvey sei reformbedürftig und Wibald ein Experte in Fragen der Klosterreform; da die Frauenklöster Kemnade und Fischbeck 1147 jedoch Corvey übertragen werden sollten, zeichnete sich in Wirklichkeit der Plan ab, über die Rechtsstellung Corveys die königliche Einflußzone weserabwärts in Richtung auf das Erzstift Bremen zu verlängern. Hätte Heinrich der Löwe diese Übertragungen nicht mit Hilfe der Bischöfe von Hildesheim und Minden unwirksam zu machen gewußt, wären seine Expansionsabsichten in westlicher Richtung blockiert worden.

In etwas anderer Weise suchte Konrad III. den Nordwesten des Reiches unter seinen Einfluß zu bringen. Hier stand ihm zwar auch noch Reichsgut östlich der Maas zur Verfügung, aber es war nicht ausbaufähig genug, um damit eine ausreichend dichte Territorialpräsenz zu erreichen. Lothar III. hatte 1128 dem Grafen Walram Paganus des maasländischen Limburg die lothringische Herzogsgewalt zwischen Rhein und Gette aufgetragen; doch weder er noch Gottfried II. von Brabant, der seinen »Löwener« Dukat westlich der Gette neben dem lothringischen hatte behaupten können und 1139 nach dem Willen Konrads III. von den Limburgern die niederlothringische Herzogswürde wieder übernahm, vermochten ihrem Auftrag gerecht zu werden. Die niederlothringische Herzogsgewalt hatte sich schon gegen Ende des 11. Jahrhunderts auf den Umfang der eigenen Hausmacht reduziert. Die personalen Kräfte überdies, die den beiden östlich von Aachen fehlten, waren längst auf den Kölner Erzbischof hin orientiert. Das Vakuum, das durch die Schwerpunktverlagerung der pfalzgräflichen Macht an die Mosel im späteren 11. Jahrhundert am unteren Rhein zu entstehen drohte, füllte der Erzbischof mit dem landsässigen Adel in seinem Gefolge aus. Seine herzogsähnliche, auf die Wahrung des Landfriedens bedachte Führungsstellung sanktionierte Konrad III., indem er 1151 den Kölner Arnold II. von Wied, seinen Kanzler, anläßlich der Bischofsinvestitur mit dem Herzogsamt belehnte. Das neue Herzogtum war keine Fortsetzung des niederlothringischen Dukats. Es hatte noch nicht einmal feste Grenzen, denn sein Einzugsbereich reichte so weit wie die Lehnsbeziehungen des Erzbischofs. Das rein lehnrechtlich fundierte Herzogtum wurde lediglich in die auf den König zulaufende Lehnspyramide eingeordnet, und die vorher eigenmächtig ausgeübte Friedewahrung geschah jetzt im Auftrage der Königsgewalt.

Auf eine wesentlich dichtere Präsenz der Königsgewalt hingegen war die Politik im Dreieck Eger-Nürnberg-Cham angelegt. Die Saliergründung Nürnberg war unter Konrad bereits Zentrum einer nach allen Seiten hin durch Reichsministerialenburgen gesicherten Königslandschaft. Sulzbach, die Heimat seiner Frau, schlug die Brücke zur Hausmacht der Diepoldinger, der Markgrafen des bayerischen Nordgaus, deren Geschlecht 1146 ausstarb. Von ihnen übernahm Konrad das Egerland und knüpfte wahrscheinlich auch Beziehungen zur Reichsburg Cham an, die sich ebenfalls in deren Hand befunden hatte; und er setzte die von den Diepoldingern schon betriebene Rodungs- und Siedlungstätigkeit tatkräftig fort, offenbar mit dem Ziel, hier ein geschlossenes Reichsland entstehen zu lassen. Im Rahmen der großräumigen Reichspolitik war dieses Gebiet dann geeignet, eine Lücke zwischen Ostfranken und dem Herrschaftsbereich Albrechts des Bären an Saale und Elbe, einem zuverlässigen Parteigänger des Staufers, soweit es um dessen Verhältnis zu den Welfen ging, zu schließen.

Diese Mosaiksteine ergeben ein eindeutiges Bild: Konrad III. überzog Deutschland, wo und so gut es ihm möglich war, mit einem Netz von Herrschaftsinseln verschiedenster Art, um seine Königsgewalt präsent zu machen. Die Inseln sollten in der Nachbarschaft möglichst vieler, ebenfalls in Ausbildung befindlicher Territorialherrschaften des Adels liegen, damit sie auf diese einen Sog und zugleich eine Kontrolle ausüben konnten. Freilich ließ sich diese Absicht zum größten Teil nur unter Zuhilfenahme personaler Beziehungen verwirklichen, sei es durch den Einsatz verwandtschaftlicher Bindungen, durch die Besetzung wichtiger Außenposten mit vertrauenswürdigen Leuten oder durch die Aufnahme vorerst noch so lockerer Kontakte wie mit den westburgundischen Herrschaftskräften. Der Ausbau unmittelbarer territorialer Herrschaft, wie im Dreieck Eger-Nürnberg-Cham, an der unteren Weser oder in Richtung Bodensee, war demgegenüber vergleichsweise geringfügig. Als zweites wird am Beispiel des Kölner Herzogtums das Bemühen um eine Aktivierung des Lehnswesens sichtbar; es sollte, was unter Konrad III. noch nicht so gut zu erkennen ist, in der staufischen Idealvorstellung die ausschließliche Rechtsgrundlage für die Herrschaftsausübung des Adels sein.

Beides, die in Konkurrenz zum Adel tretende königliche Territorialpolitik und die Delegation von Herrschaftsrechten durch Lehnsauftrag, war im Prinzip nichts Neues. Wir haben gesehen, daß schon Heinrich IV. solche Wege in Sachsen zu beschreiten versucht und daß Konrad selbst zusammen mit seinem Bruder die Machtbasis Heinrichs V. in Franken mit eben diesen Mitteln wieder gefestigt hatte. Selbst Lothar III. verzichtete dort nicht auf einen territorialpolitischen Ausbau von Reichsgut unter Verwendung von Ministerialen, wo der Adel nicht offenkundig hinter ihm stand. Und an die Einkreisung der Staufer durch die geschickte Personalpolitik Lothars sowie an die Anwendung lehnsrechtlicher Bindungen in ihrer ganzen Fülle, um der Königsgewalt die Verfügung über die Temporalien der Reichskirche zu erhalten, darf an dieser Stelle ebenfalls erinnert werden.

So bleibt der Politik Konrads III. an Besonderem nur die zielbewußte Systematik in der Anwendung von keineswegs mehr unbekannten Mitteln. Für uns ist heute erkennbar, in welchem Maße bereits das Kaisertum Heinrichs V. von der salischen Territorialbasis abhing. Sein Nachfolger wurde diesem Erfordernis von den vorgegebenen Voraussetzungen her gerecht, so daß die Elemente des neuen Herrschaftsinstrumentariums mehr oder weniger punktuell nur Verwendung zu finden brauchten. Die unzureichenden Machtgrundlagen Konrads dagegen intensivierten den schon im Gange befindlichen Umbau; die ihrer Herkunft nach dem Adel eigentümliche Territorialpolitik wurde jetzt generell in den Dienst der Königsmacht gestellt, und die geographische Streuung der Adelsherrschaften bestimmte jetzt nahezu ganz die Richtung herzustellender Personalverbindungen. Aus vielen noch völlig unfertigen Ansätzen bahnte sich so ein Herrschaftsgürtel an, der unter Friedrich Barbarossa von Burgund den Rhein und Main entlang bis in das oberelbische Kolonialland zu geschlossenem Ausbau gelangen sollte.

Zu beachten ist daneben noch das Verhältnis der staufischen Hausmacht zur Königsgewalt. Genauso wie die Welfenmacht auf einen oberschwäbischen und sächsischen Zweig verteilt war, gliederte sich auch die staufische Hausmacht in das auf, was Friedrich II. von Schwaben und sein Bruder Konrad besaßen. Man ist geneigt, beide Zweige jeweils wegen des gemeinsamen Hausmachtbewußtseins als eine Einheit zu sehen. Doch war eine solche Gemeinsamkeit nach dem ersten Generationenwechsel nicht mehr ohne weiteres selbstverständlich; die Zusammenarbeit Konrads mit seinem Neffen Friedrich III. von Schwaben ließ nach dem unglücklichen Ausgang des Zweiten Kreuzzuges ebenso zu wünschen übrig wie später erst recht die Heinrichs des Löwen mit seinem Oheim Welf VI. Vor 1147 war davon noch nichts zu spüren. Auffallenderweise gründete Konrad III. kein einziges Kloster, und auch die Zahl der Klostervogteien in seiner Hand – sieht man von den Zisterziensern ab, die nur den König selbst als ihren Vogt duldeten – blieb ungewöhnlich klein. Dafür jedoch gehen die Klostergründungen von St. Walburg, Neuburg, Königsbrück, Münsterdreisen und Lochgarten auf seinen Bruder Friedrich zurück, der die erblichen Vogteien dieser Häuser seiner Herrschaftsmasse als wichtige Bausteine eingliederte. Und vielen dieser Klöster stellte Konrad zur Sicherung der Vogteirechte eine Urkunde aus. Der König also schuf auf dem Feld der großen Politik die Voraussetzungen für einen hausmachtpolitischen Ausbau, der dem Seitenzweig seines Bruders zugute kam, während in seinem eigenen Bereich sich nur Reichsgut aus sich selbst zu vermehren hatte.

Ob diese Vorsicht, staufisches Hausgut nicht unmittelbar für Reichszwecke einzusetzen, sondern dem Bruder zu reservieren, auf Angst vor einem möglichen Dynastiewechsel mit der dann erfahrungsgemäß wieder fälligen Scheidung von Haus- und Reichsgut zurückzuführen ist, läßt sich anhand der wenigen Daten nur vermuten. Das Jahr 1147 markiert jedenfalls auch auf dieser Ebene eine Wende; um diese Zeit wurde der vom Reichskloster Lorsch stammende Besitz mit der rechts des Rheins liegenden Hausmacht Konrads verzahnt und der Territorialausbau des Egerlandes in Angriff genommen. Der Generationenwechsel im schwäbischen Herzogsamt durch den Tod Friedrichs II. von Schwaben und die Sicherung der Königsnachfolge in der eigenen Familie führte zu größerer Eigenständigkeit. Es handelte sich in allen Bereichen nicht um eine Umorientierung der bisherigen Politik, sondern um ihre Profilierung durch Abstreifen des Provisorischen, das den ersten Regierungsjahren anhaftete.

Das Bemühen der königlichen Kanzlei, durch Verwendung der nur einem Kaiser zustehenden Epitheta »augustus« und »imperialis« wie auch mit Hilfe der Ordnungszahl (Konrad legte sich durchgehend die Zahl II zu) eine Kaisergleichheit Konrads III. auf Grund seines römischen Königtums anzudeuten, war zunächst nichts anderes als eine von Lothar III. begonnene und jetzt prononcierter fortgeführte Stellungnahme zur Diskussion, ob die deutsche Königswahl oder erst die Krönung durch den Papst das jeweilige Kaisertum begründe. Mit der weiteren Ausschmückung solcher Worte aber, so durch den Gebrauch von Sakralnomina, mündete diese Praxis in den Versuch ein, auch von hier zur Überwindung des zu Anfang allzu krassen hausmachtorientierten Horizontes beizutragen. Gleichzeitig offenbart sich darin ein gesteigertes Autoritätsbedürfnis, das ebenfalls aus der unzureichenden Machtposition Konrads resultierte und zu einer ungewohnten Betonung staatlicher Belange führen mußte. Die für Friedrich Barbarossa typische Einkleidung kaiserlicher Autorität in einen gehobenen Sprachgebrauch und die Empfindlichkeit in der Beobachtung kaiserlicher Etikette haben hier ihre Wurzel.

Wibald, dem schon erwähnten Abt von Stablo und Corvey, kommt in diesem Rahmen eine besondere Bedeutung zu. Als Vertrauter Lothars III. war er 1137 vorübergehend Abt des Reichsklosters Montecassino im gefährdeten normannischen Grenzgebiet gewesen und befand sich schon 1138 im Gefolge Konrads III., trat aber erst von 1144 ab in dessen Kanzlei stärker in Erscheinung. Seinem Selbstverständnis nach gehörte er dem traditionellen Reichsmönchtum an; ihm war an einer Wiederherstellung des Zusammenwirkens von geistlicher und weltlicher Gewalt zum Nutzen der christlichen Weltordnung gelegen. Da von ihm ein Briefbuch, heute eine vorrangige Quelle, überliefert ist, läßt sich seine Tätigkeit am Stauferhof gut verfolgen. Der älteren Forschung galt er als die graue Eminenz am Hofe, der man die Abhängigkeit Konrads von kurialen Wünschen anlasten zu müssen glaubte; mit dem neuen Bild Konrads III. hat aber auch das Urteil über ihn eine Aufwertung erfahren. Ob man seinen Einfluß in allem so hoch zu veranschlagen hat, steht noch dahin, jedenfalls läßt sich an seiner Tätigkeit eine viel zu lange verkannte Kontinuität von Konrad zu Friedrich Barbarossa deutlich ablesen.

Sie kommt schon äußerlich darin zum Ausdruck, daß er auch unter Barbarossa, mehr als man ihm lange Zeit zubilligen wollte, an wichtigen Entscheidungen mitwirkte. Nicht nur die Angleichung von Königtum und Kaisertum besaß durch steten Gebrauch entsprechender Begriffe in den von ihm verfaßten Schreiben mit dem Regierungsantritt Barbarossas einen keineswegs mehr ungewöhnlichen Klang, sondern auch die Verwendung von Sakralnomina zur Erhöhung kaiserlichen Ansehens konnte von seinen früheren Formulierungen ausgehen. Aber auch die von der Forschung so vielbewunderten Wendungen programmatischen Charakters zeigen sich von Wibald an den verschiedensten Stellen schon vorformuliert; und Zitate aus dem Gesetzeswerk Justinians fanden durch ihn bereits in den Urkunden Konrads Eingang. Eine ungewollte Anregung von byzantinischer Seite, die sich zu dieser Zeit auf das Vorbild Justinians besann und in deren Staatsdenken die Deutschen durch mehrere Gesandtschaftsreisen Einsicht bekommen konnten, hat man als Ursache angeführt. Wibald gehörte davon unabhängig offenbar aber auch zu jenem Kreis von Liebhabern, die spätantiken und karolingischen Vorbildern zu neuem Leben verhelfen wollten; daß er damit am Ende mehr auslöste als eine Anwendung altehrwürdiger Formeln mit dem Ziel einer ideellen Autoritätssteigerung, konnte er noch nicht wissen.

5. Programmatischer Auftakt?

Das lange Zeit gültige Barbarossabild ist heute ins Wanken geraten. Die ältere Forschung sah in Friedrich I. den selbstlosen Wahrer von Reichsrechten und innerhalb einer gewissen Interpretationsspanne den ohne Falsch oder mit überlegener Taktik kämpfenden Helden für eine Wiederherstellung der alten Größe des Imperiums. Eberhard Otto überhöhte noch unter Einwirkung zeitbedingter Umstände diese Grundvorstellung, indem er der über jede Kritik erhabenen Herrscherpersönlichkeit die ergebene Treue des Adels an die Seite stellte, während Karl Hampe bereits einen konservativen Grundzug der Politik andeutete. Nach dem letzten Kriege rückte unter dem Einfluß der positiveren Würdigung Konrads III. die Sicht staatsschöpferischer Momente auch dieses Herrschers in den Vordergrund. Heinrich Appelt und Ferdinand Opll neigen zur Harmonisierung; in der Zielsetzung traditionsverhaftet, habe Barbarossa in der Praxis ein kunstvolles System des Gleichgewichts entwickelt, das sich zur Festigung der eigenen Position nutzen ließ. Doch wie wenig einheitlich das Bild heute ist, zeigt die etwas extreme Beurteilung von Peter Munz, der behauptet, Barbarossa sei an keine vorgegebene Konzeption gebunden gewesen, weil ihm nicht wie den westlichen Monarchen des 12. Jahrhunderts eine zentrale Verwaltung und ein Kern von Rechten und Prärogativen zur Verfügung gestanden habe, sondern nur eine Ansammlung von Würden und Titeln; Friedrich I. habe deshalb die Maßstäbe seiner Politik im wesentlichen selbst bestimmen und auch – ohnehin mit einem Höchstmaß an Flexibilität begabt – nach Bedarf wieder ändern können. Damit ist zumindest als Frage in die Diskussion gebracht, inwieweit es in der langen Regierungszeit dieses Kaisers eine einheitliche Zielsetzung der Politik gegeben hat.

Die Gesta Friderici imperatoris des Freisinger Bischofs Otto dienen einer Darstellung der Anfänge dieser Königsherrschaft gewöhnlich als grundlegender Leitfaden. Danach gab es beim Tode Konrads III. für eine Königsnachfolge nur die Alternative zwischen dem noch unmündigen Friedrich, dem zweitgeborenen Sohn des verstorbenen Königs, und Friedrich III. von Schwaben, dem Neffen Konrads III., bekannt unter dem Beinamen Barbarossa. Konrad selbst hielt eine Nachfolge seines Sohnes für aussichtslos und unzweckmäßig und empfahl den Wählern noch auf dem Sterbebett seinen Neffen. Die Frankfurter Wahlversammlung vom 9. März 1152 entschied sich denn auch für den Schwabenherzog aus der Überlegung heraus, nur ein Abkömmling aus den beiden einander feindlichen Geschlechtern (Barbarossa war väterlicherseits Staufer und mütterlicherseits als Enkel Heinrichs des Schwarzen Welfe) könne das Reich befrieden. Die moderne Geschichtsschreibung folgerte daraus eine einmütige Wahl; Friedrich I. sei der gegebene Kandidat des Ausgleichs gewesen, und das habe ihm eine Politik der Stärke erlaubt. Da Wahlvorgang und Wahlmotiv der Kurie keinen Ansatz zur Einmischung geboten hätten, seien die Voraussetzungen für eine unwiderstehliche Durchschlagskraft geschaffen gewesen, mit der namentlich dem Papsttum gegenüber das alte Ansehen des Reiches habe wiederhergestellt werden können.

Die Wahl und die Regierungshandlungen der ersten Jahre bilden so eine ineinandergreifende Einheit; diesen Eindruck wollte Otto von Freising auch hervorrufen. In seiner 1146 abgeschlossenen Weltchronik hatte er den Zerfall der welterhaltenden Harmonie von Imperium und Sacerdotium beklagt. Die Auseinandersetzung zwischen Gregor VII. und Heinrich IV. bildet in seiner Anschauung den entscheidenden Einschnitt; was im Anschluß daran folgte, stellt sich als ein Zeitalter des Mönchtums dar, und das kündigt das bevorstehende Weltende an. Auch in den Gesta spricht Otto dem Reich eine heilsgeschichtliche Funktion zu. Hier sind es die Staufer, die in der Not des Investiturstreites den Saliern zu Hilfe kommen und in stetigem Aufstieg, der in der Person Friedrich Barbarossas kulminiert, den Niedergang des Reiches auffangen; mit anderen Worten, die Staufer halten das Weltende auf. Auf diesem Hintergrund erfahren Umfärbungen von Einzelberichten, die Otto in seiner Chronik noch unverfälscht dargeboten hat, erst recht ihren eigentlichen Sinn: Die Staufer besitzen eine evidente Eignung zur Führung des Reiches und das allein zum Wohle des Reiches; sie haben sich niemals gegen die Reichsspitze aufgelehnt und wurden in jeder Königswahl von den Fürsten gefordert bis auf einzelne, die sich aus eigensüchtigen Motiven gegen einen Staufer wehrten.

Man muß sich vor Augen halten, daß der Freisinger Geschichtsschreiber dieses Bild im Jahre 1157 entworfen hat, als gar kein Anlaß mehr bestand, die heilsnotwendige Zuordnung von Imperium und Sacerdotium wiederhergestellt zu sehen. Es war der Wille des staufischen Hofes, die uneingeschränkte Zustimmung der Fürstenschaft dargestellt zu wissen. Und es blieb Otto überlassen, diesem Wunsch gerecht zu werden, indem er eine lückenlose Anerkennung der staufischen Idoneität konstruierte und mit Hilfe der Empfehlung des sterbenden Konrad den Knick in der geblütsrechtlichen Erbfolge überspielte. Das Bild des staufischen Hauses war so um eine weitere Stufe erhöht; die Staufer waren nicht mehr nur die alleinigen Träger des Saliergeschlechtes und hätten von daher Ansprüche auf den Thron erheben können, sondern ihre Erbfolge im Königtum ergab sich weit mehr noch aus den Bedürfnissen des Reiches.

Es gibt dazu in den Quellen ein Gegenbild, das allerdings den Nachteil hat, nicht vor den achtziger Jahren des 12. Jahrhunderts niedergeschrieben worden zu sein. Sieht man vom Mönch des Kölner St. Pantaleon-Klosters ab, der mit seiner Nachricht Sondergut einbringt, der Mainzer Erzbischof habe sich für die Thronfolge des unmündigen Königssohnes eingesetzt, sei aber am Einspruch des Kölner Amtsbruders gescheitert, dann lassen sich die anderen Stimmen (Gislebert von Mons, Ligurinus, Gervasius von Tilbury, Chronicon Laudunense) auf einen Nenner bringen. Sie wissen von List oder zumindest unkorrektem Verhalten des Schwabenherzogs in der Wahlversammlung zu berichten. Die Spuren verweisen mit Ausnahme des Ligurinus, der das Gerücht zurückweist, nach England als gemeinsame Quelle, und das zur Zeit nach der Entmachtung Heinrichs des Löwen, so daß die Möglichkeit nicht von der Hand zu weisen ist, der Sachsenherzog könnte in unredlicher Racheabsicht ein Gerücht dieser Art in die Welt gesetzt haben. Das heißt dann aber noch nicht, damit habe auf keinen Fall während der Wahlversammlung ein Dissens vorgelegen. Dafür ist Otto von Freising von der Intention der Gesta her keineswegs in dem, was er berichtet oder verschweigt, frei gewesen; man erkennt es schon daran, wie unterschiedlich er die Königswahl von 1125 in seiner Chronik und in den Gesta darstellt.

Wie üblich arbeitete auch Friedrich Barbarossa mit Wahlversprechen; zum Teil waren es Restitutionen, zum Teil Schenkungen, die sich allerdings nicht alle realisieren ließen. Insgesamt waren sie dieses Mal gering an Zahl und umfaßten noch nicht einmal alle, die sich nachweislich für den Staufer verwandt hatten; die wenigen, dafür aber ungewöhnlich hohen Zuwendungen kamen ausgerechnet welfischen Parteigängern zugute. Welf VI. urkundete schon 1152 als Herzog von Spoleto, Markgraf von Tuszien und Fürst von Sardinien, überdies wurde er Markgraf von Verona und erhielt die Mathildischen Güter. Sein Bundesgenosse Graf Konrad II. von Dachau zeichnete in derselben Urkunde mit dem Titel eines Herzogs von Meranien, jenes dalmatinischen Küstenstreifens, der in karolingischer Zeit eine Mark des Reiches gebildet hatte. Und Berthold IV. von Zähringen, der Schwager Heinrichs des Löwen, erhielt die Stellvertretung des Königs in ganz Burgund erneuert, jetzt aber mit der Zusicherung Friedrichs, in gemeinsamer Heerfahrt den Rektoratsanspruch jenseits des Jura durchzusetzen, wenn der Zähringer tausend und für die Romfahrt fünfhundert Panzerreiter stelle. Eine solche Bedingung freilich war unerfüllbar; sie hob im Grunde das Wahlversprechen wieder auf. Abgesehen von der Beförderung zum Amtsherzog hatten auch die anderen Titel wenig Wert; Spoleto lag im normannisch-päpstlichen Grenzbereich, Sardinien befand sich außerhalb der Reichshoheit und wurde vom Papsttum als Lehen beansprucht, aus Meranien hätte der Dachauer seinen einstigen ungarischen Verbündeten erst vertreiben müssen.

Vor diesem Hintergrund scheint die Annahme folgerichtig, der Schwabenherzog habe auch Heinrich dem Löwen die Rückgabe des Bayernherzogtums zugesagt, zumal Otto von Freising von einem Ausgleich zwischen Staufern und Welfen spricht. Überdies ist ein Treffen Barbarossas während der Thronvakanz mit Großen des Reiches, darunter Heinrich dem Löwen, bezeugt, bei dem über Angelegenheiten des Reiches gesprochen wurde. Sicherlich kam auch die bevorstehende Wahl zur Sprache, aber von einem speziellen Versprechen dem Sachsenherzog gegenüber sagt keine Quelle etwas. Das ist nicht nebensächlich, denn man sollte sich grundsätzlich fragen, ob sein Ausgleich mit Heinrich dem Löwen Barbarossas vorrangiges Ziel war, oder dieses Ziel nicht vielmehr im Dienst eines übergeordneten Zieles stand. Es wird sich nämlich zeigen, daß die Rückgabe des Bayernherzogtums nicht dem offenkundigen Verlangen des neuen Königs entsprach, sondern wahrscheinlich eher einem Teil der

Wähler, die ihrerseits vom übergeordneten Ziel nicht sehr angetan waren.

Die extrem kurze Zeitspanne der Thronvakanz – am 15.2. der Tod Konrads III., am 4.3. die Wahl in Frankfurt/M., am 9.3. die Königskrönung in Aachen – erregt Aufmerksamkeit. Sie findet eine Erklärung im Brief Wibalds von Stablo/Corvey an Papst Eugen III., wonach in Aachen schon am ersten Tag nach der Krönung darüber beraten worden sei, ob Barbarossa nicht gleich in die noch von seinem Vorgänger beschlossene Romfahrt zwecks Kaiserkrönung eintreten solle. Während die geistlichen Fürsten das Vorhaben begrüßten, hätten die Laienfürsten dringend davon abgeraten; einmal erfordere die innere Lage des Reiches um der Sicherheit willen die Anwesenheit des Herrschers, und zweitens entspreche es der Würde des Königs, ohne Einladung des Papstes seine Reise nicht anzutreten. Der Hof war anscheinend der Meinung, der Papst befinde sich immer noch in der mißlichen Lage, die Wibald bei seinen letzten Verhandlungen in Rom angetroffen hatte, denn mit dem Vorwurf, auf den von ihm vorgeschlagenen Kompromiß mit der römischen Kommunalbewegung nicht eingegangen zu sein, kommt der Abt in seinem Brief an den Papst deutlich zu sprechen. Dabei war der Kardinallegat Nikolaus Breakspear (der spätere Hadrian IV.) schon am 20. 3. 1152 – offenbar sobald die Nachricht vom Tod Konrads III. eingetroffen war – auf dem Weg nach Skandinavien, um für Norwegen und Schweden je eine eigene Kirchenprovinz zum Schaden des Hamburg-Bremer Erzstuhls zu errichten. Anscheinend rechnete die Kurie mit der Thronfolge des noch unmündigen Königssohnes Friedrich, zumindest mit einer längeren Thronvakanz, die eine Hilfe von deutscher Seite vorerst nicht erwarten ließ. Sich in Rom die Kaiserkrone zu besorgen, bedeutete in jenen Jahren für den Kaiserkandidaten nicht nur eine Auseinandersetzung mit den Stadtrömern, sondern auch mit dem sizilischen Normannenreich und zwangsläufig dann auch eine Berührung mit dem byzantinischen Kaiserhof. Das Programm in diesem größeren Umfang war das vorrangige Ziel, das Barbarossa bis 1155 im Auge hatte, und dem die Laienfürsten in Aachen eine Befriedung mit dem Welfen als unaufschiebbar entgegenstellten.

Auf dem Merseburger Reichstag im Juni 1152 während des traditionellen Umritts durch das Reich wurden die Differenzen des Bremer Erzbischofs Hartwich mit Heinrich dem Löwen vor den König getragen. Als Ersatz für entzogene Metropolitanrechte im skandinavischen Norden suchte der Bremer Erzbischof die frühere und nach dem Wendenkreuzzug wieder möglich gewordene Missionstätigkeit seines Sitzes an der Ostseeküste fortzusetzen, stieß hier aber auf den Widerstand des Welfen, der das slawische Siedlungsgebiet bis zur Peene als seine Interessenzone betrachtete. An sich schlossen kirchliche und weltliche Beherrschung dieses Raumes von zwei verschiedenen Zentren her einander nicht aus, wenn nicht unterschiedliche Zielsetzungen damit verbunden gewesen wären. Da es in den jungen bzw. erst noch zu gründenden Bistümern keine Wahlkörper gab, die Bestimmungen des Wormser Konkordates von 1122 also noch keine angemessene Berücksichtigung finden konnten, kam hier der Frage, wer die Bischöfe einsetze, eine für die Zukunft besondere Bedeutung zu. Heinrich der Löwe beanspruchte dieses Recht mit dem Ziel, den auf Geschlossenheit angelegten Territorialausbau durch eine ungeschmälerte Kirchenhoheit zu vervollständigen; Erzbischof Hartwich seinerseits sah darin seine Metropolitanrechte durch einen Fürsten beschnitten, der ohnehin ärgster Gegner des Bremer Erzstifts war.

Indem Hartwich in Merseburg seinen Suffragan Vicelin von Oldenburg in Holstein aufforderte, sich nochmals vom König investieren zu lassen, um so die Investitur des Sachsenherzogs zu unterlaufen, gestaltete sich der Konflikt zu einer prinzipiellen Frage. Die Investitur, in der sich die Landeskirchenhoheit manifestierte, war ein Vorrecht der Königsgewalt; in Zusammenarbeit mit der Bremer Metropole wären so Königsrechte in einem Raum geltend gemacht worden, in den Friedrichs Vorgänger nicht hatte eindringen können. Barbarossa jedoch entschied anders; er erteilte dem Welfen das Privileg, in seiner »Provinz« jenseits der Elbe Bistümer zu gründen, Bischöfe einzusetzen und diese mit Gütern auszustatten. Ungewöhnlich ist die Entscheidung allerdings nicht, da auch dem Zähringer die Investitur in den Bistümern Burgunds zugestanden wurde, die sich der König nicht reserviert habe. Das Privileg und damit die Entscheidung des Konflikts datiert bezeichnenderweise allerdings erst vom Goslarer Reichstag des Jahres 1154, wo auch die Rückgabe des Bayernherzogtums an Heinrich den Löwen verfügt wurde. Auch die Entscheidung Barbarossas im dänischen Thronstreit fiel in Merseburg nicht zugunsten des Welfen aus. Als Dänenkönig wurde Sven anerkannt, ein Parteigänger des Bremer Erzbischofs und Schwiegersohn des Markgrafen Albrecht von Meißen, eines erbitterten Gegners Heinrichs des Löwen. Svens Bruder Knut, der sich an den Welfen anlehnte, und Waldemar hatten ihrem königlichen Bruder den Lehnseid zu leisten. Das heißt, Friedrich I. trug dem Expansionsbedürfnis Heinrichs des Löwen durchaus Rechnung, aber erst nachdem im Konstanzer Vertrag von 1153 der Vertrag mit dem Papst erneuert und durch ihn die Besetzung der Bischofssitze von Mainz, Minden, Hildesheim und vor allem von Magdeburg ermöglicht worden war, und erst seit die Bündnisverhandlungen mit dem byzantinischen Hof vom September 1153 an, wie er hoffte, mit Aussicht auf Erfolg liefen. Und er zog dem Expansionsbedürfnis nach Süden hin und dadurch, daß er Bayern durch Abtrennung Österreichs zu einem Binnenherzogtum machte, Grenzen; ohne es ausdrücklich zu erklären, verwies er den Welfen auf den Norden als seine Interessensphäre.

In der Tat konzentrierte Heinrich der Löwe denn auch seinen Herrschaftsausbau auf das sächsische Herzogtum und vor allem den Ostseeraum. Bistumsgründungen (Ratzeburg und Schwerin, die Verlegung von Oldenburg i.H. nach Lübeck) unternahm er nur im Namen des Königs, aber über die Stellung eines Markgrafen – als solcher fungierte er östlich der Elbe – war er weit hinausgehoben. Ebensowenig gelang ihm mit Hilfe herzoglicher Ministerialen auf die Dauer eine gleichmäßige Unterordnung der Slawen unter die welfische Botmäßigkeit, aber die Ostexpansion Heinrichs des Löwen hatte ohnehin mehrere Gesichter als nur den Wert einer unmittelbaren territorialen Beherrschung. Erinnert zu werden braucht nur an den Erwerb Lübecks (1158); er Stadt sicherte Heinrich der Löwe durch Handelsverträge mit Küstenanliegern einen hervorragenden Platz im Ostseehandel, bestätigte die von Lothar III. erlassene Friedensordnung für den Warenumschlagplatz Gotland und setzte die Gleichstellung der deutschen Fernkauffahrer mit den dortigen Einheimischen durch.

Das Gesamtbild der ersten Jahre bliebe unvollständig, würde man nicht auch auf andere Ereignisse zwischen dem Merseburger und dem Goslarer Reichstag hinweisen. Die auf Merseburg folgende Station des Umritts war Regensburg. Es war der Ort, wo der bayerische Adel seine Huldigung dem neuen König zu leisten pflegte. Heinrich Jasomirgott zeigte sich erstmals im Gefolge Barbarossas, Heinrich der Löwe zählte schon nicht mehr zur Begleitung. Folglich konnte es zwischen beiden nicht zum Eklat kommen, wenn der Babenberger für seine Reichslehen den Eid erneuerte; und doch passierte etwas Rätselhaftes. Was auf einem Umritt vor seiner letzten Station höchst ungewöhnlich und ohne sonderliche Vorbereitung auch schwer verständlich war, der Herrscher gedachte ohne Not einen Feldzug gegen die Ungarn zu führen, um sie, wie Otto von Freising als Augenzeuge schreibt, unter die frühere Botmäßigkeit des Reiches zurückzuführen, doch aus unbekannten Gründen verweigerten ihm die Fürsten ihre Gefolgschaft. Im Grunde kannte Otto von Freising den Grund doch, denn gleich im nächsten Satz spricht er vom staufisch-welfischen Zerwürfnis, das Barbarossa zu bereinigen gedachte. Eine Heerfahrt gegen die Ungarn hätte die Babenberger für einen Kampf um das vom Sachsenherzog schon weitgehend besetzte Bayern in ihrem Rücken entlastet. Wenn Friedrich Barbarossa als ein Mann des Ausgleichs zum König gewählt worden sein sollte, hier jedenfalls noch wollte er der »babenbergischen« Politik seines Vorgängers folgen und wurde durch die Fürstenschaft daran gehindert. Der Regensburger Reichstag bildete infolgedessen einen entscheidenden Wendepunkt; denn erst jetzt ließ Friedrich den Prozeß Heinrichs des Löwen gegen Heinrich Jasomirgott wiederaufleben. Er setzte einen Gerichtstag für den kommenden Oktober in Würzburg an. Von einer erneuten Klage des Welfen ist nichts bekannt, deshalb ist anzunehmen, der König setzte das Verfahren fort, das unter seinem Vorgänger keinen Abschluß gefunden hatte, jedenfalls nichts unternommen worden war, Heinrich den Löwen aus Bayern, soweit er es schon besetzt hatte, wieder zu verweisen. So wie Heinrich der Löwe die von Konrad III. angesetzten Gerichtstermine ignoriert hatte, leistete dieses Mal der Babenberger nicht allen Vorladungen Folge; dem ersten und vierten Termin blieb er fern, auf dem zweiten und dritten Termin erklärte er, nicht ordnungsgemäß geladen worden zu sein, er arbeitete also auf einen Aufschub des Urteils hin. Stellt man hier wieder die Frage nach dem »cui bono« und zieht man in Betracht, daß Versäumnisse vor dem Königsgericht gewöhnlich die Ächtung des Beklagten nach sich zogen, Heinrich Jasomirgott im Privilegium minus von 1156 aber durch Umwandlung der Mark Österreich in ein Herzogtum ausdrücklich ein Ersatz für das abgesprochene Bayernherzogtum geschaffen wurde, dann läßt sich die Folgerung nicht umgehen, der Babenberger handelte im Einvernehmen mit dem Staufer. Es kann gut sein, daß Friedrich I. seit Regensburg nicht mehr versucht hat, die Restitution Bayerns zu vereiteln, aber abwarten wollte, ob die weitere Entwicklung der allgemeinen Politik einen endgültigen Schritt in dieser Richtung immer noch nahelegen würde.

Die von Konrad III. eingeschlagene Richtung fortzuführen, tritt auf dem Feld der auswärtigen Politik deutlicher zutage. Die Wahlanzeige an Papst Eugen III., sofern wir heute nicht überhaupt eine nur vorläufige Fassung besitzen, ist von Abt Wibald und nicht von Bischof Eberhard II. von Bamberg, einem neuen einflußreichen Berater am Königshof, im Anschluß an die Aachener Krönung verfaßt worden. Ihr Kerngedanke ist die Absicht des Herrschers, die Privilegien der Kirche und die Erhabenheit des Reiches wiederherstellen zu wollen. Aber gerade dieser Leitgedanke wie auch die verwendeten Sakralnomina oder die Entlehnung eines justinianischen Rechtssatzes finden sich schon nahezu wörtlich in Diplomen Konrads III., soweit sie aus dem Diktat Wibalds hervorgegangen sind. Und die Bezugnahme auf die gelasianische Zweigewaltenlehre knüpft offensichtlich an die entsprechende Formulierung in einem päpstlichen Mahnschreiben noch vom Januar 1152 an die deutschen Fürsten an. Selbst der nicht geäußerten Bitte um die päpstliche Approbation der Wahl läßt sich kein Merkmal für ein neues Programm entnehmen; denn eine solche offizielle Bitte fehlt auch von seiten Lothars III. und Konrads III. Es ist sogar nicht einmal ausgeschlossen, daß Friedrich Barbarossa auch in den Augen der Kurie als der insgeheim erhoffte Nachfolger Konrads zu gelten hat.

Die Kurie wußte von dem Wunsch Barbarossas nach baldiger Kaiserkrönung; deshalb hatte der Königshof auch gehofft, die Überbringer der Wahlanzeige würden zusammen mit einem päpstlichen Legaten nach Regensburg zurückkommen, der die kaum zu umgehende Einladung zum Rombesuch aussprechen könnte. Dieser jedoch blieb aus. Barbarossa hatte es eilig, da er im Oktober auf dem Würzburger Reichstag die Romfahrt ohne die vorliegende Einladung beschließen ließ, aber auch wieder nicht so eilig, daß er am Sommer 1153 als Termin der Abreise festgehalten hätte, wie noch vor dem 1. Juni im Vertrag mit Berthold IV. von Zähringen vorgesehen, sondern nunmehr die Reise auf den Herbst 1154 terminierte. Hier wird wieder die enge Verknüpfung der Bayernfrage mit dem größeren Ziel der Eroberung des sizilischen Reiches offenkundig. Gewiß, die Vorbereitungen einer solchen Heerfahrt brauchten ihre Zeit. Bedingungen für die Kaiserkrönung seitens der Kurie zu stellen, war seit Heinrich V. üblich, aber im März 1153 war dieser Teil mit dem sogenannten Konstanzer Vertrag – nach dieser Stadt benannt, weil er dort im März 1153 von Friedrich I. beeidet wurde – erledigt. Eine Hürde stellte auch die Entscheidung Barbarossas in der Magdeburger Doppelwahl dar; er hatte gegen das päpstliche Recht verstoßen, allein vom Verbot des Bistumswechsels dispensieren zu dürfen. Doch woher wußte er, daß die Berufung Bischof Wichmanns von Naumburg auf den Magdeburger Erzstuhl erst 1154 bereinigt sein würde? Auch der Prozeß um die bayerische Herzogsgewalt mit seinen drei Ladungsterminen in einem Abstand von jeweils mindestens 6 Wochen mußte für eine frühere Romfahrt kein Hindernis sein. Oder brauchte der Staufer hier Zeit, um zugunsten des Babenbergers doch noch zu einer anderen Lösung zu kommen? War doch Heinrich Jasomirgott mit einer byzantinischen Prinzessin verheiratet; und die militärische Hilfe des byzantinischen Kaisers für das Sizilienunternehmen war eingeplant. Auffällig ist in jedem Fall, daß das endgültige Gerichtsurteil in der Bayernfrage erst unmittelbar vor dem Aufbruch der Romfahrt fiel.

Weder in der Darstellung Ottos von Freising noch unter den Taten Barbarossas, die ihm die Reichskanzlei für die Gesta mitgeteilt hat, findet sich der Konstanzer Vertrag. Er war dem Staufer offenbar nach 1155 sehr unangenehm. Dabei kommt dem Vertrag für die ersten Regierungsjahre eine Schlüsselbedeutung zu, die nichts, wie man früher glaubte, mit einer Demonstration der Gleichrangigkeit von Kaiser und Papst zu tun hatte, sondern die Italienpolitik des Staufers im Interesse der Kurie als Bedingung für die Kaierkrönung festlegte. Im Vertragstext sind die Verpflichtungen des Kaiserkandidaten und des Papstes aufgeführt. Friedrich I. verpflichtete sich: 1. keinen Frieden mit Römern und Normannen ohne Zustimmung des Papstes zu schließen, Rom gemäß den Kräften des Reiches der Römischen Kirche zu unterwerfen und einen Zustand wiederherzustellen, wie er seit hundert Jahren bestanden habe; 2. als Vogt der gesamten Römischen Kirche die Gerechtsame (honor) des Papsttums zu erhalten und zu verteidigen und, soweit sie dem Papst abhanden gekommen sind, wiederzugewinnen; 3. »dem König der Griechen« keine Konzessionen auf italischem Boden zu machen und ihn zu vertreiben, wenn er Italien betreten sollte. Der Papst versprach: 1. Friedrich als geliebten Sohn des heiligen Petrus zu ehren, ihn ohne Vorbehalte zum Kaiser zu krönen und ihn in seinem Herrscheramt zum Nutzen des Reiches zu unterstützen; 2. diejenigen, welche die Ordnung des Reiches umzustürzen versuchen sollten, auf Anforderung des Königs zunächst zu ermahnen und notfalls mit dem Bann zu belegen; 3. sich gegebenenfalls mit den Kräften des heiligen Petrus an der Vertreibung des byzantinischen Kaisers aus Italien zu beteiligen.

Der zweite Artikel der kaiserlichen Verpflichtungen ist nur eine Wiederholung des Krönungseides, den Lothar III. 1133 geleistet hat, und der erste Artikel der päpstlichen Verpflichtungen gebraucht Wendungen, die schon in der Antwort Eugens III. auf die Wahlanzeige Barbarossas zu finden sind; Krönungsversprechen des Papstes und Krönungseid des Königs, beides traditionelle Elemente einer Kaiserkrönung, sind hier also vorweggenommen. Umso wichtiger sind die übrigen Bestimmungen. Ohne es ausdrücklich zu sagen, ging der Vertragstext von der Absicht Barbarossas aus, die Politik Konrads III. fortzuführen; und das bedeutete die Bekämpfung des Normannenreiches im Bündnis mit dem Kaiser von Byzanz. Ein erneuertes Bündnis mit Manuel I. an sich untersagte der Vertrag nicht, aber er wollte die Möglichkeit, daß das eroberte Normannenreich als Mitgift an die Kaiserin Irene fiel, unbedingt ausschließen; wie aktuell dieser Punkt war, wird sich noch zeigen. Konrad wie Barbarossa bekämpften das Normannenreich unter Berufung darauf, Süditalien sei ein Bestandteil des Reiches; aber auch das Papsttum beanspruchte eine Lehnshoheit über die Normannenherrschaften, und sie hatte Lothar III. 1137 bei der Verlehnung des Herzogtums Apulien anerkannt. Aus dieser Sicht war es nur konsequent, wenn sich Papst Eugen nicht nur hinsichtlich Roms, sondern auch des sizilischen Reiches ein Mitspracherecht bei Änderung der augenblicklichen Lage reservierte, Barbarossa aber, da er die päpstliche Lehnshoheit über Süditalien wohl nicht noch unterstreichen wollte, auf eine schriftliche Festlegung des Papstes gegen die Normannen verzichtete. Würde sich der zweite Artikel der päpstlichen Verpflichtungen gegen die Normannen richten, hätte Barbarossa zugegeben, der Normannenherrscher sei im Augenblick kein Rechtsbrecher, sondern allenfalls in der Zukunft, und er hätte keinen Grund gehabt, die Normannen zu bekämpfen. Weit zwangloser erklärt sich dieser Artikel als eine vorsorgliche Absicherung gegen eine Fürstenopposition, da 1152/53 ja noch nicht abzusehen war, ob und wie sich ein Ausgleich mit Heinrich dem Löwen einspielen werde. Die dritte päpstliche Verpflichtung verdankt demgegenüber ihre Existenz wohl nicht nur der Symmetrie, sondern dürfte auch der Versuch sein, auf diesem Umweg den Papst doch noch in die Frontstellung des Kaisers gegen die Normannen einzubinden.

Formal stellte der Vertrag beide Partner auf eine Stufe, in der Praxis aber benachteiligte er den Staufer. Das kommt in der im allerersten Artikel untergebrachten Bestimmung über die Vertragsdauer zum Ausdruck; der Papst band sich nur Friedrich gegenüber, dieser aber auch gegenüber den Nachfolgern Eugens III., sofern sie auf eine Fortdauer der Vereinbarungen Wert legten. Verträge mit dem Papst schloß man in dessen Eigenschaft als Vertreter einer überpersonalen Institution ab; auch das Reich war auf dem Wege zu dieser Transpersonalisierung, aber noch verkörperte die Person des Herrschers ohne Rücksicht auf seine Vorgänger und Nachfolger die Königsherrschaft. In der Regel war die Vertragsdauer nur auf Lebenszeit der beiden Partner eine lästige Formalie, in diesem Falle aber von politischer Bedeutung. Als Barbarossa im Herbst 1154 seine Romfahrt antrat, um sich krönen zu lassen, tat er dies unter dem Pontifikat Anastasius IV. in einem vertragslosen Zustand; und weil die Byzantiner die gegen Rogers Nachfolger Wilhelm I. ausgebrochenen Aufstände in Unteritalien für eine Invasion nutzen wollten, ließ der im Dezember 1154 gewählte neue Papst Hadrian IV. im Januar 1155 eiligst den auf Rom zurückenden Friedrich vor Legaten den Vertrag erneuern. Es geschah durch ein Bestätigungsversprechen seitens des Königs am Schluß des Konstanzer Vertragstextes. Das heißt dann, die Kurie konnte nach Bedarf bei einem Pontifikatswechsel den Vertrag ruhen oder wiederaufleben lassen. In diesem Spielraum waren natürlich nicht die gegenseitigen Pflichten einbezogen, die Papst und Vogt der Römischen Kirche ohnehin besaßen; und der Vertrag war noch nicht einmal Vorbedingung für eine Kaiserkrönung schlechthin. Sein Sinn war vielmehr, das wird aus der Nachgeschichte deutlich, die kaiserlichen Pflichten der konkreten Dauerlage entsprechend zu präzisieren. Der Papst trat somit zwar als Bittsteller auf, aber die Schutzpflichten des kaiserlichen Vogtes wurden durchaus in dienender Funktion gesehen.

Legte die Kurie Wert darauf, den Kaiser gegen eine Unterstützung byzantinischer Expansionsabsichten auf Unteritalien festzulegen, aber nicht gegen ein Bündnis mit Manuel I. schlechthin, dann setzt auch das eine Fortführung der Politik Konrads III. voraus. Von hier erfährt das Begehren Friedrichs I., seine Ehe mit Adela von Vohburg aufgelöst zu sehen, eine Aufhellung. Das Hindernis zu naher Verwandtschaft war ein vorgeschützter Rechtsgrund, und der angebliche Ehebruch Adelas trägt bereits das Gewand späterer Legendenbildung; auch die Kinderlosigkeit dieser Ehe scheint im Vergleich zur Aussicht, jetzt eine byzantinische Prinzessin heiraten zu können, nur ein sekundäres Motiv gewesen zu sein. Diesen Kausalzusammenhang offenbart Otto von Freising nicht zuletzt durch einen chronologischen Irrtum, indem er unmittelbar nach Annullierung der Ehe eine Gesandtschaft nach Byzanz abgehen läßt, die wegen eines neuen Heiratsprojektes und der gemeinsamen Unterwerfung der Normannen verhandeln sollte. Vom Sinn des Vertrages her war die Konzession der Kurie nicht zu umgehen; wollte der Papst dem Vertragspartner untersagen, daß das Versprechen der abzutretenden Mitgift realisiert würde, dann mußte er ihn auch in die Lage versetzen, eine byzantinische Prinzessin heiraten zu können, um auf diesem Wege die Mitgift zurückzuerwerben. Bezeichnenderweise war die Auflösung der Ehe Barbarossas wohl Gegenstand der Vertragsverhandlungen, aber nicht Bestandteil des Vertragstextes, da sie ja nichts mit den Verpflichtungen der kaiserlichen Schutzvogtei zu tun hatte. Das trifft auch auf den Personenwechsel in den vier Bischofssitzen Mainz, Minden, Hildesheim und Eichstätt zu. Für diese Konzession konnte der Staufer sogar geltend machen, er benötige vertrauenswürdige Prälaten an den Grenzen der welfischen Hausmachtzone, während er sich selbst für eine Wiederherstellung der päpstlichen Rechte in Rom verwende.

So sehr der eigentliche Konstanzer Vertrag die Politik Friedrichs I. einzuengen und in den Dienst der Kurie zu stellen schien, die außerhalb des Vertragstextes fixierten Gegenleistungen hoben die einseitige Ausrichtung der Vertragsbestimmungen wieder auf. Die durch den päpstlichen Legaten besorgte Absetzung der vier Bischöfe hatte nicht in allen Fällen in der mangelnden Eignung der Amtsinhaber ihren Grund. Die Absetzung des Eichstätter Bischofs und besonders des Erzbischofs Heinrich I. von Mainz hatte politischen Charakter. Dieser selbst war nicht mehr Mitglied des Saarbrücker Grafenhauses, galt aber noch als der Bezugspunkt des Saarbrücker Verwandtenkreises, der sich zunehmend mit der linksrheinisch begüterten staufischen Seitenlinie vermischte. Da er sich in der Königswahl von 1152 für Friedrich, den unmündigen Sohn Konrads III., eingesetzt hatte und engere Beziehungen mit Heinrich dem Löwen aufnahm – sein Bistum reichte im Norden bis an den Harzrand –, betrachtete Barbarossa ihn wohl als eine potentielle Gefahr, um so mehr als durch ihn das staufische Haus auch von innen her belastet werden konnte. Daß sich Bernhard von Clairvaux kurz vor seinem Tod, wenn auch ohne Erfolg, für ihn einsetzte, vermittelt einen Eindruck von dem Aufsehen, das dieser Fall erregt haben muß. Das Entgegenkommen hinsichtlich der vier Bistümer kann der päpstlichen Grundorientierung nur wenig entsprochen haben, da es zu sehr mit den Differenzen um die Magdeburger Doppelwahl kontrastiert. Im Einklang mit den Wormser Konkordatsbestimmungen hatte sich Barbarossa der Minderheitspartei im Magdeburger Kapitel bedient und die Wahl des Bischofs Wichmann von Naumburg-Zeitz bestätigt. Im Hinblick auf die ähnlich verlaufene Augsburger Doppelwahl vom Juni 1152, die päpstlicherseits unbeanstandet blieb, kann man Eugen III. nicht einen von vornherein harten Kurs in der Frage der Bistumsbesetzung zuschreiben. Wenn er sich dennoch im Sommer 1152 weigerte, Wichmann vom Translationsverbot zu dispensieren, dann wohl weil er Bistumsbesetzungen nicht im staufisch-welfischen Ringen mißbraucht sehen wollte. Der von Eugen III. auf dem Hintergrund des Magdeburger Falles erst recht nur als eine Ausnahme gedachte Wechsel auf den vier genannten Bischofsstühlen brachte dem staufischen Partner einen größeren Gewinn, als zunächst abzusehen gewesen war. Er verschob nicht nur die personalpolitischen Fronten um die fünf neuen staufisch gesinnten Bischöfe, darunter des so wichtigen Mainzer Erzstuhles, sondern machte es auch dem Papsttum, nachdem es um anderer Vorteile willen und schließlich auch in der Magdeburger Angelegenheit nachgegeben hatte, einfach unmöglich, fürderhin auf dem Ausnahmecharakter zu bestehen. Für den Staufer bedeutete das die Aussicht, nach und nach den ganzen Reichsepiskopat auswechseln, den Adel als einflußnehmenden Konkurrenten bei der Besetzung ausschalten und sich wie seinerzeit die salischen Vorfahren auf den Episkopat stützen zu können, ohne ernstlich Gefahr laufen zu müssen, wie Heinrich IV. oder dessen Sohn zwischen Fürstenopposition und römische Kurie zu geraten, da sich ohne Mitwirkung des Episkopats nur schwerlich eine Brücke vom Papsttum zu einer lediglich aus Laienfürsten bestehenden Opposition schlagen ließ.

Nachdem wie schon zu Zeiten Konrads III. zuerst eine Abstimmung der politischen Grundlinie mit dem Papst erfolgt war, konnten Verhandlungen mit dem byzantinischen Hof beginnen. Nicht Manuel I. war es, der die Initiative ergriff, wie Otto von Freising es will, sondern Barbarossa trat an den östlichen Kaiserhof heran. Im Briefwechsel war gleich von einer Erneuerung des Bündnisvertrages die Rede; Barbarossa ließ wissen, daß sein Onkel Konrad ihm die Pflege der Freundschaft mit dem byzantinischen Kaiser zusammen mit der Königskrone als ein politisches Vermächtnis hinterlassen habe. Auch erklärte er sich zur Heirat mit einer byzantinischen Prinzessin bereit. Doch zogen sich die Vorbereitungen hin, drohten zwischenzeitlich sogar zu scheitern. Anselm von Havelberg als der entscheidende Gesandte, der das Bündnis abzuschließen hatte, reiste nach dem 9. Mai 1154 nach Byzanz ab und kehrte nicht vor Mitte 1155 von dort zurück. Mit anderen Worten, der Staufer begann die Romfahrt und direkt auch die Sizilienexpedition, ohne sein Verhältnis zu Konstantinopel abgeklärt zu haben; da Eugen III. schon gestorben war, ging er auch das Risiko ein, der neue Papst werde in die Bedingungen des Konstanzer Vertrages nicht eintreten. Man fragt sich an dieser Stelle, ob Barbarossa die Politik seines Vorgängers überhaupt fortsetzen mußte. Der von Konrad III. eingegangene Vertrag mit Byzanz war durch seinen Tod hinfällig, und für die Einlösung der Mitgift war Barbarossa als Neffe Konrads nicht verantwortlich. Das freilich hätte die Byzantiner zur Eroberung Süditaliens ohne Rücksicht auf das westliche Imperium – sofern sie militärisch dazu in der Lage waren – legitimiert, doch in diesem Punkt hatte sich der Kaiserkandidat gegenüber dem Papsttum schon gebunden. Das wiederum dürfte der Hebel für den byzantinischen Hof gewesen sein, auf der Fortgeltung des Vertrages von Thessalonike zu bestehen. Er dachte sicher nicht an eine Rückgabe der Mitgift in Konsequenz der von Barbarossa angestrebten Heirat, ebensowenig wie die westliche Seite etwas erobern wollte, um es gleich wieder aus der Hand zu geben. Hier lag ein Strukturfehler in der politischen Zielsetzung vor, zugleich offenbar ein Vertrauen, das Widersprüchliche im Zuge des bevorstehenden Geschehens irgendwie lösen zu können.

Besonders vor dem Hintergrund dieser Situation konnte Friedrich Barbarossa seine Romfahrt wohl nicht antreten, ohne im Juni 1154 – kurz nach der Entsendung Anselms von Havelberg an den Bosporus – auf dem Reichstag in Goslar das gerichtliche Verfahren um Heinrich den Löwen zu Ende zu führen. Es ist möglich, daß der fürstliche Umstand die Sentenz zugunsten Heinrichs des Löwen erreicht hat, zumal der Babenberger nicht erschienen war. In Goslar wurde aber auch die Klage des Bremer Erzbischofs Hartwich im Sinne des Welfen entschieden, und das bei einem offenbar anders zusammengesetzten Umstand, der nicht an einer Minderung des königlichen Investiturrechtes interessiert sein konnte. Den Ausschlag scheint die Flucht des Dänenkönigs Sven III. Grathe nach Deutschland gegeben zu haben, der sich nur noch Hilfe von Heinrich dem Löwen erhoffte, obwohl er kurz vorher noch mit ihm verfeindet war.

Im Oktober 1154 nahm die Romfahrt ihren Anfang. Während das deutsche Heer in umständlichem Bogen quer durch Oberitalien langsam der Krönungsstadt entgegenrückte, setzte der neue Papst Hadrian IV. ganz auf die Karte des Staufers. Roger II. war im Februar 1154 gestorben, sein Sohn Wilhelm I. suchte in der Bedrängnis apulischer Aufstände eine Verständigung mit der

Kurie, und Hadrian bestand in Sorge um eine drohende Invasion der Byzantiner – Ancona befand sich seit 1153 bereits in griechischer Hand – auf einer Reaktivierung der Konstanzer Abmachungen. Im Vertrauen auf die Einlösung der Krönungsbedingungen wollte er mit Wilhelm nur unter der Voraussetzung verhandeln, daß er die gegen den Willen des Papstes durch seinen Vater 1151 vorgenommene Krönung nicht anerkenne, und ließ es durch eine Bannsentenz wieder zur Verschärfung der Differenzen kommen, weil der Normanne, um Druck auszuüben, in die südlichen Randgebiete des Kirchenstaates eingefallen war. Und den Senat der Stadt Rom zwang er durch Interdikt zu Beginn der Karwoche, den revolutionären Kirchenreformer Arnold von Brescia aus der Stadt zu verweisen, so daß er selbst zum Osterfest Eingang in das Stadtinnere finden konnte.

Dazu will das dramatische Bild der Begegnung Hadrians mit Barbarossa in Sutri nicht recht passen. Die tiefe Furcht verratende kopflose Flucht der Kardinäle beim ersten Zusammentreffen muß man der nachträglichen Übertreibung des Kardinals Boso zugute schreiben. Aber es bleibt die nach anfänglicher Weigerung nur zögernd gefundene Bereitschaft des Staufers, den traditionell einem Papst zukommenden Marschall- und Stratordienst zu leisten. Man kann die fast schon unnatürliche Angst, seiner Stellung etwas zu vergeben, auf das Bewußtsein von der eigenen unzureichenden Machtposition zurückführen. Sie war, wie der weitere Verlauf des Italienzuges zeigen sollte, auch jetzt noch nicht zufriedenstellend aufgebessert. Aber wie schon vorher in Oberitalien machte sich ein neues Moment bemerkbar, eben jene programmatische Politik, die auf Respektierung der Reichsrechte bedacht war und die dann eine ganze Historikergeneration so sehr fasziniert hat. Ihr war gerade in dieser Zeit eine Tendenz zur Konstatierung prinzipieller Rechtspositionen eigen, nicht weil man sie zum Auftakt eines gut vorbereiteten Planes eigens entwickelt hätte, sondern weil das allgemeine Bedürfnis nach überschaubarer Einheit der Weltordnung auch Fragen nach den Grundlagen des Kaisertums und seiner Funktion immer wieder nahelegte.

So begegnete das päpstlich-deutsche Gefolge auf dem Weg von Sutri nach Rom einer Abordnung des römischen Senats, die vom Krönungskandidaten die Anerkennung der wiederhergestellten städtischen Verfassung sowie die Zahlung von 5000 Pfund Gold verlangte und zu verstehen gab, es sei die Stadt Rom, von der der Kaiser seine Krone und die Herrschaft der Welt zu empfangen habe. Der Gedanke war nicht neu, hatte doch die um 1150 abgeschlossene welfisch orientierte Kaiserchronik in unhistorisch populärem Verständnis ebenfalls die Kaiserkrone von Konstantin durch die Römer auf Karl den Großen übergehen lassen. In seiner Antwort setzte Barbarossa diesem Ansinnen das Eroberungsrecht schroff entgegen, kraft dessen die Deutschen Rom und die Kaiserwürde als erbliches Eigen besäßen. Die schwungvolle Rede, so wie sie Otto von Freising an dieser Stelle symbolhaft plaziert hat, ist offensichtlich fingiert, gibt aber etwas von den Ansichten des Stauferhofes über die Rechtsgrundlagen der kaiserlichen Autorität richtig wieder. Das zu vermerken ist nicht unwichtig, weil Hadrian IV., der dem Treffen beiwohnte, sonst gegen die Berufung auf das Eroberungsrecht hätte protestieren müssen.

Die Kaiserkrönung fand am 18. Juni 1155 zu Rom in der Peterskirche statt. Die eigentliche Stadt jenseits des Tibers hatte ihre Tore verschlossen, und gleich nach Abschluß des Krönungszeremoniells drang die Bevölkerung tumultartig über den Tiber vor, um den Papst gefangenzusetzen; die Kämpfe dauerten bis in den Abend. Es war die Antwort der städtischen Bewegung auf die von Papst und Kaiser getroffene Vereinbarung, die Stadt der Kurie wieder zu unterwerfen. Eine der wichtigsten Krönungsbedingungen ließ sich somit nicht verwirklichen. Ebenfalls nicht zur Ausführung kam auch der Plan, in das sizilische Königreich vorzudringen. Das Heer stieß in Ancona auf hochgestellte Abgesandte Kaiser Manuels, die wieder auf den Heiratsplan Barbarossas zu sprechen kamen und mit hohen Geldversprechungen zu einem gemeinsamen Sizilienfeldzug aufforderten; die Gelegenheit sei angesichts der apulischen Aufstände ungewöhnlich günstig, und die griechische Flotte stehe bereit. Friedrich hatte schon vorher Kontakte mit den apulischen Baronen aufgenommen, und die Quellen berichten übereinstimmend, der Kaiser wünschte sich sehnlichst einen Aufbruch in südlicher Richtung, aber die Fürsten wollten sich für diesen Plan nicht gewinnen lassen. »Nicht ohne Bitterkeit des Herzens« erklärte Friedrich deshalb den Italienzug für beendet und entließ das Heer nach Deutschland.

In wortreicher Schilderung führt Otto von Freising nur das aus, was Barbarossa ihm als Grund nahegelegt hatte; das Heer sei durch Strapazen, Hunger und Seuche schon geschwächt gewesen. Warum dieser Grund später vorgeschützt wurde, leuchtet sofort ein, wenn man durch den byzantinischen Chronisten Kinnamos erfährt, daß die Gesandtschaft den Kaiser zur Erfüllung des Versprechens anhalten sollte, das Konrad III. während des Zweiten Kreuzzuges dem byzantinischen Kaiser gegenüber abgegeben und dem sich Friedrich I., damals in Begleitung seines Onkels, angeschlossen habe. Nähere Einzelheiten sind unbekannt, aber man kann sich denken, daß entweder die staufische Seite das zusätzliche, auf die Mitgift bezogene Versprechen seit dem Tod Konrads als gegenstandslos betrachtete oder der Plan der zweiten, die Abtretung Süditaliens an Manuel wieder rückgängig machenden Mitgift von den Byzantinern abgelehnt wurde. Die bisherige, auf eine Zusammenarbeit mit Byzanz aufgebaute Normannenpolitik der Staufer ging jedenfalls zu Bruch. Abt Wibald wurde zwar umgehend an den byzantinischen Hof geschickt. Sein Verhandlungsauftrag liegt im dunkeln; bekannt ist nur, daß die römische Kurie später argwöhnte, er habe zu ihrem Nachteil verhandelt, und daß die griechischen Gesandten, die zusammen mit Wibald nach Deutschland kamen, Mühe hatten, beim Kaiser überhaupt vorgelassen zu werden. Die Byzantiner jedenfalls traten 1155 mit den apulischen Aufständischen zwecks Eroberung in Verhandlung, ohne die Hilfe des abendländischen Kaisers mehr einzukalkulieren. Und im Januar 1156 trat Barbarossa bereits mit Erzbischof Humbert von Besançon und mit Herzog Matthäus von Oberlothringen, einem Onkel der Erbin von Burgund, in Verbindung, womit seine Heirat mit Beatrix von Burgund offenbar angebahnt wurde. An einen Verzicht auf die Eroberung des sizilischen Reiches dachte der Kaiser nicht, aber er verschob dieses Ziel auf unbestimmte Zeit. Er befreite sich damit zugleich von Verstrikkungen, in die er sich zum Teil durch eigene Ungeduld und Waghalsigkeit manövriert hatte; zu denken ist nicht nur an die unzureichend durchdachte Bündnisbeziehung zu Konstantinopel, sondern auch an den übereilten Aufbruch der Romfahrt in Aachen oder an den spontanen Entschluß zum Ungarnfeldzug. So schnell er sich auch neu orientierte, ihm war die Erinnerung an die Marksteine des bisherigen Weges nicht in jeder Hinsicht angenehm.

In richtiger Einschätzung der päpstlichen Hauptsorge boten die Byzantiner Hadrian IV. Hilfe gegen den stadtrömischen Widerstand an und erwarteten dafür seine Zustimmung zur Übernahme fester Stützpunkte an der apulischen Küste. Während der Papst unentschlossen in Benevent verharrte, setzten sich die Aufständischen in Zusammenarbeit mit dem byzantinischen Verbündeten bis auf wenige Städte im ganzen unteritalienischen Festland durch; und Wilhelm I. lag krank darnieder, als auch in Sizilien eine Revolte ausbrach. Doch im Frühjahr 1156 trat eine Wende ein. Die Byzantiner eroberten Brindisi, während Wilhelm schon wieder auf das Festland übersetzte, nachdem er den Aufstand in

Butera niedergeschlagen hatte. Die Entscheidung fiel Ende Mai, als Wilhelm mit Unterstützung der venezianischen Flotte Brindisi und Bari den Byzantinern wieder entriß. Unter dem Eindruck, dem Normannen hilflos ausgeliefert zu sein, entschloß sich der Papst zu einer entscheidenden Umorientierung, zumal sich die Mehrheit des Kardinalkollegs der drohenden Belagerung durch die Flucht entzog. Hadrian IV. und die Minderheit der Kardinäle unter der Führung des Kanzlers Roland Bandinelli nahmen das Friedensangebot König Wilhelms an. Im Juni 1156 wurde der sogenannte Beneventer Vertrag unterzeichnet, der dem Papsttum schlechtere Bedingungen einräumte, als Innozenz II. sie 1139 im Vertrag von Mignano ausgehandelt hatte. Hadrian erkannte das normannische Großreich als solches (in einem territorial übrigens größeren Umfang als 1139) an unter Zusicherung der Erbfolge nach dem Willen des jeweiligen Normannenherrschers, während Wilhelm durch Lehnseid die Lehnsabhängigkeit vom Hl. Stuhl bestätigte. Da es darauf ankam, die ein noch so junges Königtum begründenden spezifischen Merkmale wie die Kirchenhoheit zu bewahren, gab Wilhelm päpstliche Legationen und Appellationen nur für den festländischen Teil frei, reservierte sich aber die Approbation kirchlicher Wahlen für das ganze Reich. Das Verhältnis der Normannen zum Papsttum war damit bis zum Ende der Normannenherrschaft im wesentlichen festgelegt.

Ohne von diesen Ereignissen schon Kenntnis haben zu können, heiratete der Kaiser am 17. Juni in Würzburg die damals noch minderjährige Beatrix von Burgund, die Erbtochter Wilhelms von Mâcon. Politisch faßte dieser Eheschluß eine engere Angliederung Burgunds an das Reich ins Auge und in diesem Zusammenhang wohl auch schon die Übergänge über die Westalpen nach Italien.

Seit dem Goslarer Fürstenurteil führte Heinrich der Löwe zwar schon den Titel eines Herzogs von Bayern, aber die Umsetzung des Urteils brauchte bis zur Rückkehr des Kaisers von der Romfahrt. Ob es sich um ein auf Kontumaz gegründetes Urteil gehandelt hat, ist unbekannt; Heinrich Jasomirgott war nicht Angeklagter, insofern konnte es auch keine Acht geben, die nach einem Jahr die Oberacht nach sich gezogen hätte. Das räumte dem Kaiser die Möglichkeit ein, im September 1155 wegen einer Entschädigung für den Verlust Bayerns mit dem Babenberger zu verhandeln, doch selbst ein Vermittlungsversuch Ottos von Freising machte Heinrich Jasomirgott nicht kompromißbereit. So blieb

Barbarossa nichts anderes übrig, als dem Drängen des Welfen nachzugeben und Mitte Oktober in Regensburg alle Großen Bayerns auf Heinrich den Löwen eidlich zu verpflichten. Es war eine rechtlich nahezu absurde Situation. Das Goslarer Urteil fußte sicherlich nicht wie die beiden Prozesse Konrads III. in derselben Sache auf einer lehnrechtlichen, sondern auf einer landrechtlichen Basis; der Löwe konnte geltend machen, daß Kaiser Heinrich IV. die bayerische Herzogsherrschaft Welf IV. als erblich zugestanden hatte. Das wurde im Oktober 1155 umgesetzt, nach Karl Jordan in Form eines Lehnseides – obwohl auch die Regensburger Bürger Treue schwören mußten und Bayern lehnrechtlich noch bis zum 8. September 1156 in der Hand des Babenbergers blieb. Heinrich Jasomirgott weigerte sich bis kurz nach dem Pfingstfest des Jahres 1156, seine neue Lage anzuerkennen. Der Kompromiß, den der Kaiser mit ihm aushandelte und der im September im Privilegium minus eine endgültige Rechtsform fand, war von einem ungewöhnlichen Wohlwollen bestimmt. Statt auf eine bedingungslose Erfüllung des Urteils von 1154 zu dringen, änderte Barbarossa den bisherigen Status des Herzogs Heinrich Jasomirgott nicht; lediglich sein Amtsbereich wurde auf Österreich beschränkt, damit Heinrich der Löwe mit dem Herzogtum Bayern, nun um die alte Markgrafschaft verkleinert, belehnt werden konnte.

Das Jahr 1156 brachte also in mehrfacher Hinsicht eine Wende zum Abschluß. Die Frontbildung, die mit dem Vertrag von 1145 begonnen hatte, machte einer völlig neuen Konstellation Platz. Byzanz unternahm nochmals einen nicht ganz erfolglosen Angriff auf das sizilische Reich, aber der Papst vermittelte den Normannen gegen Ende 1158 schließlich einen Frieden mit Byzanz auf 30 Jahre; die erneut auftauchende Frage der Kirchenunion verlief sich zwar wieder im Sande, aber Wilhelm sagte dem Basileus für künftige Unternehmungen in Italien seine Unterstützung zu, und das konnte sich nur gegen den Staufer richten, den Manuel jetzt als einen Verräter betrachtete. Friedrich I. zeigte sich vom eigenmächtigen Vorgehen Hadrians im Beneventer Frieden zutiefst getroffen. Formal waren beide im Recht; der Papst konnte geltend machen, sich im Konstanzer Vertrag nicht ausdrücklich gegen die Normannen gebunden zu haben, und der Kaiser konnte sich darauf berufen, seine Zusage sei nur unter Einschluß der Formel »nach Kräften des Reiches« – und das bedeutete »mit Zustimmung der Fürsten« – gegeben worden. Viel wichtiger und darum ausschlaggebend waren die enttäuschten Erwartungen; der Papst hatte den Kaiser gekrönt in der festen Hoffnung, beim Vogt der Römischen Kirche einen Schutz gegen Normannen, Byzantiner und Stadtrömer zu finden, und mußte statt dessen erfahren, daß Barbarossa, ob mit oder ohne Schuld, über ein bloßes Vorhaben nicht hinauskam. Was der frühere Partner nicht erreichte, gelang überdies dem Normannen; die 5000 Pfund Gold, die ein Papst bei Pontifikatsantritt den Römern gewohnheitsgemäß zu entrichten, Hadrian aber nicht gezahlt hatte, welche zwischen Sutri und Rom vom anrückenden Krönungskandidaten gefordert worden waren und welche die Byzantiner dem Papst vergeblich angeboten hatten, sie wurden jetzt von Wilhelm I. gezahlt und öffneten damit dem Papst die Tore der Ewigen Stadt. Der König von Sizilien erwies sich so als der wahrhaft fähige Beschützer des Papstes. Währenddessen war Friedrich I. um den Preis der babenbergisch-welfischen Entspannung im italienischen Raum weitgehend isoliert worden, beabsichtigte aber, sich gerade in den nächsten Jahren auf Italien zu konzentrieren.

Der Beneventer Vertrag markiert noch in anderer Richtung eine für die mittelalterliche Vorstellungswelt folgenreiche Wende. Obwohl die Anschauung von Kaisertum und Papsttum als den zwei höchsten Ordnungsgewalten längst nicht mehr im ganzen Abendland selbstverständliches Allgemeingut war, hatte sich Eugen III. im Konstanzer Vertrag noch zu einer Zusammenarbeit auf dieser Basis bekannt. Dort hatten beide Partner gegenseitig gelobt, den »honor imperii« und den »honor papatus et regalia sancti Petri« zu respektieren. Dabei sprachen die vom Papst gestellten Bedingungen dem Vertragspartner im politischen Raum eine eher dienende Funktion zu, während die Gegenseite, wie sich noch herausstellen sollte, eine andere Vorstellung vom Rechtsinhalt der päpstlichen Hoheitsrechte besaß als die römische Kurie. Vertreter der römischen Kommunalbewegung hatten den Stauferhof schon vor Aufnahme der Verhandlungen, die zum Konstanzer Vertrag führten, wissen lassen, sie allein seien zur Kaiserkrönung berechtigt, weil die Konstantinische Schenkung als illegitim betrachtet werden müsse. Obwohl Rede und Anspruch sowie die Gegenrede Barbarossas kurz vor der Kaiserkrönung in dem von Otto von Freising vorgestellten Umfang nicht stattgefunden haben dürfte, spielte der Besitz der Stadt Rom als Rechtsgrundlage der Kaiserwürde, wie Barbarossa sie verstand, eine entscheidende Rolle. Wenn der Staufer die Stadt kraft Eroberung seiner Vorgänger besitzen wollte und damit das Kaisertum als eine dem deutschen König zustehende Würde betrachtete, konnte das auch den Rechtsstand des päpstlichen Patrimoniums nicht unberührt lassen. Anläßlich des gemeinsamen Besuches von Tivoli nahm der Kaiser den Eid der Bürger entgegen, obwohl dieser Eid früher schon Hadrian IV. geleistet worden war, und erst auf den Widerspruch des anwesenden Papstes hin verzichtete er auf sein Hoheitsrecht; und dies ist nicht das einzige Beispiel. Während sich das Papsttum für eine uneingeschränkte Herrschaft über Rom auf das »Constitutum Constantini« berufen konnte, das seit der reformpäpstlichen Zeit eine ungeahnte Steigerung seines Gewichts erfahren hatte, folgte der Kaiser dem Grundsatz des antiken Rechts, daß Regalien Pertinenzen des römischen Imperium seien, die zwar verliehen, aber nicht definitiv aus der Hand gegeben werden könnten. Noch war der Gegensatz nicht offen ausgebrochen, aber der Beneventer Vertrag hatte zur Folge, daß Hemmungen auch in dieser Hinsicht fortfielen.

6. Sacerdotium und Imperium

Die unterschiedliche Auffassung von der Zuordnung der höchsten geistlichen (Sacerdotium) und weltlichen (Imperium) Gewalt führte zu einer Auseinandersetzung, die mehr als nur theoretischen Charakter besaß. Man kann auch nicht pauschalierend sagen, der Kaiser habe blind am überholten salischen Vorbild festgehalten, während das Papsttum sein im Investiturstreit neu gewonnenes Selbstverständnis zu wahren suchte. Die zutage tretende Differenz resultierte nicht nur aus der Frage nach den Grundlagen des Kaisertums, sondern erfuhr gerade von den Konsequenzen her ihre Verschärfung. Wäre es bei der ersten Italienfahrt mit ihren Enttäuschungen am Ende geblieben, die Erregung über den päpstlichen Kurswechsel hätte sich mit der Zeit wohl wieder gelegt, und die Zuordnung von Kaisertum und Papsttum hätte sich in einer anderen Richtung, jedenfalls undramatisch entwickelt. Da der Staufer aber eine auf Dauer und in ganz neuen Formen angelegte Reichspräsenz in Oberitalien zum Kernstück einer Politik machte, welche die unzureichenden territorialpolitischen Grundlagen der Königsgewalt entscheidend aufbessern sollte, und durch seine Kampfansage an das mächtige Mailand auf der Romfahrt dazu schon die Weichen gestellt hatte, kam der Auslegung einer Zusammenarbeit von Imperium und Sacerdotium eine letztlich ausschlaggebende Funktion zu.

Infolge der nur sporadischen Anwesenheit eines deutschen Herrschers hatte sich in Reichsitalien ein selbstregulierendes Herrschaftsgefüge eingespielt, das als Puffer auch die innerhalb des Reichsverbandes quasi autonome Stellung des Kirchenstaates absicherte, die der universalen Ausweitung der päpstlichen Jurisdiktion kongruent schien. Unter dieser Voraussetzung hatte die Kurie das auf Rom übergreifende Selbstbewußtsein der oberitalienischen Kommunen mehr zu fürchten als die kaiserliche Gewalt, und auf diesem Hintergrund hatte der Papst den Staufer auch im Konstanzer Vertrag zur Hilfeleistung verpflichtet. Dem Kaiser jedoch, der nach 1156 in die reichsitalienischen Verhältnisse rigoros einzugreifen gedachte, konnte eine Berufung auf nur herkömmliche Rechte des Reiches nicht genügen; er mußte zu den Wurzeln seines Verfügungsanspruches vorstoßen, wovon schon die Rede war. Obwohl eine gewissermaßen dem eigenen Gebrauch gedachte Leitlinie vorhanden gewesen sein muß, stand eine programmatische Feststellung nach außen hin noch aus. Barbarossas Berufung auf das Recht des Eroberers hatte hier ihren angemessenen Platz, auch wenn sie im angeblichen Rahmen nicht geäußert worden zu sein scheint. War Rom die rechtliche Wurzel für jeglichen kaiserlichen Anspruch, dann mußte sein Übergang auf die Deutschen erklärt werden; und das war die Eroberung Reichsitaliens und Befreiung Roms durch Karl den Großen und Otto den Großen. Die Konstantinische Schenkung, so wie die Kurie sie auslegte, zu mißachten, schien in diesem Zusammenhang unerläßlich, um die Kontinuität des unveränderten Rechtsstandes Roms von den antiken Kaisern zu den fränkischen und deutschen Eroberern gewährleistet zu sehen. Das alles mußte die gewachsene Situation Italiens, eingeschlossen die unabhängig gewordene Stellung des Papsttums und sein Selbstverständnis, in Frage stellen und Kommunen und Papst mit einem Schlage zu einer natürlichen Interessengemeinschaft zusammenführen. In einer solchen Ausgangsposition wurde die jetzt oft von Barbarossa gebrauchte Formel einer Zusammenarbeit von Sacerdotium und Imperium ein Teil seiner starren Rechtsbasis, und die kommende Auseinandersetzung mußte erweisen, wieweit sie überhaupt noch lebensfähig war.

Friedrich I. begann schon vor dem eigentlichen Beschluß der zweiten Italienfahrt in den Jahren 1156 und 1157 mit umsichtigen Vorbereitungen. Zu berücksichtigen waren babenbergische Wünsche. Im Sommer 1157 suchte Barbarossa den mit einer Babenbergerin verheirateten und von seinen Brüdern vertriebenen Herzog Wladislaw nach Polen zurückzuführen, wurde aber mit falschen Versprechungen ebenso hintergangen wie seinerzeit Konrad III. Und im Januar 1158 erhob er den Böhmenherzog Vladislav, den anderen Schwager des Babenbergers, aus Dank für seine Hilfe im Polenfeldzug und wegen seiner in Aussicht stehenden Teilnahme an der Italienfahrt zum König; geheime Verhandlungen seit 1156 deswegen kamen damit zum Abschluß. Für Stephan, den Bruder und Rivalen Geisas II. von Ungarn, der sich schon im Vorjahr zur Teilnahme verpflichtet hatte und nicht wissen konnte, wie bald schon der Kaiser die Königserhebung des Böhmen wieder rückgängig zu machen suchte, war dies Grund genug, aus seinem deutschen Exil in das byzantinische überzuwechseln. Was daneben ebenso ausschlaggebend war, die bedeutenden Kirchen im Reich wurden gerade in den beiden Jahren 1156 und 1157 mit Privilegien bedacht. Mögliche Oppositionsherde schienen auf diese Weise ausgeschaltet.

In die Vorbereitungen ist auch die Auseinandersetzung um den Erzbischof von Lund einzuordnen. Seit dem Beginn der zweiten Hälfte des 11. Jahrhunderts fürchtete der Erzbischof von Hamburg-Bremen um seine kirchliche Jurisdiktion in ganz Skandinavien; das Papsttum bezeichnete diese Jurisdiktion als jeweils nur persönlich verliehene Legation, die durch Gründung von Kirchenprovinzen in den nordischen Ländern wieder genommen werden konnte. Und in der Tat, 1104 entstand die dänische Provinz von Lund, 1154 die norwegische Provinz von Nidaros/Drontheim und 1164 die schwedische Provinz von Uppsala. Gegen die Beschneidung seiner Rechte klagte der Bremer Erzbischof schon 1123, aber erst Lothar III. setzte sich für eine Restitution dieser Rechte ein, weil er als erster deutscher Herrscher seit dem 11. Jahrhundert den kirchlichen Ausgriff nach Norden über die Reichsgrenze hinweg für reichspolitische Interessen nutzen wollte. Während es ihm um eine Beherrschung des Ostseeraumes gegangen sein muß, da er 1133 außer dem Anschluß von Lund an Bremen auch den der Metropole Gnesen an Magdeburg vorübergehend erreichte, betrachtete Friedrich Barbarossa die nordische Jurisdiktion des Bremers als ein Recht der Reichskirche, um deren Rückgewinnung sich auch das Reich zu kümmern habe. Noch als Kardinallegat Eugens III. hatte Hadrian IV. 1153 dem Erzbischof Eskil von Lund den Primat über Schweden in Aussicht gestellt, der ihm im Januar 1157 in Rom »in perpetuum« übertragen wurde, ausdrücklich über das Gründungsdatum einer schwedischen Kirchenprovinz hinaus.

Für den Oktober 1157 sagte Barbarossa einen Reichstag in Besançon an, der nach seiner Heirat mit Beatrix weitere Große Burgunds an den Kaiser binden sollte; bildete Burgund doch eine wichtige Landbrücke vom Elsaß zu den nach Italien führenden Westalpenpässen. Hier stießen auch zwei päpstliche Legaten auf das kaiserliche Gefolge und überreichten einen Brief des Papstes, der für die Freilassung Eskils von Lund energisch eintrat. Der Kaiser hatte den von Rom heimkehrenden Primas überfallen und festsetzen lassen. Da er ihn erst wieder frei ließ, nachdem die Loyalität des Dänenkönigs Waldemar I. – ursprünglich nicht der Favorit des Kaiserhofes und doch seit dem Herbst 1157 Alleinherrscher Dänemarks – gesichert schien und er selbst dem Bremer Metropoliten die nordische Jurisdiktion urkundlich bestätigt hatte, dürfte die höchst ungewöhnliche Maßnahme aus Verärgerung über die Art, wie sich die Kurie mit Fakten über das immer noch anhängige Verfahren des Bremer Erzbischofs hinwegsetzte, und aus Rücksicht auf den dänischen Thronstreit, in dem Eskil ein einflußreicher Parteigänger war, geschehen sein. Jedoch nicht die Forderung des Papstes erregte in Besançon Anstoß, sondern die eher beiläufige Bemerkung im Brief, die Kaiserkrone sei ein »beneficium« des Papstes, was der Kanzler Rainald von Dassel gleich richtig mit »Lehen« und nicht mit dem neutralen Wort »Wohltaten« übersetzte. Der Papst widersprach damit offen dem Standpunkt Barbarossas, Herr der Stadt Rom zu sein; war es statt seiner der Papst, dann erschien es unter der Voraussetzung, die Kaiserwürde wurzele im Eigentum der Ewigen Stadt, folgerichtig, das Kaisertum des Staufers aus der Stadtherrschaft des Papstes abzuleiten. Die darin eingeschlossene Konsequenz kam schon in der vorangestellten Grußformel zum Ausdruck, in der sich Hadrian der Vater und seine Kardinäle die Brüder Friedrichs nannte.

Das Schreiben bezweckte offenbar, Empörung unter dem Reichsepiskopat über die Behandlung Eskils auszulösen und diesen Augenblick für die päpstliche Auslegung des Zweigewaltenverständnisses zu nutzen. Der so zwischen Kaiser und Episkopat getriebene Keil hätte sich dann mit dem Ziel einer Unterbindung der zweiten Italienfahrt des Staufers nutzen lassen. Barbarossa muß diese Taktik durchschaut haben, denn gegen damalige Gepflogenheit ließ er das Gepäck der Legaten durchsuchen und fand bereits ausgefertigte Privilegien für deutsche Kirchen, in die nur noch der Name des Empfängers und die Höhe des üblichen Anerkennungszinses einzutragen waren. Das Kalkül der Kurie erwies sich als eine fatale Fehleinschätzung. Mit einem Rundschreiben über den Vorfall setzte die massive Gegenpropaganda des Kaisers ein; das Imperium betrachte die vom Papst versuchte Neuerung als eine Schmach. Nicht nur den Legaten wurde die Weiterreise ins Reich verwehrt, sondern man untersagte dem deutschen Klerus auch Appellationen an die Kurie. Damit kam Barbarossa den Wünschen des Episkopats entgegen, drohte doch die von Rom wohlwollend geförderte Appellationsfreudigkeit die Jurisdiktion der Bischöfe auszuhöhlen. Der Episkopat entschloß sich sogar zu einer eigenen Stellungnahme, wiederholte den von Barbarossa vertretenen Grundsatz, nur die Königswahl der deutschen Fürsten begründe das gottunmittelbare Kaisertum, erinnerte den Papst an seinen Frieden mit Römern und Normannen und an Verträge in Italien, »die wir des näheren nicht zu erörtern wagen«.

Hadrian IV. mußte den Rückzug antreten. Die Legaten Roland Bandinelli und Bernhard in Besançon gehörten der kurialen Partei an, die dem Papst zum Beneventer Frieden geraten hatte; im Juni 1158 erschienen statt dessen die Kardinäle Heinrich und Hyazinth, die der kaiserfreundlichen Kardinalsgruppe angehörten. Sie überreichten dem »Herrn und Kaiser von Rom und der Welt« eine Entschuldigung Hadrians, mit »beneficium« habe er nicht Lehen, sondern Wohltaten gemeint. Zugleich aber protestierte der Papst gegen das Verbot für den Klerus, Rom aufzusuchen, und sprach die Hoffnung aus, durch Vermittlung Heinrichs des Löwen werde der Legation eine zufriedenstellende Übereinkunft gelingen. Mag Hadrian auch gehofft haben, den Widerpart des Staufers, der an der Italienfahrt verspätet teilnehmen sollte, für seine Ziele einspannen zu können, zu einem Verhandlungsergebnis kam es nicht. Der Italienzug war nicht zu verhindern; im September 1158 wurde Mailand bezwungen, im November fand auf den Ronkalischen Feldern der für die Reichsverwaltung Italiens wichtige Reichstag statt.

Die Zweigewaltenfrage, die in Besançon noch in theoretisch-grundsätzlichem Gegenüber zur Sprache gekommen war, zeigte nun ihre Auswirkungen im konkreten Alltag. Schon kurz vor dem Reichstag in Roncaglia hatte der Kaiser auch von den Kommunen der weltlichen Herrschaft des Papstes Leistungen bis hin zur Beteiligung an der Belagerung Mailands einfordern lassen, so als wären sie wie die anderen Kommunen Reichsitaliens Inhaber von Reichslehen; und im Winter 1158/59 ließ er die Verwaltung der Mathildischen Güter mit dem Ziel übersichtlicher, dem Kaiser zustehender Einkünfte reorganisieren. Päpstliche Legaten in

Person der deutschfreundlichen Kardinäle Oktavian und Wilhelm erschienen deswegen im Frühjahr 1159 am Kaiserhof, nachdem päpstliche Bemühungen um ein Fortgelten des Konstanzer Vertrages gescheitert waren; ihr Begehren war so brisant, daß Rahewin es vorzog, die Berichterstattung im Brief des Bamberger Bischofs Eberhard II. an den gleichnamigen Salzburger Erzbischof wörtlich wiederzugeben. Ohne Kenntnis des Papstes dürfe der Kaiser keine Gesandten an die Stadt Rom senden, da dort jede Oberhoheit und alle Regalien dem heiligen Petrus zuständen. Von den päpstlichen Besitzungen dürfe das Fodrum nur anläßlich der Kaiserkrönung erhoben werden. Die Mathildischen Güter, das Land von Aquapendente bis Rom, das Herzogtum Spoleto sowie die Inseln Sardinien und Korsika nebst anderen namentlich aufgezählten Orten seien zurückzuerstatten. Den Bischöfen Italiens dürfe nur ein Treueid, aber nicht ein Lehnseid abgenommen werden, und kaiserliche Gesandte sollten kein Quartier in bischöflichen Palästen fordern. Die Antwort Barbarossas lautete, er wäre mit der Forderung einverstanden, wenn die Pfalzen der Bischöfe auf eigenem Grund und Boden stehen würden; das jedoch sei nicht der Fall, infolgedessen seien auch die darauf errichteten Gebäude ihm verpflichtet. Und was die Oberhoheit in Rom betreffe, bedürfe diese Frage noch einer ernsten Überlegung. »Denn da ich nach göttlicher Ordnung römischer Kaiser genannt werde und bin, wäre ich nur ein Scheinherrscher und trüge einen, wie auch immer leeren Namen ohne Inhalt, wenn unserer Hand die Herrschaft über die Stadt Rom entrissen würde« (Gesta Frederici IV c. 35).

Der Reichstag in Roncaglia hatte unter dem Begriff »regalia« sämtliche Rechte, Gerechtsame und Besitzungen subsumiert, die jemals zum Reich gehört hatten. Etwa gleichzeitig schälte sich heraus, daß die Regalien des hl. Petrus in den Augen Friedrich Barbarossas keine Sonderstellung einnahmen; auch sie konnten nur ausgeliehene Rechte des Reiches sein. Es leuchtet ein, warum Hadrian IV. die Konstanzer Vereinbarungen von 1153 retten wollte, obwohl ihre politischen Ziele gerade nach den Vorstellungen des Papstes gegenstandslos geworden sein mußten. Barbarossa hielt an dieser vordergründigen Ebene fest und ließ Hadrian wissen, er fühle sich an den Vertrag nicht mehr gebunden, seit der Papst durch den Frieden mit dem »Sizilier« die Vereinbarungen gebrochen habe. Auf diese Weise brauchte er nicht zuzugeben, daß er 1153 unter den »regalia sancti Petri« etwas anderes verstanden hatte als der Vertragspartner. Bereits vor Beginn der zweiten

Italienfahrt Barbarossas hatte Hadrian Kontakte mit Mailand unterhalten; 1159 vermittelte er zwischen Brescia und Bergamo zum Schaden der kaiserlichen Gerichtsbarkeit und nahm erneut Verbindung mit Mailand auf, das sich wieder gegen den Kaiser rüstete. Seitens der Kurie war es sicherlich nicht mehr als ein Interessenbündnis, doch scheint es nicht zufällig, daß in dieser Phase die Auffassung des Kaisers über die Rechtsstellung des Papstes mehr und mehr erkennbar wurde; für ihn war der Papst nicht mehr als ein Reichsbischof, wenn auch der angesehenste, und die »terra beati Petri« gehörte unterschiedslos zu Reichsitalien. Damit begann das Ringen um die tiefsten Rechtsgrundlagen kaiserlicher Herrschaft; die Frontenbildung des bevorstehenden Schismas war bereits festgelegt und die Aktivierung kaiserlicher Rechte in Reichsitalien ungemein erschwert, weil den widerstrebenden Kräften im Papsttum ein Führungszentrum erwuchs.

Unabhängig von den Kardinälen Oktavian und Wilhelm waren gleichzeitig am Kaiserhof auch Vertreter der römischen Kommunalbewegung erschienen, ein Zeichen dafür, welch heftige Diskussionen in Rom die anstehende Materie ausgelöst haben muß. Hier setzte der Kaiser an; er schickte seinen Vertrauten, Pfalzgraf Otto von Wittelsbach, nach Rom mit dem Auftrag, die Verhandlungen mit der Kurie fortzuführen und im Falle ihres Scheiterns mit den Römern die Anerkennung ihres Senats zu vereinbaren. Hadrian IV. jedoch starb am 1. September 1159. Das Kardinalskolleg war immer noch in eine deutsche und eine sizilische Partei gespalten, das Wahlergebnis am 7. September entsprechend zwiespältig; Roland Bandinelli, Exponent der »Sizilier« und bekannt aus dem Vorfall von Besançon, nannte sich Alexander III., Oktavian von der Gegenseite Viktor IV. – Namen, die durch ihren Rückgriff auf gleichnamige Vorgänger bereits das gegensätzliche politische Programm ausdrückten. Alexander hatte die zweifellos größere Zahl der Kardinäle auf seiner Seite, was nach der damaligen Wahlordnung noch nicht ausschlaggebend war, und Viktor war als erstem von der römischen Bevölkerung akklamiert worden, was die Gegenpartei auf Bestechungsgelder Ottos von Wittelsbach zurückführte.

In der Salierzeit hatte bei einer Doppelwahl ein vom Kaiser einberufenes Konzil über die Legitimität des einen oder anderen Prätendenten entschieden. Dieses Recht nahm Barbarossa für sich in Anspruch und beraumte eine allgemeine Kirchenversammlung zu Pavia an. Seit Gregor VII. jedoch galt ein Konzil nur mehr durch die Konvokation des Papstes autorisiert; der Satz, daß kein

Papst gerichtet werden dürfe, es sei denn, er versündige sich gegen den Glauben, war wieder ausgegraben worden; und im Schisma von 1130 hatte sich eine neue Lösung dadurch abgezeichnet, daß das offenkundige Übergewicht einer Obedienz bereits die Rechtmäßigkeit ihres Prätendenten bestätigte. Alexander III. beschritt diesen Weg und sandte in alle Welt Schreiben, die für seine Anerkennung warben. Lange hat man dem Bemühen des Kaisers, sich als unparteiischer Promotor eines Schiedsgerichts zu geben, Glauben geschenkt, doch sind auch hier Zweifel angebracht. Noch bevor er Kenntnis vom Wahlausgang haben konnte, erklärte er sich nur mit einem Papst einverstanden, der zur Zusammenarbeit mit dem Imperium bereit sei; und Viktor war derjenige, der in seiner Wahlanzeige die deutschen Fürsten und speziell Rainald von Dassel, inzwischen Erzbischof von Köln, seines Leitgedankens einer Harmonie von Sacerdotium und Imperium versicherte. Er hatte auch nichts gegen ein Urteil des geplanten Konzils einzuwenden, während Alexander, getreu reformpäpstlicher Tradition, als Papst nicht gerichtet werden zu können, nur einer von ihm selbst geleiteten Synode zuzustimmen bereit war.

Im Februar 1160 fand das Konzil im Dom von Pavia statt; es beschränkte sich auf eine Untersuchung des Wahlvorganges und kam erwartungsgemäß, da man Vertreter der alexandrinischen Partei nicht zugelassen hatte, zu dem Schluß, Viktor sei der rechtmäßige Papst. Dieses Ergebnis war jedoch alles andere als eine echte Entscheidung. Nicht nur Alexander und sein mittlerweile beträchtlicher Anhang in Frankreich und Italien ignorierte sie, sondern der Versammlung mangelte es auch infolge ihrer zu geringen Teilnehmerzahl, die die abschließende Enzyklika durch gefälschte Unterschriften aufzubessern suchte, an Autorität. Französische Teilnehmer berichteten später in Beauvais, man habe vorgeschlagen, weil die Synode nicht die Gesamtkirche repräsentierte, erst einmal abzuwarten, wer sich für die eine oder andere Obedienz entscheide. Eine vorzeitige Auflösung schien bevorzustehen; die Türen seien deshalb verschlossen worden, und der Kaiser habe einzelne Bischöfe unter Druck gesetzt. Viktor blieb ein Papst des Kaisers; seine Obedienz erstreckte sich nur auf Deutschland und seine lehnsabhängigen Nachbarn. Erzbischof Eberhard von Salzburg gegenüber erklärte Barbarossa offen, Alexander sei wegen seiner Verbindungen zu Mailand abgelehnt worden; und ausgerechnet die Salzburger Kirchenprovinz bekannte sich größtenteils zu Alexander, wenn auch aus Angst vor dem Kaiser bis 1162 bezeichnenderweise nur in geheimen Kontakten.

So sehr dieses Schisma ein Teil der Italienpolitik des Kaisers war, es konnte unmöglich, wie noch im 11. Jahrhundert, eine vorwiegend interne Angelegenheit des Reiches bleiben. Die Römische Kirche hatte sich zur Weltkirche mit einem vom Papsttum ausgehenden und in stetem Ausbau begriffenen kanonischen Recht entwickelt; wer über ihre Spitze entscheiden wollte, griff auch in die kirchlichen Belange anderer Länder ein. Friedrichs Verhalten war demgegenüber zwiespältig. Auf der einen Seite trug er dieser Tatsache Rechnung, indem er 1159 die beiden wichtigsten Monarchen des Westens, Heinrich II. von England und Ludwig VII. von Frankreich, zu gemeinsamem Vorgehen einlud und auch, nachdem diese sich für die alexandrinische Obedienz erklärt hatten, ihre Anerkennung für seinen Papst immer noch zu gewinnen suchte, wohl wissend, daß sie die Auseinandersetzung zwischen Sacerdotium und Imperium nicht berührte. Auf der anderen Seite spiegelt der Bericht des kaiserlichen Kapellans Burchard erstaunliche Illusionen des Kaiserhofes wider: »Aus Furcht vor dem unbesiegbaren Kaiser Friedrich zittern die Könige aller Länder, und, die sich stets zu raufen pflegten, vereinigen sich nun zu gegenseitigem Friedensbund und Treueschwur gegen ihren Herrn, den Kaiser der Römer...« Alle Länder fürchteten den Angriff des Kaisers, wenn er Mailand bezwungen habe, »denn Roland und die verlogenen Kardinäle haben es so durch die ganze Welt hin verbreitet... Wenn erst Mailand besiegt ist, haben wir mit Gottes Hilfe alles gewonnen. Sofort wird ein Konzil nach Rom berufen werden«, und auf dem Stuhl dieser Kirche werde Viktor bestätigt und der Wille des Kaisers durchgeführt.

Zumindest durch die Propaganda der alexandrinischen Partei war die Frage nach der Weltherrschaft des Kaisers aufgeworfen; und die Forschung ist sich heute noch nicht im klaren darüber, ob Barbarossa wirklich die Weltherrschaft angestrebt hat. Da von ihm bis auf Sizilien niemals der Versuch unternommen wurde, andere Reiche dem Imperium einzuverleiben, glaubte man sich mit der Formel helfen zu können, als Kaiser habe er nur eine höhere Autorität für sich beansprucht, aber nicht eine direkte Amtsgewalt über die Grenzen des Imperiums hinaus. Aber hätte die päpstliche Propaganda auf fruchtbaren Boden fallen können, wenn das Ausland dem Kaiser in der Papstwahl eine höhere Autorität zugebilligt hätte? Nicht unbedingt einziger Schlüssel, aber wichtigste Grundlage dürfte für die Auffassung des Kaisers vielmehr die Herrschaft über die Stadt Rom gewesen sein. Als Bischof von Rom war der Papst Nachfolger des Apostelfürsten;

die Herrschaft über Rom machte den Kaiser zum Schutzvogt des Papstes und symbolisierte zugleich die Kontinuität vom antiken zum mittelalterlichen Kaisertum. Nicht zufällig bezeichnete Barbarossa Rom als die Hauptstadt seines Reiches; und nicht von ungefähr klagte er, Frankreich raube ihm sein kaiserliches Recht, das ihm der Besitz Roms verleihe. Für das westliche Ausland gipfelte die Einheit der Christenheit fast nur noch im Papsttum; es konnte aus dieser Sicht nicht begreifen, daß der Staufer durchaus die Auswirkungen seines Verhaltens überblickte, sie aber ignorierte, weil ihm eine andere Grundlegung seines Kaisertums als die überkommene Form der Zuordnung von Sacerdotium und Imperium noch nicht zur Verfügung stand.

Angesichts der Aufstände des normannischen Adels 1161/62 hatte der Kaiser eine Heerfahrt gegen den sizilischen König geplant. Mailand hatte im März 1162 erneut kapituliert und war zerstört worden, konkrete Vorbereitungen für die sizilische Expedition im September wurden noch bis zum Juni 1162 getroffen. Doch die Chancen verschlechterten sich, weil der Aufstand der normannischen Barone im März/April zusammenbrach und die im Juni 1162 ausbrechenden Kämpfe zwischen Pisa und Genua eine Verfügung über die benötigte Flotte illusorisch machten. Erst jetzt ging Barbarossa daran, das Verhandlungsangebot Ludwigs VII. mit dem Ziel eines Freundschaftsvertrages zum Plan eines Unionskonzils zu erweitern. Wegen der deutsch-englischen Beziehungen und erst recht seit der Flucht Alexanders III. nach Frankreich befand sich der französische König in einer mißlichen Lage und ging bereitwillig auf den Plan ein. Eine Zusammenkunft an der Saônebrücke bei Saint-Jean de Losne zwischen Dijon und Dôle wurde für den August vereinbart, zu der beide Herrscher ihren Papst mitbringen sollten; welcher Prätendent sich nicht stelle, setze sich selbst ins Unrecht. Daß Alexander nicht erscheinen würde, war zu erwarten; und in dieser Gewißheit lud der Kaiser die Großen des Reiches ein, der Anerkennung Viktors durch die französische Kirche beizuwohnen. Zum Treffen selbst kam es indessen nicht. Ludwig zog aus der Weigerung Alexanders nicht die vertraglich vereinbarte Konsequenz, sondern erbat einen kurzen Aufschub für weitere Verhandlungen mit seinem Papst, weil er an eine ehrliche Untersuchung auch von seiten der Gegenpartei glaubte. Das war für die kaiserliche Politik der Wendepunkt; bis dahin hatte sie sich in der Offensive befunden, nun aber mußte sie erkennen, daß sich Alexander auch in einer schwierigen Lage wie der gegenwärtigen nicht beugte; überdies vermittelte dieser mit Erfolg zwischen dem englischen und französischen König. Ohne die gewährte Frist abzuwarten, ließ der Kaiser deshalb das geplante Konzil zusammentreten; der französische König betrachtete sich daraufhin von seinen Zusagen entbunden.

Die Ansprache Friedrichs und die anschließenden Erläuterungen Rainalds von Dassel auf dem Konzil zeugen von einer nunmehr trotzigen Defensivhaltung. Man habe auswärtige Monarchen zur Unterredung eingeladen, weil man ihnen keinen Papst aufzwingen wollte; sie aber seien nicht erschienen in der Hoffnung, einen Papst wählen zu können, den der Kaiser nicht wünschte. Rom sei eine Stadt des Imperiums; deshalb hätten nur die Prälaten seines Reiches im Papstschisma ein Recht auf Mitbestimmung, die auswärtigen hingegen nur ein Recht auf Beratung. Der Kaiser mische sich ja auch nicht in einen Streit um ein Bischofsamt außerhalb des Reiches ein. Während der englische Kanzler Johannes von Salisbury ausrief: »Wer hat denn die Deutschen zu Richtern über die Nationen gemacht?« kehrte der Kaiser den Spieß um. Der einzige noch anwesende Monarch war Waldemar I. von Dänemark, der seiner Verpflichtung nachkam, den Lehnseid persönlich zu leisten. 1164, wenn nicht gar schon 1163, erkannte auch er Alexander III. an; aus der Rückschau behauptet Saxo Grammaticus aus dem Kreis um Bischof Absalon von Roskilde, in Saint-Jean de Losne sei Waldemar ermahnt worden, sich um der Unabhängigkeit des eigenen Reiches willen nicht zum Verteidiger des Schismas zu machen. Für alle Monarchen wurde die Lösung des Schismas so zu einer Frage der eigenen unbeschränkten Verfügungsgewalt. Schon im Urteil einiger Zeitgenossen galt die Niederlage von Saint-Jean de Losne als der Wendepunkt in der politischen Laufbahn Friedrich Barbarossas; bis zur Bezwingung Mailands hatte ihm, der das frühere Ansehen des Reiches wiederherzustellen schien, offene oder heimliche Bewunderung gegolten, sie wich jetzt vorsichtiger Kritik oder, wie im westlichen Ausland, einer Entstellung ins Apokalyptische.

Man sollte meinen, das Schisma hätte sich mit dem Tode Viktors IV. im April 1164 erledigt. Aber schon zwei Tage später ließ Rainald von Dassel in Lucca ohne Wissen des Kaisers den Kardinal Wido von Crema zum Nachfolger mit dem Namen Paschalis III. »wählen«. Seit sich der Kaiserhof 1162 entschlossen hatte, die Papstwahl aus taktischen Gründen als eine Reichsangelegenheit zu bezeichnen und den Papst auch nach außen hin wie einen Reichsbischof zu behandeln, schien dieser Schritt nur konsequent. Doch zeigte sich damit die Grenze des Zumutbaren überschritten; die Unzufriedenheit der oberitalienischen Kommunen verkörperte sich bereits im Veroneser Bund, jetzt regte sich auch alarmierender Unwille in Deutschland. Erzbischof Konrad von Mainz leistete Alexander während seiner Pilgerfahrt in das spanische Santiago den Treueid, die Erzbischöfe von Magdeburg und Trier fühlten sich an Paschalis nicht gebunden, und Konrad von Passau verzichtete bei seinem Wechsel auf den Salzburger Erzstuhl auf den Empfang der Regalien, um nicht für Paschalis Stellung nehmen zu müssen. Auch die lothringischen Bischöfe wandten sich vom kaiserlichen Papst ab. Bereits gegen Ende des Jahres 1162 hatte Rudolf von Zähringen dem französischen König ein Bündnis seines Hauses angeboten für den Fall, daß der Kaiser das französische Königreich angreifen sollte; dafür erwartete er von Alexander III., in dessen Obedienz er übertreten wollte, eine Einweisung auf den Mainzer Erzstuhl. Er war verärgert darüber, daß Barbarossa seinem Bruder, Herzog Berthold IV., 1156 praktisch das Rektorat über Burgund und 1162 die Vogtei über das Hochstift Genf entzogen und ihm, dem Elekten von Mainz, 1161 die Investitur verweigert hatte. Die Ehe Heinrichs des Löwen mit Clemencia, der Schwester Bertholds, war noch 1162, weil dadurch untragbar, mit Zustimmung des Kaisers geschieden worden. Auf der Reise von Mailand nach Köln im Jahre 1164 erfuhr Rainald von Dassel, wie zerrissen vor allem Burgund durch das Schisma war. Der Gedanke auf der kaiserlichen Seite, mit Alexander III. zu einem Ausgleich zu kommen statt an einem eigenen Papst festzuhalten, mußte dadurch Nahrung erhalten.

Zwei Ereignisse gaben den Ausschlag zur Konkretisierung dieses Gedankens. Heinrich II. hatte in den Konstitutionen von Clarendon seine Hoheit über die englische Kirche straffen wollen und war dabei auf den energischen Widerstand Thomas Beckets von Canterbury gestoßen, der zu Alexander ins französische Exil floh, um einem Prozeß wegen Hochverrats zu entgehen. Das zweite war die Rückkehr Erzbischof Wichmanns von Magdeburg aus dem Heiligen Land, der von der wachsenden Bedrängnis und der Erwartung eines neuen Kreuzzuges dort berichtet haben muß. Einen Kreuzzug zusammen mit dem französischen König auszuführen und dadurch den Becket-Fall zu entschärfen, sollte nach den Plänen des Kaisers Papst Alexander von harten Bedingungen für einen Obedienzwechsel abhalten. Das englische Königreich mußte in das Vorhaben mit einem Bündnis eingebunden werden. Rainald von Dassel reiste deshalb kurz nach Ostern 1165 an den englischen Hof in Rouen und vereinbarte ein Verlöbnis zweier Töchter König Heinrichs II., das eine mit dem ältesten Kaisersohn Friedrich, das andere mit Heinrich dem Löwen. Statt auftragsgemäß anschließend den französischen Königshof aufzusuchen, setzte Rainald mit Hilfe von Geldern Heinrichs II. auf die englische Insel über. Dieser muß seinen Besucher davon überzeugt haben, daß es nach der bisherigen Linie der kaiserlichen Politik konsequenter sei, die Einigung der Christenheit durch einen Übertritt Englands zur Obedienz Paschalis III. herbeizuführen und dieses Ergebnis mit einem gemeinsamen Kreuzzug zu krönen. Offensichtlich wollte er unter keinen Umständen einen Ausgleich mit Thomas Becket. Erzbischof Wichmann hatte dem französischen Hof bereits kaiserliche Gesandte angekündigt, und Alexander III. erwartete vergeblich für ihn bestimmte Nachrichten vom Würzburger Hoftag. Denn Rainald eilte ohne Umschweife von England nach Würzburg, wo er der Versammlung, die über Pfingsten schon zwei Tage die Friedensaussichten zwischen dem Kaiser und dem bislang abgelehnten Papst erörtert hatte, den eigenmächtig abgeänderten Plan unterbreitete. Trotz heftiger Dispute, sogar mit Barbarossa selbst, setzte er sich durch. Die beiden mitgereisten englischen Gesandten versicherten eidlich, ihr Herrscher und 50 englische Bischöfe würden zur Sache des Kaisers stehen. Das gab den letzten Anstoß für den Eid aller Versammelten, sogar des Kaisers persönlich, Alexander III. oder einen Nachfolger aus seiner Partei niemals als rechtmäßigen Papst anzuerkennen.

Für diese Versammlung wurde der Terminus »Konzil« in Anspruch genommen. Das gab eine Handhabe, die Würzburger Verpflichtung auch auf alle nachgeordneten Amtsinhaber auszudehnen. Der Kaiser selbst ersetzte den renitenten Mainzer Metropoliten Konrad durch Christian von Buch und begab sich ins Salzburgische, um dieses alexandrinische Bollwerk gefügig zu machen. Schon 1164 hatte Rainald von Dassel die Gebeine der Hl. Drei Könige von Mailand in seine Bischofsstadt überführt. Man betrachtete sie als »Reichsheilige«, deren Königtum durch ihre Nähe zum biblischen Geschehen in Bethlehem von Christus selbst begründet worden sei und deren Besitz in deutscher Hand nun gewissermaßen die Gottunmittelbarkeit der Kaiserwürde gegen den Anspruch des Papstes Alexander garantierte. Dem gleichen Zweck diente wohl auch die Kanonisation Karls des Großen in Aachen am oder kurz nach dem Weihnachtsfest des Jahres 1165, die sich wie eine Krönung des Würzburger Vorganges ausnimmt. Wie aus dem Privileg des Kaisers für Aachen hervorgeht, feierte man den neuen Heiligen als Apostel, Bekenner und Märtyrer wegen seiner Verdienste um die Ausbreitung und Bewahrung des christlichen Glaubens, gleichsam als den Prototyp der Kreuzfahrer. Tatsächlich heißt es auch im Privileg, der englische König Heinrich II. habe die Kanonisation angeregt. Und der Vorgang in Aachen gleicht auffallend der Erhebung und Schreinlegung der Gebeine Eduards des Bekenners von 1163 in der Westminster-Abtei, die auf die Kanonisation dieses englischen Königs durch Alexander III. im Jahre 1161 erfolgt war. Als zweites Vorbild kommt für den Aachener Vorgang die Translation der Gebeine des hl. Dionysius von der Krypta in den neuen Chor der Klosterkirche von St. Denis aus dem Jahre 1144 in Frage. In allen drei Fällen wurde ein Heiliger an der zentralen Stätte des jeweiligen Reiches geehrt, der als der Schutzpatron dieses Reiches, wenn nicht gar, weil es sich um einen Herrscher handelte, als der Patron der Dynastie galt. Und in allen drei Fällen war der Monarch als Hauptakteur an der Zeremonie beteiligt. Der Karolinger Karl verkörpere sein Herrscherideal, betont Barbarossa im Privileg; etwas von der nun offenkundigen Heiligkeit des ersten abendländischen Kaisers sollte durch den Aachener Akt auf Barbarossa und sein Geschlecht übergehen.

Die Motivation erscheint komplex und zugleich etwas unscharf. Die Festigung der kaiserlichen Würde, und sei es mit Hilfe der nicht völlig erlahmten Kreuzzugsbegeisterung, stand als Wunsch sicherlich im Hintergrund; nur ist ihre akute Gefährdung nicht recht auszumachen. Eine Umformung des Karlsbildes vom fränkischen zum »französischen« Herrscher war im Westen schon im Gange; auch häuften sich die Zweifel an der Legitimität der Kapetinger, die 987 den französischen Thron an sich gerissen hätten, aber der Gedanke einer Rückkehr der französischen Krone zum Geschlecht der Karolinger kam erst gegen Ende des 12. Jahrhunderts auf. Weit gefährlicher für den westlichen Kaiser konnten in der Konsequenz die zu dieser Zeit intensiver gepflegten Gespräche zwecks Union mit der griechischen Kirche erscheinen. Sie wurden nicht nur auf der politischen, sondern auch auf der theologischen Ebene geführt, woran sogar deutsche Gesprächspartner durch Vermittlung des Babenbergerhofes in Österreich beteiligt waren. Die Frage der Kirchenunion mußte aber auch den von Byzanz vertretenen Anspruch, das einzige in der Christenheit gültige Kaisertum zu verkörpern, ins Spiel bringen, zumal Manuel I. das den Westen einbeziehende Reich Justinians als Vorbild vor Augen stand. Während er mit Alexander III. über die Anerkennung seines Kaisertums verhandelte, steckte er die Grenzen mit der Formel ab, er sei der Erbe der Konstantinskrone. Angesprochen war damit dieselbe Wurzel, auf die sich das westliche Kaisertum auch berief. Wie weit reichten hier allerdings die Konsequenzen? Stellte sich Manuel auf denselben Standpunkt wie der Staufer und betrachtete Rom als einen integrierenden Bestandteil seines Reiches, dann war diese Schlußfolgerung für den Papst unannehmbar; oder er war bereit, als Nachfolger Konstantins die dem Papsttum so wichtige Konstantinische Schenkung anzuerkennen, aber vom Papst die Krone anzunehmen, um mit diesem Argument gegebenenfalls gegen einen westlichen Kaiser ausgespielt zu werden, schien ihm sicherlich nicht akzeptabel.

Die Würzburger Eide erfüllten ihren Zweck nicht; lediglich seine außenpolitische Isolierung hatte Friedrich Barbarossa kurzfristig überwinden können. Heinrich II. von England dachte nämlich nicht daran, seine Zusage zu erfüllen, und gab es bereits 1166 zu verstehen. Als Heinrich der Löwe 1168 im Mindener Dom die englische Königstochter Mathilde heiratete, war das Verlöbnis Eleonores mit dem Kaisersohn schon wieder in Auflösung begriffen. Dennoch kam es nicht zu einem Bruch mit dem Kaiser. Es blieb nicht verborgen, wie wenig der englische Episkopat zu einem Obedienzwechsel zu bewegen war, aber auch, daß für Heinrich II. der Becket-Konflikt die Leitschnur seiner politischen Schritte auf lange Sicht bleiben werde. Während der französische Königshof Druck auf Alexander III. ausübte, sich für den exilierten Erzbischof von Canterbury einzusetzen bzw. nach dessen Ermordung am Jahresende 1170, als deren Urheber allgemein Heinrich II. verdächtigt wurde, für eine Entsühnung der Freveltat Sorge zu tragen, pflegte der englische König weiterhin seine Kontakte mit dem Kaiser, um dadurch indirekt den Papst zu warnen, dem Drängen des französischen Königs allzu weit entgegenzukommen.

Dem Kaiser gaben die Würzburger Eide einen Auftrieb. Erst recht, als der Tod des sizilischen Königs Wilhelm I. im Mai 1166 und die Kämpfe um die Regentschaft für dessen noch unmündigen Sohn Wilhelm II. bekannt wurden, die dem nach Rom zurückkehrenden Alexander III. jeden Rückhalt am sizilischen Reich nahmen, setzte Friedrich Barbarossa alles auf eine Karte. Der vierte Italienzug sollte das Schisma mit Gewalt zugunsten Paschalis III. beenden und möglicherweise, wie man nur erschließen kann, die Normannenherrschaft in Süditalien beseitigen. Die Erzbischöfe Christian von Mainz und Rainald von Köln führten ein Heer auf der Westseite der Halbinsel direkt gegen Rom, Barbarossa hingegen belagerte erfolgreich Ancona und drang kurzfristig in das nördliche Apulien (mithin in das sizilische Reich) ein, bevor ihn die Mahnung Paschalis III. erreichte, Alexander zu vertreiben und ihm in Rom Zutritt zu verschaffen. Die Einnahme Roms – zum größten Teil durch ein Pactum des Kaisers mit dem Senat der Stadt – gelang tatsächlich im Juli 1167. Paschalis konnte seine Residenz im Lateran aufschlagen und die Kaiserin in St. Peter krönen; Alexander floh als Pilger verkleidet nach Benevent. Da ereilte das Heer eine Naturkatastrophe in Gestalt einer unbekannten Seuche. Friedrich vermochte nur noch Trümmer seines Heeres nach Deutschland zurückzuführen.

Es war die wohl folgenreichste Wende in der Politik Friedrich Barbarossas. Rainald von Dassel, Symbol des rücksichtslosen Kurses, zählte gleich anderen Fürsten zu den Opfern der Katastrophe. Die Städte in Reichsitalien, von denen sich einige schon 1167 im Lombardenbund zusammenschlossen, konnten mit kräftiger finanzieller Unterstützung durch den byzantinischen Kaiser und den Königshof von Palermo rechnen. Der Kaiser wollte die Aussöhnung mit Alexander III., auch um den Preis alter Positionen; aber er ließ sich Zeit, um nach winkelreichen Zügen eine vergleichsweise immer noch günstige Ausgangsposition für eine neue Italienpolitik zu erreichen. Das Ende dieser neuen politischen Phase ist weit mehr dem persönlichen Verdienst Barbarossas zuzuschreiben als das Auftrumpfende und übertrieben Machtbewußte der voraufgegangenen Jahre.

Paschalis III. starb im Herbst 1168, und die Anerkennung seines Nachfolgers Calixt III. war keineswegs mehr selbstverständlich, seit Friedrich und Alexander zu ersten Kontakten gefunden hatten. Auf dem Reichstag zu Bamberg am Pfingsfest des Jahres 1169 ließ der Kaiser seinen Zweitgeborenen Heinrich zum Nachfolger wählen. Die Absicht war, den Thronfolger der Obedienz Alexanders zuzuführen, während der Kaiser selbst außerhalb einer päpstlichen Obedienz zu bleiben gedachte; im Unterschied zu seinem Vater hatte Heinrich als kleines Kind die Würzburger Eide noch nicht leisten können. Als Fernziel zeichnete sich hier schon die Trennung von Kurie und Lombardenbund ab. Diese Taktik, der die Kurie natürlich Widerstand leistete, sollte den Frieden erheblich verzögern, obwohl der Kaiser zum englischen und mehr noch zum französischen Hof engere Beziehungen unterhielt, weil er von beiden eine Vermittlung zu Alexander III. erhoffte, sobald sie sich als nötig erweisen sollte. Im März 1172 erhob Barbarossa Klage gegen den Lombardenbund, er und die

Anhänger Alexanders hätten das römische Kaisertum auf die Griechen übertragen wollen; die fünfte Italienfahrt wurde auf das Jahr 1174 festgesetzt und zielte ausschließlich auf eine militärische Lösung in Oberitalien. Zu einem umfassenden Kampf reichten die Kräfte des kaiserlichen Heeres allerdings nicht aus, die Bundesfeste Alessandria wurde vergeblich belagert, man war auf beiden Seiten kriegsmüde. Wie in der Papstpolitik gab Friedrich dann auch in den Friedensverhandlungen von Montebello (1175) den starren Rechtsstandpunkt grundsätzlich auf; nur formal unterwarfen sich die Lombarden, über die Fülle strittiger Einzelfragen indes sollte eine paritätisch besetzte Schiedskommission entscheiden. Und darüber kam es erneut zum Zerwürfnis, denn der Kaiser wollte die Zerstörung der Stadt Alessandria, das Symbol des trotzigen Widerstandes gegen den Kaiser, und die Vertreter der Städte verlangten ultimativ die Einbeziehung des Papstes in den Frieden. Im Herbst 1175 ergingen Aufrufe Barbarossas nach Deutschland um militärische Hilfe; auf einer Zusammenkunft mit dem Kaiser in Chiavenna versagte sich Heinrich der Löwe, wie man später erzählte, kniefälligen Bitten. Die verlorene Schlacht von Legnano (1176) erbrachte schließlich den Beweis, daß auf militärischem Wege einfach keine vorteilhafte Ausgangsposition für Verhandlungen zu gewinnen war.

Während Christian von Mainz wichtige Positionen des Kaisers in Reichsitalien zu sichern hatte, folgte Barbarossa einer erneuten Initiative von zisterziensischer Seite und schickte im Spätherbst 1176 eine hochrangige Gesandtschaft an die päpstliche Kurie in Anagni. Er beabsichtigte gesonderte Verhandlungen mit jedem seiner Gegner; Alexander III. jedoch bestand auf einem Gesamtfrieden, der außer dem Lombardenbund, den Seestädten und Sizilien sogar den byzantinischen Kaiser einschließen sollte. Die Verhandlungsstrategie barg Gefahren in sich. Den Ausgleich mit Sizilien und den Lombarden sollte ein kaiserlich-päpstliches Schiedsgericht herbeiführen, dem die Lombarden aber vorab zuzustimmen nicht bereit waren. Den byzantinischen Kaiser wollte der Papst einbezogen sehen, weil er dessen Kämpfe gegen den Sultan von Ikonium als Vorbereitung eines künftigen Kreuzzuges betrachtete. Die Niederlage Manuels I. in Myriokephalon jedoch, die ihm Kilidj Arslan 1176 beigebracht hatte, und die Aversion der Seestädte gegen Byzanz schieden am Ende den griechischen Faktor aus den Verhandlungen aus.

Die wichtigsten Verhandlungsergebnisse in Anagni waren die gegenseitige Anerkennung von Papst und Kaiser, also die Rücknahme der Würzburger Eide und der Bannung Barbarossas und damit die Beendigung des Schismas, die Preisgabe der kaiserlichen Regalienpolitik mit der Zusage des vollständigen Rückzuges aus der »terra beati Petri« und die Rückgabe der Mathildischen Güter an die römische Kirche in einem Umfang, wie er zwischen 1137 und 1152 bestanden habe. Damit waren die 1159 von Hadrian IV. erhobenen Forderungen erfüllt, die wesentlich zur Verhärtung der Fronten im Schisma beigetragen hatten. Die Anerkennung der von Schismatikern erteilten Ordinationen war demgegenüber ein vergleichsweise nebensächlicher und von der Praxis gebotener Punkt des Ausgleichs. Das Ergebnis von Anagni kann man nur als einen Vorfrieden bezeichnen, nicht nur weil der Kaiser zumindest vor päpstlichen Vertretern die Vereinbarungen noch beeiden mußte, sondern weil auch die Einigung mit Sizilien und den Lombarden, die nach dem Willen des Papstes zum Bestand des Friedens gehören sollte, noch ausstand. Dieser Teil wurde in Chioggia verhandelt; in Venedig sollten sich abschließend Kaiser und Papst zum Zeichen der Versöhnung treffen, wo auch Vertreter aus England, Spanien, Ungarn, Dalmatien und namentlich aus Frankreich erschienen, nicht als Vertragspartner, aber als nach so langer Zeit des Schismas ebenfalls Betroffene. Ohne Barbarossas ungewöhnliches Verhandlungsgeschick zu durchschauen, ließen sich die Lombarden in Chioggia jedoch von der Verhandlungsführung des Papstes absondern. Alexander III. mußte um einen Waffenstillstand auf 6 Jahre für die lombardischen Städte sowie um einen Frieden auf wenigstens 15 Jahre für Wilhelm II. von Sizilien bitten, weswegen der Kaiser als Gegenleistung eine Verwässerung der zugestandenen weltlichen Rechte des Papstes erreichte. Die Rückgabe der »praefectura urbis« wurde an den Vorbehalt des »ius imperiale« gebunden. Besitzrecht und Einkünfte der Mathildischen Güter beanspruchte Barbarossa für 15 Jahre; im übrigen blieb der endgültige territoriale Umfang der vom Papst reklamierten Gebiete einer künftigen schiedsrichterlichen Entscheidung von Fall zu Fall vorbehalten. Damit hatte Friedrich I. 1177 im Frieden von Venedig die gewachsene und nicht mehr rückgängig zu machende Sonderstellung Reichsitaliens anerkannt, die Grenzziehung dieser Sonderstellung aber blieb weiterem diplomatischem Ringen bewußt überlassen.

In diesem Zusammenhang stellt sich natürlich die Frage, welche Bedeutung die Zuordnung von Sacerdotium und Imperium noch besaß. Beseitigt war die Formel und mit ihr die Vorstellung von den zwei höchsten Gewalten kaiserlicherseits nicht, aber ihr war entsprechend dem Friedensergebnis von 1177 der giftige Stachel genommen. Alexander III. hatte inzwischen die Theorie von der Superiorität der geistlichen Autorität (auctoritas) über jeder weltlichen Gewalt (administratio) infolge ihrer ungleich wichtigeren geistlichen Verantwortung ausformuliert. Es war eine besondere Form beanspruchter Weltherrschaft, die indes nicht allein stand. Französische Kreise wünschten ihrem König ebenfalls weltherrschaftlichen Rang, so wie die panegyrische Dichtung am Kaiserhof in Italien, beginnend mit dem von Rainald von Dassel protegierten anonymen Archipoeta, Friedrich als schon allseits anerkannten »Herrn der Welt« gefeiert hatte. Der tatsächlichen Macht entsprach dieses Wunschbild kaum oder gar nicht. Mehrere Jahrhunderte lang galt der Friede von Venedig als die entscheidende Zäsur in der Auseinandersetzung um die Zuordnung von Sacerdotium und Imperium, bis er durch das symbolkräftigere Ereignis von Canossa aus dem Jahre 1077 abgelöst wurde. Hinter der Frage der Zuordnung stand im Grunde das Problem der Begründung weltlicher Herrschaft überhaupt. Nachdem das Reformpapsttum die Zuständigkeit für alles Religiöse ausschließlich der Kirche reserviert hatte, blieb der weltlichen Herrschaft, um sich als eigenständig behaupten zu können, konsequenterweise nur eine weltimmanente Begründung; sie aber gelang erst im ausgehenden 13. Jahrhundert.

Von diesem Aspekt ist die Frage nach den Grundlagen des Kaisertums zu trennen; sie hatte ja zur maßlosen Verhärtung der Fronten geführt. Die Frage nach der Oberhoheit in Rom war wieder offen. In Venedig hatte Barbarossa die Forderungen der römischen Kirche mit dem Vorbehalt »salvo omni iure imperii« versehen. Aber nachdem er einmal in Anagni zugestanden hatte, daß er alle Regalien und Besitzungen der römischen Kirche seit der Zeit Innozenz II. zurückerstatten werde, war seiner Forderung nach der für das kaiserliche Amt lebenswichtigen Oberhoheit in Rom einiges an Glaubwürdigkeit genommen. Der Gedanke an die Stadt Rom als Quelle kaiserlicher Gewalt lebte zwar fort, erfuhr in den achtziger Jahren aber eine Erklärung, die geeignet war, der kaiserlichen Herrschaftsbegründung eine neue Basis zu geben. Gottfried von Viterbo, kaiserlicher Kapellan und Notar schon in der Kanzlei Konrads III. mit bemerkenswert schöpferischen Formulierungen juristischer Art, verfaßte 1183 das für Heinrich VI. bestimmte Speculum regum, verarbeitete denselben Stoff anschließend in seiner Memoria seculorum und im Pantheon und legte diese Schriften dem Kaiser, dem Papst und den Fürsten vor.

Sein Geschichtsbild über die Abstammung der Franken und Römer von den Trojanern ist so wenig originell wie abstrus, aber es diente der Feststellung, daß sich die Weitergabe der einen Kaiserwürde seit Bestehen der Weltordnung auf welche Weise auch immer stets in den Bahnen ein und desselben Geschlechts vollzogen habe. Die Staufer setzten das Saliergeschlecht fort, die Salier waren verwandt mit den Karolingern, und in Karl dem Großen vereinigte sich das väterlicherseits überkommene fränkische Herrscheramt mit einem durch seine angeblich byzantinische Mutter hergestellten Anschluß an die antike Kaisertradition. Infolgedessen gab es nicht nur ein einziges tradierbares Kaisertum, sondern auch nur ein einziges Geschlecht, das als Träger dieser Kaiserwürde in Frage kam. Dieses Bild lief darauf hinaus, die Gemeinsamkeit des Amtes als konstitutiv für eine Verwandtschaft an Stelle der biologischen Abstammung zu sehen.

Vollkommen neu war der Gedanke nicht, denn schon Konrad III. hatte in einem Brief an Johannes Komnenos die antiken Kaiser seine Verwandten genannt, und Barbarossa selbst hatte 1156 die Vorstellung von einem mehrere Geschlechter umgreifenden »kaiserlichen Haus« angedeutet. Eine Voraussetzung war auch die von Otto von Freising niedergeschriebene Meinung, die deutschen Wähler hätten sich in richtiger Einschätzung der Idoneität stets für einen Staufer entschieden. Somit erschien das Staufergeschlecht als das Endglied eines seit Beginn der Weltordnung bestehenden Herrschergeschlechts eigener Art, nämlich des Kaisergeschlechts. Damit mußten die bisherigen Grundlagen, wie Königswahl, Krönung durch den Papst, Schutzvogtei über die Römische Kirche, Oberhoheit der Stadt Rom usw., nicht abgestreift werden, aber sie waren zur Legitimierung nicht mehr lebensnotwendig, denn das staufische Kaisertum beruhte auf einer in der ganzen Geschichte nachweisbaren und deshalb von der göttlichen Vorsehung offenkundig gewollten ungebrochenen Weltordnung. Es war in diesem Moment prinzipiell mehr als nur eine Überhöhung des römisch-deutschen Königtums und eine in diesem Rahmen eingefaßte Fortsetzung des antiken Kaisertums; es mußte nicht, aber es konnte dann auch die vorgegebenen Grenzen sprengen.

7. Die Reichsverwaltung in Italien

Im Zuge des großdeutsch-kleindeutschen Gegensatzes beherrschte die deutsche Geschichtswissenschaft lange Zeit die Frage, ob die Italienpolitik des mittelalterlichen Kaisertums angesichts der Alternative, die in einer ungleich intensiveren Ostkolonisation zu suchen gewesen wäre, überhaupt als sinnvoll zu betrachten sei (Ficker-Sybel). Sie ist heute nur noch ein Gegenstand der Forschungsgeschichte, aber umstritten bleibt die Frage, inwieweit die Italienpolitik Friedrich Barbarossas mit den Maßstäben des 12. Jahrhunderts als zukunftsweisend gelten kann. Georg von Below meinte 1927, Barbarossas Italienpolitik habe im Fiasko des Konstanzer Friedens von 1183 geendet. Dieses harte Urteil wird längst nicht mehr vertreten, aber daß es überhaupt getroffen werden konnte, erst recht vor dem Hintergrund der schon geschilderten Auseinandersetzung Friedrichs I. mit Alexander III., deutet schon an, welche Zurückhaltung in der Beantwortung geboten ist. Die Beschleunigung des allgemeinen Verstaatungsprozesses und die merkliche Transparenz der Herrschaftstechnik waren tatsächliche Fortschritte, die in ihrer Tragweite allerdings erst aus der Rückschau erkannt werden können. Sie hatten etwas mit dem Rechtstitel zu tun. Es war nicht einfach Wiederherstellung von Reichsrechten, was seit Heinrich IV. einen Kaiser erstmals wieder so oft und so lange nach Italien führte, denn die Präzisierung der kaiserlichen Hoheitsrechte mit allen Konsequenzen durch den Rückgriff auf Normen des römischen Rechts war in diesem Grade dem 11. Jahrhundert auch nicht annähernd möglich gewesen. Vielen Zeitgenossen in Italien mußte die machtbewußte und rigorose Umsetzung theoretischer Leitsätze mit dem Ziel einer Konzentration aller Kräfte auf die Reichsspitze wie ein willkürlicher Eingriff in eigenes gewachsenes Recht erscheinen, so daß zumindest die Frage erlaubt ist, ob nicht eine pragmatischer ausgerichtete Herrschaftspraxis langfristig erfolgversprechender gewesen wäre. Das Ziel war ein vom Kaiser, und das hieß zugleich, staufisch beherrschtes Reichsitalien gewissermaßen am kurzen Zügel. Alle weiteren Fragen – ob ein Königsterritorium im strengen Sinne angestrebt wurde, ob die reichen finanziellen Erträge nur in Italien wiederverwendet oder nach Deutschland transferiert wurden, um sie dort für den Ausbau der Königsgewalt zu verwenden – müssen letztlich offen bleiben.

Die entscheidenden Stationen lassen sich in wenigen Stichworten nennen: Mit der Urteilsverkündung gegen das unbotmäßige Mailand auf der Romfahrt im Jahre 1154 nahm der Eingriff Barbarossas in die inneritalienischen Verhältnisse seinen Anfang. Programmatische Züge nahm seine Politik auf dem Reichstag in Roncaglia 1158 während der zweiten Italienfahrt an und erreichte 1162 ihren Höhepunkt mit der Zerstörung Mailands. Hatte die kaiserliche Politik dem äußeren Anschein nach darin bestanden, die einzelnen, ohnehin miteinander verfeindeten Stadtherrschaften gegeneinander auszuspielen, so zeichnete sich 1164 in der Gründung des Veroneser Bundes schon eine Wende ab; seit 1167 trat dem Kaiser im Lombardenbund ein geschlossener Block entgegen. Nachdem es Friedrich gelungen war, im Frieden von Venedig 1177 seine weitgehende Ausschaltung aus der Politik Italiens zu verhindern, verstand er es 1183 im Frieden von Konstanz, den Lombardenbund als ein Instrument kaiserlicher Politik gegen seine eigenen Mitglieder auszuspielen.

Die verfassungsrechtlichen Voraussetzungen, die Friedrich I. in Italien antraf, waren von Ort zu Ort ziemlich unterschiedlich. Nur stark vereinfacht können Grundlinien abgesteckt werden, die zur Autonomie der Städte geführt haben. Die ersten Zeichen bürgerschaftlichen Selbstbewußtseins konnten sich besonders in Italien bemerkbar machen, weil es seit der Spätantike immer noch eine gebildete Laienschicht gab, die einen Verwaltungsapparat in die Hand zu nehmen und weiterzubilden in der Lage war. Damit trifft sich entscheidend, daß kein Gebiet Europas im Gefolge des Ersten Kreuzzuges so intensiv vom Fernhandelsaustausch erfaßt wurde wie Reichsitalien. Bekanntlich trug der deutsche König auch die Krone Italiens; seine Oberhoheit hatte sich auf den Episkopat gestützt, der in den Städten gewöhnlich Inhaber der Grafenrechte war. Seit dem Wormser Konkordat konnte die Königsgewalt nur noch sehr begrenzt Einfluß auf die Bischofsernennungen nehmen; zugleich aber hatten die Bischöfe ihre faktische Stadtherrschaft auch schon weitgehend verloren. Ihre Herrschaftsfunktionen waren durch Verlehnung auf die milites, die Adelsschicht der Valvassoren, übergegangen, die ihrerseits Konsuln bestellten und durch sie die tatsächliche Stadtherrschaft ausüben ließen. Bis auf wenige Ausnahmen bildeten Landadlige und städtische milites einen gemeinsamen Stand, der durch ihre Verschmelzung weites Umland in jede Stadtherrschaft einbezog. Gegenüber dem populus war er noch allein politisch aktiv, aber nicht immer nur für die Autonomie der eigenen Kommune, sondern aus Gründen der sozialen Parteiung oder wirtschaftlichen Interessen auch für Adelsbündnisse über mehrere Städte hinweg.

In diesem von einem Individualismus geprägten Herrschaftsstil fiel dem Kaiser die Funktion eines stabilisierenden Moments geradezu in den Schoß. Die Stabilisierung als spezifisch königliche Aufgabe stand von vornherein aber auch zum Prinzip der bürgerlichen Autonomie in Widerspruch. Abgesandte der Stadt Lodi beschwerten sich 1153, das benachbarte übermächtige Mailand habe die Abhaltung ihres gut besuchten Marktes innerhalb der Stadt untersagt; aus ähnlichen Gründen sei 1127 auch Como von Mailand zerstört worden. Mailand erkannte 1154 die oberste Gerichtshoheit Friedrichs an und erklärte sich zur Zahlung einer hohen Summe bereit, wenn der Kaiser ihr die Herrschaft über Como und Lodi überlasse. Barbarossa jedoch lehnte den Kompromiß ab, zerstörte 1155 das mit Mailand verbündete Tortona, ließ Mailand durch Fürstenspruch die Münze, den Zoll und andere Regalien aberkennen sowie die Reichsacht über die Stadt verhängen und verlieh das zu seiner Verfügung heimgefallene Münzrecht der Stadt Cremona.

Diesem exemplarischen Fall lassen sich gleich mehrere Grundzüge entnehmen. Der Stauferherrscher mußte sich die Anerkennung seiner Königsgewalt nicht erst erzwingen; Mailand war im Rahmen der üblichen entpersonalisierten bzw. verdinglichten Lehnsbindung zur Dienstleistung bereit. Aber die Stadt ließ es mit der einmaligen Abfindung bewenden und spiegelt darin die nicht mehr intakte Ordnungsfunktion der italienischen Lehnspyramide wider, die sich nach unten hin nicht mehr fortsetzen konnte. Wie schon Lothar III. versuchte auch Barbarossa mit wenig Erfolg durch Verbot der Weiterverlehnung dem Zersetzungsprozeß des Lehnswesens Einhalt zu gebieten, fing aber über die Regalientheorie diesen Mangel wieder auf. Da er über das Münzrecht Mailands verfügte, betrachtete er sich selbst als Inhaber der Hoheitsrechte, die wie Lehnsobjekte ausgegeben wurden und für deren Ausübung er laufende Abgaben verlangte. Es war also keineswegs etwas prinzipiell Neues, was der Kaiser an die Stelle des vorhandenen Verfassungsgefüges gestellt hätte; er bediente sich im Gegenteil vorliegender Elemente, die lediglich wieder auf seine Person ausgerichtet wurden.

Der berühmte Reichstag auf den Ronkalischen Feldern am Po bei Piacenza im November 1158 setzte insofern auch kein neues Recht; Rahewin, der Fortsetzer Ottos von Freising, spricht von einem Weistum, das ein längst vorhandenes und vom Kaiser punktuell auch schon praktiziertes Königsrecht feststellte. Weil vorgegebenes Recht ausgeschöpft werden sollte, wurden Bischöfe, Adlige traditioneller Herkunft und Vertreter von 14 Städten Reichsitaliens beigezogen. Die überdies noch anwesenden vier Gelehrten der Bologneser Rechtsschule leisteten in erster Linie Formulierungshilfe; den Anteil dieser Gelehrten will man heute allerdings nicht mehr so gering einschätzen, was auch am Beschluß der vier »Ronkalischen Gesetze« zu erkennen ist. Der Text von Roncaglia nennt höhere und niedere Bannrechte, wie Herzogtümer, Grafschaften, Bestellung von Konsuln, Münze, Aufsicht über Maße und Gewichte usw., die grundsätzlich der Königsgewalt zuständen und deshalb als Regalien bezeichnet werden. Vollständig ist die Liste der aufgezählten Regalien nicht, von denen sich einzelne schon unter den Vorgängern Barbarossas erwähnt finden; sie wollte auch gar nicht vollständig sein, denn es ging um eine Verdeutlichung der Königsrechte überhaupt.

Obwohl nicht etwas Neues geschaffen, sondern nur vergessene Reichsrechte wieder präsent gemacht werden sollten, hatte der Reichstag etwas Programmatisches an sich. In seiner Eröffnungsansprache betonte der Kaiser selbst, er wolle auf der Grundlage des Rechts eine Friedensherrschaft und keine Tyrannei ausüben; als Friedensfürst sei er dann auch vom Mailänder Erzbischof im Namen der Versammlung gefeiert worden, der die bisherige Unterdrückung Schuldiger wie Unschuldiger beende. Einmütig hätten Bischöfe, weltliche Große und Städte – allen voran Mailand – die Regalien in die Hand des Kaisers zurückgegeben, und mit ihnen wieder belehnt wurden nur diejenigen, die eine königliche Schenkungsurkunde für das innegehabte Lehen vorweisen konnten; alle anderen – und das waren infolge der nicht mehr intakten Lehnsbeziehungen hauptsächlich Kommunen – wurden für das nunmehr als usurpiert geltende Regal zu einer jährlichen Finanzabgabe verpflichtet. Die Parallele zu den Regalien des Papstes ist unverkennbar; wie sie galten auch die übrigen Regalien als unveräußerliches Eigen des Reiches, die lediglich ausgeliehen werden konnten. Die eigentliche Bedeutung des Reichstages lag in seiner Initialzündung. Wie Rahewin berichtet, wurden seit Januar 1159 vom Kaiserhof je zwei oder mehr Große, darunter der Kölner Erzbischof Rainald von Dassel und der bayerische Pfalzgraf Otto von Wittelsbach, an die einzelnen Städte abgeordnet, um dem Reichstagsbeschluß entsprechend die Podestà und Konsuln einzusetzen. An der Tätigkeit Welfs VI. als Markgraf von Tuszien ist gut abzulesen, wie weit die Intensivierung der kaiserlichen Herrschaft reichte. Bislang war der Welfe kaum in der Lage gewesen, seine Lehnsleute vor der aggressiven Politik der Städte in Tuszien und in den Mathildischen Gütern zu schützen; seit 1159 jedoch hielten sich entweder er oder sein Sohn Welf VII. ständig in Italien auf und bemühten sich, bis in Einzelheiten hinein den Richtlinien des Kaisers zu folgen. Und doch untergrub der Kaiser mit Hilfe Rainalds von Dassel, den er zu seinem Legaten ernannt und damit eine kaiserliche Stellvertretung übertragen hatte, schrittweise die Zuständigkeit Welfs, besonders seit 1162, bis dieser nach dem Tod seines einzigen Sohnes (1167) resignierte und die italienischen Lehen zurückgab.

Im Landfriedensgesetz von Roncaglia heißt es, wer sein Allod verkaufe, dürfe nicht auch den Bann und die »iurisdictio« des Kaisers veräußern. Grundbesitz und Hoheitsfunktionen kleinsten Umfangs ließen sich jedoch nur theoretisch trennen; zwangsläufig mußte das auf den Grundsatz hinauslaufen, der Kaiser ist die Quelle jeglicher Herrschaftsgewalt. Für autogene Herrschaftsrechte war in diesem Ordnungsgefüge kein Platz; alle Herrschaftsfunktionen galten als von ihm delegiert. Die Kommunen wurden wie eine privilegierungsfähige Adelsperson behandelt und damit Prälaten und Adligen gleichgestellt. An eine Beseitigung der vorgefundenen Herrschaftsordnung war nicht gedacht; das erklärt auch die übliche Weiterverwendung der bisherigen Herrschaftsträger. Aber – und das war die entscheidende Absicht – jede Herrschaftsausübung sollte vom Kaiser unmittelbar erreichbar sein; darin wurden die Nachteile der defekt gewordenen Lehnsbindungen wettgemacht. Diese Absicht zeigt sich durch die Vorbehaltsklausel in Immunitätsprivilegien noch ergänzt, sofern sie nicht einfach unterstreichen sollte, daß ein Recht trotz Verlehnung ein Reichsrecht bleibe. Die Forderungen des Monarchen in altem Umfang von der Immunisierung auszunehmen, müßte widersinnig genannt werden, wenn hinter der Reichsunmittelbarkeit nicht das Ziel einer Aufsplitterung politischer Machtballungen gerade seit 1158 gestanden hätte. Lodi, Como und Monza wurden durch Reichsunmittelbarkeit der Hoheit Mailands entzogen; zu Leistungen an den Kaiser waren sie weiterhin verpflichtet, aber nicht mehr via Mailand. Die Reichsunmittelbarkeit auf dem Hintergrund des generellen Delegationscharakters erwies sich so als ein politisches Instrument, die tatsächliche Kräfteverteilung in Italien unter Kontrolle zu behalten.

Der Grundsatz der delegierten Herrschaft verfolgte noch einen anderen ebenso wichtigen Zweck, da es nicht nur um eine

Erneuerung der Reichspräsenz in Italien ging. Für den Besitz von Regalien wären ihre Inhaber nach altem Herkommen zu persönlicher Dienstleistung verpflichtet gewesen, daran aber war in größerem Maßstab überhaupt nicht mehr zu denken. Bei dem desolaten Zustand des Lehnswesens in Italien hätte sich allein schon der zumutbare Umfang der Leistungen nicht ermitteln lassen. Aber auch auf deutscher Seite war ungeachtet der Betonung des lehnrechtlichen Prinzips durch die Staufer die Einhaltung lehnrechtlicher Verpflichtungen nicht mehr ohne weiteres durchsetzbar. Der deutsche Fürst hätte nur an der Romfahrt zwecks Kaiserkrönung teilnehmen müssen, so hatte man Eike von Repgow entnehmen zu können geglaubt ohne zu bedenken, daß dieser Grundsatz im 12. Jahrhundert noch nicht unangefochten Rechtens war; obwohl er zur Teilnahme an jeder vom Reichstag beschlossenen Heerfahrt verpflichtet war, folgte er aus welchen Gründen auch immer nur sporadisch, so daß der Kaiser vermehrt auf Söldner angewiesen war. Das pejorative Vorzeichen unzuverlässiger Kräfte hatten die Söldner noch nicht, da es sich oft um nachgeborene Söhne der Adelshäuser handelte, die im Sinne des Ritterideals Meriten zu erwerben hofften, aber sie mußten für ihre Aufwendungen entschädigt werden. Von hier leuchtet der praktische Wert einer finanziellen Abgeltung ein, sie entsprach aber auch dem zeitgenössischen Empfinden Italiens. Neu allerdings mußte die nicht wie bisher einmalige, sondern nunmehr jährlich erhobene Abgabe sein, die dem womöglich noch vorhandenen Rest am lehnrechtlichen Empfinden nicht entsprach und die in den wenigen Italienzügen eines deutschen Herrschers nur fühlbar gewesene Zugehörigkeit zum Reich in eine Dauerpräsenz des Reiches umwandelte. Als wichtigste Steuer stand daneben das Fodrum. Ursprünglich eine einmalige Abgabe anläßlich der Kaiserkrönung, womit der italienische Adel seiner Reichsheerfahrtspflicht nachkam, die sich als solche erübrigt hatte, weitete Friedrich I. zu einer regelmäßigen Steuer mit dem Argument aus, ein jeder werde seines dauernden Schutzes teilhaftig. Gerade darin spiegelt sich beispielhaft die Umformung Reichsitaliens aus einem seiner Eigenentwicklung überlassenen Herrschaftsgefüge in eine im Mittelalter noch nicht dagewesene Beherrschung von einer zentralen Instanz aus wider.

Die jüngere Forschung hat den Versuch unternommen, die politische Umsetzung der rechtlichen Grundsätze auch aus dem Blickwinkel der Städte zu sehen. Eine deutliche Unterscheidung zwischen Ober- und Mittelitalien schält sich dabei als notwendig heraus. Im übrigen jedoch fällt es schwer, einen einheitlichen Nenner auf breiter Basis zu finden. Nicht nur die Städte waren untereinander verfeindet, sondern es gab in jeder Stadt auch Spannungen zwischen verschiedenen Gruppen der Einwohner, die zu Parteikämpfen führen konnten. Das Papstschisma verschärfte die Situation durch Aufreißen neuer Gräben, die dem Kaiser erst recht Gelegenheit zum Gegeneinanderausspielen von Gegensätzen boten. Mit der Eroberung Mailands im Jahre 1162 änderte sich die Praxis. Hatte Barbarossa bisher den von der führenden Familie in der Stadt gestellten Podestà investiert, sofern diese kaiserfreundlich war, setzte er nunmehr eigene, sogar auch deutsche Podestà ein oder erlaubte eine Rückkehr zur Regierung durch Konsuln, ohne erkennen zu können, worin der Vorteil dieser Erlaubnis bestand. Jedenfalls wurde diese Phase von den Kommunen als drückender empfunden, was sich nicht auf etwa erhöhte Steuerbelastungen beziehen läßt. Verständlicherweise mündete sie 1164 in die Gründung des Veroneser Bundes, zu dem sich Verona, Padua, Vicenza und Venedig zusammenfanden, 1167 dann entscheidend erweitert zum Lombardenbund, der im Laufe seiner Geschichte bis zu 25 Städte umfaßte.

Der defensiv militärische Charakter des Lombardenbundes (societas Lonbardie) machte dem Kaiser zu schaffen, einmal wegen des militärischen Potentials, aber auch weil er nun nicht mehr in gewohnter Weise die Gegensätze der Städte untereinander ausnutzen konnte. Weit weniger bekannt ist die verfassungshistorische Seite des Bundes. Schon vorher hatte es Bündnisse zwischen zwei oder mehreren Kommunen gegeben, deren Partner sich zu gegenseitiger Respektierung des Rechtsstandes und zu militärischem Beistand verpflichteten. Der Kaiser hatte ohne Erfolg solche Zusammenschlüsse in Roncaglia verboten, weil sie seine Schutz- und Gerichtshoheit beeinträchtigten. Insofern war der Lombardenbund nichts Neues, aber die Zahl so vieler und so reicher Bündnispartner erregte Aufsehen. Kaum war er in's Leben getreten, bestätigte auch er sich als eine überkommunale Einrichtung mit einem in regelmäßigen Abständen zusammentretenden »parlamentum«, das Gebiets-, Handels- und Rechtsstreitigkeiten verbindlich entschied, und mit »rectores«, die neben militärischen Führungsaufgaben auch richterliche Funktionen in der Berufungsinstanz wahrnahmen. Das Bemühen um eine kollegiale, den Partnern gegenüber unparteiische Herrschaftsausübung mußte jedoch mit den Friedensverhandlungen von Montebello einem System gestufter Abhängigkeiten weichen, das der

Vormachtstellung Mailands diente. Zumal sich nun heftige Spannungen mit Cremona einstellten und diese Stadt schließlich aus dem Bund ausschied, fand Barbarossa wieder Gelegenheit, Rivalitäten gegeneinander auszuspielen.

Während er für die Toskana und die Marken auf eine je einheitliche Spitze der Reichsverwaltung hinarbeitete, kam ihm in Oberitalien eine Situation zustatten, die ihm 1183 nach Ablauf des Waffenstillstandes von Venedig im Frieden von Konstanz die Anerkennung des Lombardenbundes als Dauereinrichtung erlaubte. Indem er seine Mitglieder für 30 Jahre auf ihn verpflichtete, wandelte sich der Bund zu einer großräumigen Zwischeninstanz faktisch im Auftrag des Kaisers, die alle Mitglieder gleichschaltete. Wollte eine Stadt aus dem Bund ausscheiden, stellte sie sich auch außerhalb des Friedensvertrages; verstieß sie gegen die Konstanzer Vereinbarungen, dann lehnte sie sich auch gegen den Bund auf. Mailand, bislang das Symbol des Widerstandes gegen den Kaiser, vertrat jetzt nachhaltig die Ansprüche des Reiches, um seine führende Stellung im Bund behaupten zu können. Auf dieser Grundlage konnte der Staufer in Konstanz auch die unnachgiebige Regalienpolitik der ronkalischen Beschlüsse aufgeben. Teils wurden die Regalien den Städten gegen eine einmalige Abfindung ganz überlassen, teils besaßen diese sie gegen Zahlung einer jährlichen Pauschale. Die Kommunen durften ihre Konsuln grundsätzlich selbst wählen, mußten für sie aber alle fünf Jahre vom Kaiser die Investitur einholen. Unabhängig davon blieb der Kaiser oberster Gerichtsherr, da in allen wichtigen Rechtsfällen an ihn appelliert werden konnte. An dem Grundsatz, Quelle jeder Herrschaft zu sein, änderte sich also nichts; auch die Reichsunmittelbarkeit als Steuerungsmittel blieb unangetastet, die übrigen Kontrollfunktionen aber besorgte nunmehr der Lombardenbund. Cremona, die über Jahre vom Kaiser favorisierte Stadt, brach aus Verärgerung über die nunmehrige Gleichstellung mit den Sädten des Bundes die guten Beziehungen zum Staufer ab. Dadurch erschien die Zugehörigkeit zum Lombardenbund auch unter den neuen Umständen als ein Vorzug. Da der Kaiser die Zügel wieder locker ließ, drohte nicht mehr er, sondern eher Mailand der potentielle Gegner der Kommunen zu werden; bei wachsender Abhängigkeit von den Interessen dieser Metropole oder von ihren starken Bündnispartnern konnte die Intervention Barbarossas erbeten werden.

Das Schwergewicht seiner italienischen Herrschaft, das Friedrich I. vor 1167 noch in der Poebene gesehen hatte, verlagerte sich jetzt nach Mittelitalien. Das augenfällige Kennzeichen in der Toscana war die Schwäche des Adels in der Nachbarschaft einer überaus aggressiven Politik der Kommunen. Barbarossa nahm insbesondere hier den Adel unter seinen Schutz und beschnitt rücksichtslos und mit Erfolg den Contado, das von den Kommunen erworbene Umland; nur Pisa, Pistoja und Perugia waren davon ausgenommen. Der Aufbau einer eigenen Verwaltung in den eingeforderten Grafschaften gelang ihm allerdings noch nicht; das mußte er seinem Sohn Heinrich VI. überlassen.

Nicht in ein Gleichgewicht vermochte Friedrich I. bis kurz vor seinem Tode das Verhältnis zum Kirchenstaat zu bringen. Ein geschlossenes Herrschaftsterritorium war das päpstliche Patrimonium nicht, sondern vorerst noch eine dicht gestreute Ansammlung von Grundbesitz und Städten, in denen der Papst die Grafenrechte besaß. Diesen von Aquapendente bis südlich von Rom reichenden Bezirk hatte Hadrian IV. durch Anlage eines Burgenringes im Norden gegen kaiserliche Boten abschirmen und zu einem geschlossenen Territorium verdichten wollen, die Eidesleistung vieler Städte an den Kaiser aber nicht mehr verhindern können. Der Staufer betrachtete den Bezirk als einen Teil Reichsitaliens, beanspruchte hier die mit jedem Grundbesitz verbundene öffentliche Funktionshoheit ebenso für sich wie im nördlichen Italien auch und glich, entscheidend begünstigt durch das Schisma von 1159, den ganzen Bezirk der übrigen Reichsverwaltung an. Im Frieden von Venedig verzichtete der Kaiser auf eine Beherrschung der päpstlichen Städte, war aber nicht bereit, der Römischen Kirche einen geschlossenen Bezirk zuzugestehen. Welche Städte überhaupt als päpstlich anzusehen seien, wollte er mittels einer Schiedskommission politisch entschieden sehen, während die Kurie in Verona, wohin sie sich 1183 infolge eines erneuten Aufstandes der Stadtrömer hatte zurückziehen müssen, den langwierigen Rechtsweg des schriftlichen Beweises bevorzugte.

Die Stellung des Papstes wurde durch sein schlechtes Verhältnis zur stadtrömischen Bevölkerung auch von innen her geschwächt. Der Friede von Benevent im Jahre 1156 war für den Kaiser Anlaß genug gewesen, Beziehungen mit den Kreisen aufzunehmen, die den Senat trugen. Und das Schisma von 1159 gab ihm wahrscheinlich Gelegenheit, Einfluß auf das Amt des Stadtpräfekten anzubahnen, womit die Wahrnehmung von Herrschaftsrechten in Rom und im Kirchenstaat verbunden war. Die stadtrömische Bevölkerung folgte damit dem kaiserlichen Papst nicht ohne starke Vorbehalte, war aber auch nicht bereit, Alexander III. – ganz im Unterschied zur kommunalen Bewegung in Oberitalien – zu akzeptieren, zumal der Kaiser mit dem Pactum von 1167 den Senat anerkannte – wenn auch nicht als eine quasiuniversale Gewalt neben Kaiser und Papst – und den Römern mit dem Recht zu zoll- und abgabenfreiem Verkehr im gesamten Reichsgebiet wirtschaftliche Vorteile gewährte. Im Frieden von Venedig erreichte Alexander III. die Rücknahme des Pactum, und Erzbischof Christian von Mainz zwang 1178 als Reichslegat den Präfekten zur Unterwerfung unter den Papst. Der 1177 ausdrücklich erklärte Vorbehalt der Reichtsrechte an der Institution des Stadtpräfekten gab der kaiserlichen Seite aber eine Handhabe, sich dieses Amtes wieder zu bemächtigen, als um die Mitte der 80er Jahre erneut ernste Differenzen zwischen Kaiser und Papst auftraten. Die Präfektur wurde auch nicht restituiert, nachdem Papst Clemens III. im Konkordat von 1188 den Senat dazu gebracht hatte, ihm die Hoheitsrechte über die Stadt auszuliefern, während der gewählte Senat die Selbstverwaltung nach dem Vorbild der Vereinbarungen von 1167 fortführen durfte. Der Kirchenstaat blieb bis zu den Rekuperationen Innozenz III. ein Teil des Reiches, wo dem Papst lediglich die Nutznießung zustand, und das auch nur nach dem Willen des Kaisers.

Die Differenzen, die im April 1186 zwischen Papst Urban III. und Friedrich Barbarossa ausbrachen, hatten ihre tiefere Ursache in der Hochzeit des Kaisersohnes Heinrich VI. mit Konstanze, der Tante König Wilhelms II. von Sizilien, die Ende Januar 1186 in Mailand stattfand. Die Heirat an sich erregte keinen Anstoß, da ihre Absicht spätestens seit 1184 bekannt war, wenn nicht gar der Gedanke daran schon seit dem Frieden von Venedig eine Rolle spielte; und noch war die spätere Thronfolge des kinderlosen Wilhelm durch Konstanze nicht gesichert. Im Anschluß an die Hochzeit aber fand eine Zeremonie statt, die man als eine Ersatzkrönung Heinrichs VI. zum Kaiser bezeichnen darf. Laut Radulf von Diceto wurde Heinrich seitdem »Caesar« genannt; Innozenz III. beurteilte den Akt später im rechtstechnischen Sinne als eine Einsetzung in die Nachfolge des Vaters. Natürlich bezog sich die Nachfolge nicht auf das deutsche Königtum, die durch die Krönung von 1169 längst gesichert war, sondern auf das Kaisertum. Schon länger hatte Barbarossa vom Papst die Kaiserkrönung seines Sohnes noch zu seiner eigenen Lebenszeit gefordert, und Papst Lucius III. war auch bereit gewesen, sie in den Verhandlungen von Verona im Herbst 1184 zuzugestehen, bis die Verlobung Heinrichs VI. mit Konstanze bekannt wurde. Eine Heirat des Kaisersohnes mit einer normannischen Prinzessin bedeutete, den befristeten Waffenstillstand des Reiches mit Sizilien in einen endgültigen Friedenszustand übergehen zu lassen, und Wilhelm II. sah darin wohl einen Weg, die dauerhafte Anerkennung seines Reiches durch das Imperium zu erhalten. Noch bestand am sizilischen Hof kein zwingender Anlaß, die Hoffnung auf einen Kindersegen des Königspaares aufzugeben; und die Erbfolge Konstanzes als nächster Verwandter des Königs war noch keineswegs gesichert, da im Vertrag von Benevent die Thronfolgeregelung dem Erblasser vorbehalten worden war und mit diesem Recht die Möglichkeit einer Königswahl durch die Großen konkurrieren konnte. Der Kaiserhof hingegen rechnete mit der Thronfolge Konstanzes; zumindest hoffte er, den Anspruch des Imperium auf das Normannenreich nunmehr ohne Anstrengung eines Krieges durchsetzen zu können. 1195 erklärte Konstanze Papst Coelestin III. gegenüber, sie herrsche kraft Nachfolge ihres Vaters und als Teilhaberin an der kaiserlichen Gewalt; beide Rechtstitel wurden also in Anspruch genommen. Wäre Heinrich beim Tode Wilhelms nicht als »Caesar« der neben seinem Vater gleichberechtigte Mitherrscher gewesen, er hätte den sizilischen Thron nur als Gatte seiner Frau in Besitz nehmen können. Das war der entscheidende Gesichtspunkt. König von Sizilien als Herrscher des Imperium zu sein, mußte die päpstliche Lehnshoheit über das Normannenreich auf der Basis des Beneventer Vertrages in Frage stellen und ähnliche Schwierigkeiten hervorrufen, wie Innozenz II. sie mit Lothar III. anläßlich der Investitur mit dem Herzogtum Apulien gehabt hatte. Clemens III. löste das Problem, indem er 1188 Wilhelm II. dazu brachte, vor zwei Legaten den Treueid abzulegen, der seit seiner Thronbesteigung im Jahre 1171 noch ausstand, und zugleich entschied, auch wenn die Mannschaft erlassen werde, sei der sizilische König von der Treuepflicht nicht entbunden. Damit war für die Zukunft vorgesorgt. Es ist sicherlich kein Zufall, daß jetzt, 1188, der Ausgleich des Papstes mit dem römischen Senat zustande kam und Clemens III. sich zur vorzeitigen Kaiserkrönung Heinrichs VI. bereit erklärte. Unter diesem Eindruck kam es 1189 zu einem Vertrag zwischen Papst und Kaiser. Seinen Text kennen wir nicht, aber den anschließenden Fakten läßt sich entnehmen, daß dem Papst diejenigen Städte zurückerstattet wurden, deren Einwohner Lucius III. tatsächlich ihren Eid geleistet hatten. Die Römische Kirche behielt somit am Ende weit weniger als das, worüber Hadrian IV. noch hatte verfügen können.

Der ganze Vorgang hatte auch noch eine andere Seite. Wir erinnern uns der von Gottfried von Viterbo propagierten Vorstellung eines einzigen Kaisergeschlechts in der Menschheitsgeschichte, dessen Endglied das Stauferhaus bilde. Ihrer Natur nach lief sie auf ein erbliches Kaisertum hinaus. Die vorzeitige Krönung Heinrichs VI. und ihre Verklammerung mit der sizilischen Thronfolge waren erste Stufen, um dem Fernziel näher zu kommen. Dies tangierte nicht nur die römische Kurie, sondern auch die deutschen Fürsten.

8. Der Wandel in der Reichsverfassung

Die Umrisse einer quer durch Deutschland von Burgund bis ins obere Sachsen reichenden staufischen Barriere haben wir bereits kennengelernt. Konrad III. hatte diesen Gürtel durch erste Markierungen abgesteckt, sein Nachfolger verdichtete ihn mit gleichen Methoden zu einer Kette von territorialen Kraftzentren. Er baute somit die schon vor ihm angebahnten neuen Grundlagen der Königsgewalt entschlossen aus; die Territorialisierung der Herrschaft überhaupt gewann zu seiner Zeit ihr endgültiges Gesicht und bestimmte seitdem neben dem aktivierten Lehnsrecht die zwischenfürstlichen Beziehungen. Der gewaltigen Intensivierung des staufischen Hausmachtausbaus waren die vielleicht aus Italien zufließenden Gelder und der schlagartige Ausfall durch Aussterben so mancher Adelsgeschlechter infolge der Katastrophe des kaiserlichen Heeres von 1167 ungemein förderlich, wenn nicht zum Teil sogar entscheidende Voraussetzung.

Hauptrivale Friedrichs I. blieb Heinrich der Löwe. Daß der Staufer dessen Expansionsabsichten gegen Süden hin u. a. durch einen Wechsel auf vier Bischofsstühlen abzuschnüren suchte, haben wir schon gesehen. Ein weiterer Ausbau des Reichsgutes in Thüringen um Tilleda und Kyffhäuser sowie durch Gründung der Städte Pegau und Chemnitz konnte den Territorialgürtel nur verstärken. Das Expansionsbedürfnis des Welfen wurde dadurch in den Ostseeraum verwiesen und in westlicher Richtung über die Weser behindert. Und durch die Umwandlung Österreichs in ein Herzogtum (1156) befand sich Bayern plötzlich in der Lage eines Binnenherzogtums, wo dem Welfen nur mehr die Möglichkeit eines wirtschaftlichen Ausbaus blieb, wie an der Gründung Münchens oder der Sicherung der Brennerstraße zu erkennen ist.

Nicht so gefährlich schien die zähringische Hausmacht, deren ohnehin auf Arrondierung ausgerichteter Ausbau regelrecht eingekreist wurde. Das burgundische Rektorat des Zähringers auch jenseits des Jura mit militärischen Mitteln durchzusetzen, erwies sich von Anfang an als undurchführbar, so daß Friedrich I. sich auf eine Intensivierung personaler Beziehungen beschränkte, um wenigstens eine Streuung zuverlässiger Bundesgenossen zu erreichen. Seine Hochzeit mit Beatrix von Burgund im Jahre 1156 soll, wie Otto von Freising berichtet, über den Titel der neuen Gattin dem Reich »familiariter« Burgund und die Provence eingebracht haben. Das trifft auf die Grafschaft Burgund im Doubsgebiet entlang des Jura zu und führte auch zum endgültigen Verzicht Herzog Bertholds IV. auf seine Hoffnung, jenseits des Jura einmal Fuß fassen zu können, aber die Einflußnahme des Kaisers auf das südlich anschließende ausgedehnte Gebiet blieb weiterhin auf intensive persönliche Kontakte angewiesen. Die Erzbischöfe von Lyon und Vienne sowie die Grafen von Baux und der Dauphiné erwiesen sich zunächst als zuverlässige Stützen; hauptsächlicher Widerpart jedoch war das Grafenhaus von Barcelona in der Provence, und um dieses zu gewinnen, ließ Barbarossa zeitweise sogar seine treuesten Verbündeten fallen. Die Durchdringung dieses Raumes, so sehr sie im Ausmaß auch von seinen Vorgängern absticht, hing weitgehend von einer Reaktion auf das Geschick Oberitaliens ab und vermochte das Autonomiebedürfnis besonders der weltlichen Gewaltenträger nur vorübergehend einzudämmen. Immerhin demonstrierte die Krönung Barbarossas in Arles (1178) im Anschluß an den Frieden von Venedig ein betontes Interesse des Reiches am sogenannten Arelat, auf das die Großen im weiteren Umkreis auch sofort reagierten

Als 1167 der Graf von Toulouse die Dauphiné übernahm und sich damit ein von jenseits der Rhone kommender Einfluß abzeichnete, verstärkte Friedrich Barbarossa seine Bemühungen, die Bündner Pässe und ihre Zufahrten unter Kontrolle zu bekommen; der Gotthardpaß war damals noch nicht begehbar, und der Brenner konnte jederzeit von Heinrich dem Löwen gesperrt werden. Schon Ende 1152 spielte er aus dem Erbe des Bregenzer Grafenhauses den ihm eng verbundenen Pfullendorfer Grafen Lindau und Bregenz sowie die Vogtei über das Hochstift Chur zu. 1166 übernahm der Kaiser selbst die churrätische Grafschaft, und im folgenden Jahr reservierte er sich die Anwartschaft auf das Pfullendorfer Erbe. Begünstigt durch die Katastrophe von 1167 erwarb er eine Reihe oberschwäbischer Herrschaften und behielt sich die

Vogteien über das Augsburger Hochstift sowie das Stift Ursberg vor. Welf VI., dessen einziger, gleichnamiger Erbe 1167 ebenfalls gefallen war, lehnte sich gegen diesen Einbruch in seine Einflußzone nicht auf. Um seine Reichslehen in Italien hatte er sich praktisch kaum noch gekümmert, seit 1173 führte er deren Titel auch in seinen Urkunden nicht mehr. Kurz vorher schon hatte der Kaiser Verhandlungen mit ihm eingeleitet, um dessen Besitzungen und Rechte auch in Oberschwaben zum Schaden Heinrichs des Löwen zu übernehmen. Davon wird noch die Rede sein. Auf diese Weise entstand ein territorialpolitischer Keil, der vom staufischen Nordschwaben bis zum rätischen Alpenkamm vorstieß und die zähringische Ausbauzone gegen den welfischen Nachbarn in Bayern abriegelte.

Auch im Mittelrheingebiet erfuhr der staufische Gürtel eine wesentliche Verstärkung. Schon Konrad III. hatte die Pfalzgrafschaft bei Rhein dem Gatten seiner Schwester Gertrud, Hermann von Stahleck, überlassen; Barbarossa trug sie um 1156 seinem Halbbruder Konrad aus der zweiten Ehe seines Vaters auf und machte sie damit zu einer staufischen Seitenlinie, die die Tradition Friedrichs II. von Schwaben gewissermaßen fortführte. Noch mehr als jener suchte Konrad gegenüber der staufischen Hauptlinie immer wieder eigene Wege zu gehen. Mit der Deposition Erzbischof Heinrichs I. von Mainz hatte der Kaiser begonnen, die Besetzung des Mainzer Erzstuhls in die Hand zu nehmen. Die staufische Seitenlinie jedoch, mittlerweile in die Saarbrücker Verwandtschaft integriert und mit dem thüringischen Landgrafen verbündet, betrachtete den alten Bezugspunkt Mainz als ihre Domäne und mußte schmerzlich erfahren, daß Barbarossa hier keinerlei Spielraum gewährte. Um dieselbe Zeit unternahm Konrad wie sein früherer Amtsvorgänger den Versuch, das Trierer Erzstift an der mittleren Mosel zu unterwandern, mußte aber 1161 durch kaiserlichen Schiedsspruch davon Abstand nehmen. Ähnlich scheiterte sein Versuch, alte Rechte der Pfalzgrafschaft am oberen Niederrhein zu reaktivieren, am bewaffneten Widerstand der Kölner Kirche in der Rheinecker Fehde von 1164. Vielleicht um seinen unruhigen Bruder stärker in die staufischen Interessen einzubinden, zugleich aber auch um die Position der Saarbrücker zu schwächen, verlagerte der Kaiser nach 1167 das Schwergewicht der rheinischen Pfalzgrafschaft von der unteren Mosel an den oberen Mittelrhein, indem er Konrad die Vogtei des Wormser Hochstiftes auftrug. Sie wurde den Saarbrückern als Strafe für ihre Mißachtung lehnsrechtlicher Bindungen dem Kaiser und dem Metzer Bischof gegenüber genommen. Dadurch gewann Konrad Einfluß auf den Wormser Fernbesitz an der Lahn; er wiederum wurde vom Kaiser mit dem Reichsgut Wetzlar sowie den eigens gegründeten Städten Friedberg und Gelnhausen verbunden. Der Mainzer Erzstuhl wurde auf diese Weise um sein natürli ches Hinterland beschnitten, während Erzbischof Christian von Buch, einer der fähigsten Diplomaten und Heerführer des Kaisers, sich zumeist in Italien aufhielt; die von Eger über Nürnberg nach Rothenburg reichende Burgenkette wurde so um einen neuen Eckpfeiler in der Wetterau verlängert.

Was der ausgedehnten staufischen Hausmacht fehlte, war ein Mittelpunkt oder ein zentrales Kernland; jedenfalls tritt es wenig augenfällig in Erscheinung. Speyer nahm unter den Saliern den Platz einer bevorzugten »Hauskirche« ein; unter den Staufern verlor es nach 1138 diesen Charakter nicht, aber für das Staufergut auf dem linken Rheinufer war die Seitenlinie zuständig. Heinrich der Löwe gestaltete seinen Braunschweiger Herzogssitz nach dem Vorbild der Aachener Pfalz; die Staufer haben für sich nichts Entsprechendes geschaffen. Freilich gab es die Burg Staufen, aber dieser Herzogssitz repräsentierte eine ältere Stufe der Hausmacht. 1152 erhielt Friedrich IV., der unmündige und in der Königswahl übergangene Vetter Barbarossas, das Schwabenherzogtum; wie sein Vorgänger entwickelte auch er nach seiner Volljährigkeit ein eigenes politisches Profil und verweigerte 1165 beispielsweise in Würzburg den Eid. Nach seinem Tode 1167 in Rom kam das Herzogtum 1169, als der Kaisersohn Heinrich zum König gewählt wurde, an Friedrich V., den Erstgeborenen Barbarossas, der wegen unzureichender Gesundheit von der erwarteten Königsnachfolge hatte zurücktreten müssen. Er starb nicht erst 1191, sondern schon um 1169, und an seine Stelle trat Konrad, der Drittgeborene des Kaisers, der mit Übernahme des Herzogtums seinen Namen in Friedrich änderte. So auffällig diese Namensänderung ist, ihr Sinn bleibt letztlich dunkel. Nur phänomenologisch kann man feststellen, daß der staufische Leitname Friedrich dem schwäbischen Herzogsamt reserviert blieb, während das Königsamt den salischen Leitnamen Konrad und Heinrich offenstand. Ansätze zu einer Aufsplitterung der staufischen Hausmacht in mehrere Linien sind unverkennbar; Konrad, der fünfte und nach dem Namenswechsel seines Bruders geborene Sohn, wurde Herzog von Rothenburg, übernahm also den Herrschaftsanteil Konrads III. vor dessen Königserhebung, und Otto, den vierten Sohn, setzte der Vater in das burgundische Erbe der Mutter ein. Dahinter stand die Pflicht zur Versorgung der nachgeborenen Kinder; und es war reiner Zufall, daß diese Seitenlinien mangels eigener Erben wieder an die Hauptlinie zurückfielen. Somit bildete die staufische Hausmacht unerwartet lange ein politisch geschlossenes Gebilde, was dem in die Zukunft geplanten territorialpolitischen Ausbau erst ein nachhaltiges Gewicht verlieh.

Der allgemeine Territorialisierungsprozeß bewirkte auch eine Umwandlung der Stammesherzogtümer in territoriale Fürstentümer. Erste Anzeichen im Auflösungsprozeß der Stammesherzogtümer machten sich schon vor der letzten Jahrhundertwende bemerkbar, als im Frieden von 1098 die herzogliche Doppelgewalt in Schwaben nicht rückgängig gemacht wurde. Auch 1151 zog Konrad III. aus der Tatsache, daß die niederlothringische Herzogsgewalt am Ende des 11. Jahrhunderts bereits die Stufe nur noch eines mittleren Territorialherrn erreicht und die Fläche des Kölner Erzbistums ohnehin niemals ernsthaft erfaßt hatte, die Konsequenzen, als er die niederrheinische Vormachtstellung des Kölner Erzbischofs in einen Dukat umwandelte. Man kann folglich nicht sagen, Friedrich Barbarossa habe eine neue verfassungshistorische Entwicklung erst eingeleitet. Sie war bereits in vollem Gang, als er 1156 die österreichische Mark von Bayern absonderte, 1168 dem Würzburger Bischof die »Goldene Freiheit« gewährte und 1180 die Herzogtümer Sachsen und Bayern aufteilte. Ebensowenig kann man behaupten, der Kaiser habe einen längst eingetretenen Verfassungszustand nur nachträglich legalisiert; denn der langgestreckte Territorialisierungsprozeß vollzog sich in mehrfacher Stufung, die sich wegen der unterschiedlichen Voraussetzungen nicht überall zur selben Zeit ereignen mußte. Teilweise noch bis zur Mitte des 13. Jahrhunderts erkennbare Restelemente der Stammesherzogtümer indizieren fast nirgendwo einen bruchartigen Übergang zum Territorialfürstentum, sondern eine langsame Umformung. Vor diesem Hintergrund ist es schwer, den Anteil Barbarossas am Prozeß zu bestimmen; unbestritten nahm er an der Entwicklung einen tatkräftigen Anteil, aber es ginge schon zu weit, dem Kaiser eine ungewöhnliche Beschleunigung des Prozesses zusprechen zu wollen, zumal seine Maßnahmen nicht immer das seinen Wunschvorstellungen entsprechende Endstadium herbeiführten. Da jede übergreifende herzogliche Gewalt im Abbau begriffen war zugunsten eines Gebietsherzogtums, das nicht mehr darstellte als jedes andere fürstliche Territorium, lag die Aufspaltung größerer Herrschaftseinheiten ohnehin im Zuge der Zeit.

Im September 1156 wurde die Markgrafschaft Österreich vom Bayernherzogtum getrennt und ihre Rechtsstellung anschließend im sogenannten Privilegium minus fixiert. Österreich bildete von jetzt ab ein Herzogtum, das der Babenberger Heinrich Jasomirgott und seine Gemahlin Theodora vom Reich zu Lehen erhielten – mit der Maßgabe, daß es auf ihre männlichen oder weiblichen Kinder übergehe oder das Herzogspaar, sollte es erbenlos bleiben, den Nachfolger benennen könne. Man hat versucht, dieses auf den ersten Blick ungewöhnlich erscheinende Entgegenkommen aus Rechtsansprüchen der Herzogin zu erklären, die sie auf Grund ihrer byzantinischen Herkunft habe stellen können; heute dagegen sieht man bereits eine Reihe von Vorformen ausgebildet, die 1156 eine solche Lösung anbot, ohne den Rahmen mittlerweile in Deutschland vorhandener Rechtsanschauungen verlassen zu müssen. Wenn wir daran denken, daß der Zähringer 1098 seine Herzogsgewalt nicht verlor, also auch der Babenberger zumindest Titularherzog – für sich persönlich mitsamt seiner Hausmacht dem neuen Bayernherzog gleichrangig – geblieben wäre, dann muß von daher die Umwandlung in ein Herzogtum nicht als eine exzeptionelle Neuerung aufscheinen. Auch die Einschränkung der Hof- und Heerfahrtspflicht auf königliche Hoftage in Bayern und auf Kriegszüge des Kaisers in der unmittelbaren Nachbarschaft Österreichs entspricht der immer schon geltenden exponierten Stellung des österreichischen Markgrafen als Wächter an der Reichsgrenze. Die Formulierung jedoch, die Mark in ein »ducatum« umgewandelt, also einem Gebiet die Qualität eines »Herzogtums« gegeben zu haben, die sich nicht aus der Würde ihrer politischen Spitze herleitet, ist das auffallend Sonderbare. Von hier erhält die angebliche Gerichtsklausel nicht den Sinn, jede Eigengerichtsbarkeit des österreichischen Adels zu eliminieren, was in der Folge auch nicht geschah, sondern den Herzog mit dem gesamten Reichsvermögen im neuen Herzogtum auszustatten und jeglichen Besitz von Reichsbenefizialgut in anderer Hand von seiner Erlaubnis abhängig zu machen. Der Adel sollte auf den Herzog als seinen dinglichen Herrn verpflichtet werden. An Stelle eines durch gegenseitiges Lehnsband funktionierenden Herrschaftskörpers wurden somit Elemente vorgeschoben, die tragfähige Grundlagen für die Ausbildung eines »Landes« boten; das Territorium begann den Herrschaftskörper zu konstituieren und ordnete Adel und Herzogsgewalt in einem Spannungsverhältnis einander zu.

Ein Vergleich mit der »Goldenen Freiheit« von 1168 vermag

das noch zu ergänzen. Das Privileg bestätigte dem Würzburger Bischof die herzogliche Gewalt in seinem Bistum. Ein Herzogtum, das vorher auch auf stammesrechtlicher Basis nicht bestanden hatte, wurde nicht geschaffen; der Bischof führte vor dem 15. Jahrhundert noch nicht einmal den »dux«-Titel. Unter anderem zählte Rothenburg zum Würzburger Bistum, sollte aber sicher nicht dem Bischof als Herzog unterstellt werden; somit muß der Kaiser von vornherein einkalkuliert haben, daß die herzogliche Gewalt nur im Würzburger Hochstift wirksam werden konnte, wo der Bischof auch die militärische Führung und das Recht auf Gebot und Verbot besaß, also dem österreichischen Herzogtum entsprechende Voraussetzungen. Über die Grenzen des Hochstifts hinaus reichte lediglich die Landfriedensgerichtsbarkeit des Bischofs, und damit wird ein neuer Aspekt sichtbar. Die Landfriedewahrung, eine aus dem Gottesfrieden abgeleitete weltliche Variante zur Bekämpfung von Gewaltverbrechen, war von Heinrich IV. als Reichsangelegenheit aufgegriffen worden, weil die Stammesherzöge einer entsprechenden Aufgabe nachzukommen kaum noch in der Lage waren. Friedrich I. nahm sich dieses Gedankens, auch in Italien, in umfassender Weise an und gab dem Reichslandfrieden (erstmals 1152) den Charakter von Polizei- und Strafgesetzen, deren Überwachung nachgeordneten Gewalten überlassen bleiben mußte. Das Problem in der Beurteilung der frühen Entwicklung des Landfriedens besteht in der unvollständigen Kenntnis über die Häufigkeit der vor 1152 beschlossenen Friedenseinungen und der zufälligen, oft nur bruchstückhaft überlieferten und überdies inoffiziellen Texte. Träger auch des Landfriedens waren alle durch gegenseitig geleisteten Eid am Beschluß beteiligten Großen, obwohl Barbarossa im amtlichen Text beansprucht, der Herr des Friedens zu sein.

Eine Gelegenheit zu weiterer Teilung von Herzogtümern bot der Sturz Heinrichs des Löwen. Dem Kölner Erzbischof Philipp von Heinsberg wurde das Herzogtum Westfalen übertragen, die östliche Hälfte des Sachsenherzogtums erhielt der Askanier Bernhard von Anhalt, und Herzog von Bayern wurde Pfalzgraf Otto von Wittelsbach – lauter erwiesene Vertrauensmänner des Staufers. Die Neuordnung ging jedoch über eine Wiederausgabe der eingezogenen welfischen Reichslehen hinaus, und darin werden die Grundzüge der kaiserlichen Politik erst eigentlich deutlich. Der Territorialisierungsprozeß war in der Steiermark schon weiter fortgeschritten als in Österreich; infolge Anfalls gräflicher sowie hochadliger Rechte und Güter und auf Grund fast lückenloser Vogteiherrlichkeit besaß der Markgraf um 1160 bereits die Gebietshoheit. Wenn die Steiermark 1180 offenbar ohne vorausgegangenen Gerichtsbeschluß als Herzogtum und aller land- und lehnsrechtlichen Bindungen zu Bayern ledig erscheint, dann war dieser Zustand nur durch normschaffende Fakten erreicht, zu dessen Erlangung Österreich seinerzeit noch Hilfen gegeben werden mußten. Es ist bezeichnend, daß der Übergang Steiermarks an die Babenberger im Jahre 1192 schon keine territorialrechtliche Verschmelzung mit Österreich mehr nach sich zog. Um 1180 wurde der Graf von Andechs zum Markgrafen von Istrien und Herzog von Kroatien, Dalmatien und Meran ernannt; eine landrechtliche Trennung seiner süddeutschen Hausmacht von Bayern bedeutete das nicht, aber machtpolitisch stand der Andechser mit seiner ausgedehnten Hausmacht zwischen Isar und Lech sowie in weiten Teilen Tirols gleichwertig neben dem Wittelsbacher. Genau besehen, ist zu diesem Vorgang Zweierlei zu beachten. Das Zähringer und das Kölner Herzogtum beruhten auf einer lehnrechtlichen Basis. Das kommt unter anderem darin zum Ausdruck, daß Lothar III. den räumlichen Umfang der Herzogsgewalt des Limburgers noch genau umschreiben zu müssen glaubte, während Konrad III. dies 1151 hinsichtlich des Kölner Dukates offenbar bewußt unterließ. Wie sehr die lehnrechtliche Basis als ein Normalzustand angesehen wurde bzw. gelten sollte, zeigt sich am Geschehen des Reichstages in Schwäbisch Hall von 1190. Gegen die Erhebung des Grafen Balduin V. von Hennegau zum Markgrafen von Namur protestierte der Brabanter Herzog mit dem Argument, in seinem Herzogtum könne man nicht eine herzogsgleiche Gewalt wie die Markgrafschaft einrichten. Ein Fürstengericht entschied jedoch, daß der »Herzog von Löwen« nur in den eigenen Grafschaften oder in denjenigen, die von ihm zu Lehen gingen, eine herzogliche Gewalt ausüben könne. Man könnte meinen, von diesem lehnrechtlichen Maßstab machte nur das Herzogtum Österreich eine Ausnahme, weil es auch hinsichtlich des räumlichen Umfangs der herzoglichen Jurisdiktion die alte Sonderstellung des Markgrafen fortführen sollte. Das von dem Welfen auf die Kölner Kirche übergegangene Herzogtum Westfalen und die Umwandlung des Kölner Dukats von einem lehnrechtlichen in ein Gebietsherzogtum belehren uns aber, daß es außer der lehnrechtlichen Basis noch eine andere geben konnte und diese keineswegs, wie noch im Falle des Brabanter Anspruchs von 1190, ein Relikt aus älterer Zeit sein mußte. Der staufische Kaiserhof im 12. Jahrhundert war an der Dominanz des lehnrechtlichen Prinzips interessiert; daneben gab es aber auch das ganz anders strukturierte landrechtliche Prinzip, das der Territorialisierung ebenfalls als Grundlage dienen konnte. So gegensätzlich beide Rechtssphären waren, sie schlossen sich nicht gegenseitig aus, sondern waren ineinander verschränkt und standen in ihrer zunehmenden Intensivierung einander nicht nach. Wie sehr diese Seite der Verfassungsentwicklung die letzten Lebensjahre Friedrich Barbarossas beschäftigte, zeigt sich am Sturz Heinrichs des Löwen und seiner Nachgeschichte.

Um den Sturz Heinrichs des Löwen zu erklären, ging die ältere Forschung noch von der Vorstellung aus, in der Konzeption des Kaisers seien die Aufgaben des Reiches auf zwei Träger verteilt gewesen; in diesem Sinne habe Barbarossa dem Welfen volles Vertrauen geschenkt, sei aber 1176 in höchster Bedrängnis beim Treffen zu Chiavenna bitter enttäuscht worden. Unter verfassungshistorischem Aspekt modifizierte sich diese Deutung zu einem unausweichlichen Zusammenstoß der zentralisierenden Königsgewalt mit dem territorialfürstlichen Prinzip des selbstbewußten Adels, das im Welfen seine höchste Repräsentation gefunden habe. Der Adel allerdings sah seine Interessen durch Heinrich den Löwen nicht gewahrt; im Gegenteil, die politischen Kräfte im sächsischen Herzogtum, wie die Erzbischöfe von Bremen und Magdeburg, der Bischof von Halberstadt oder der Askanier Albrecht der Bär, waren erbitterte Gegner des Welfen. Sie fürchteten, von ihm mediatisiert zu werden. Bei den schwach ausgebildeten Rechtsgrundlagen der sächsischen Herzogsgewalt bot nur die Sicherung des Landfriedens eine Handhabe, eine herzogliche Obergewalt durchzusetzen. Den Vorsprung der stammesherzoglichen Stellung, den er in Bayern besaß, mußte Heinrich der Löwe in Sachsen mit allen Mitteln rücksichtsloser Machtpolitik nachzuholen versuchen, hier jedoch mit dem Ziel eines ausgedehnten und möglichst geschlossenen Gebietsherzogtums. Es ist wohl zu wenig, Heinrich den Löwen nur als einen ungewöhnlich profilierten Reichsfürsten der Stauferzeit zu zeichnen, da es Anzeichen dafür gibt, daß er sich selbst königlichen Rang zusprach, den er aus dem Königtum seines Großvaters Lothar und aus der Abkunft seiner Frau Mathilde herleitete. Natürlich dachte der Welfe nicht an eine Umwandlung seiner Territorien in ein unabhängiges Königreich, sondern wohl in Parallele zu Böhmen an ein Königtum innerhalb des Imperiums. Allerdings muß man hinzusetzen, daß er nach außen hin – erfolgreicher und auch langftistiger als die Zähringer – enge Kontakte mit dem dänischen und schwedischen

Königshaus, mit russischen Fürsten und natürlich mit seinem Schwiegervater Heinrich II. von England unterhielt. Selbst der byzantinische Kaiser Manuel hatte 1164 geglaubt, wie man annimmt, durch ein Heiratsangebot den mächtigen Vasallen Barbarossas auf seine Seite ziehen zu können, als er das Königreich Ungarn auf lange Sicht zu annektieren hoffte, während der westliche Kaiser in der Absicht, Ungarn als Puffer zwischen den beiden Großreichen zu erhalten, zu einer neuen Verhandlungsbasis gegenüber Byzanz zu gelangen trachtete. Weder 1164 noch 1172 jedoch, als er auf seiner Pilgerfahrt in das Heilige Land am Bosporus wie ein König empfangen wurde, verhielt sich der Welfe illoyal. Im Gegenteil, außer dem frommen Ziel verfolgte die Reise sicherlich auf Weisung des Kaisers den Zweck, mit dem Sultan von Ikonium Kilidj Arslan II. in's Gespräch zu kommen, der die Hegemonie des Byzantiners nur erduldete, und dem der Basileus etwas später vorwarf, mit Barbarossa ein Bündnis eingegangen zu sein. Offensichtlich wünschte der Stauferhof im Rücken Konstantinopels einen Verbündeten, der die Aufmerksamkeit Kaiser Manuels während der 5. Italienfahrt Barbarossas vom westlichen Mittelmeerraum ablenkte.

Will man die Frage beantworten, warum Barbarossa den Welfen fallen ließ, dann sollte man als erstes berücksichtigen, daß der Kaiser 1168/69 die Beschwerden über Rechtsbrüche Heinrichs des Löwen noch unbeachtet ließ, nach dem Frieden von Venedig aber die Gelegenheit einer erneuten Klage aufgriff, um den Welfen zu entmachten. Keineswegs erst das Ereignis von Chiavenna dürfte das Zerwürfnis zwischen den beiden Vettern ausgelöst haben, sondern etwas früher verschiedene Schritte, die jeder für sich nicht schon einen Bruch herbeiführen mußten. Barbarossa hatte 1165 seine künftige Politik auf dem Bündnis mit England aufgebaut und auch Heinrich den Löwen mit der englischen Königstochter Mathilde vermählt, um ihm Fesseln in dieser Richtung anzulegen. Die Aussicht, seinem Erstgeborenen die Königsnachfolge nicht anvertrauen zu können, aber auch die Absicht der führenden politischen Kräfte in Europa seit 1168, den Handlungsspielraum durch ein Aufweichen des bisherigen Bündnissystems zu erweitern, bewirkten eine im Ansatz bereits erkennbare Umorientierung. Der Kaiser strebte einen Ausgleich mit der alexandrinischen Partei und mit dem Lombardenbund an und näherte sich dem französischen Königshaus, während Heinrich II. ohne großes Aufsehen eine Heiratspolitik trieb, die im Nachhinein aussieht, als ob er einen Ring von Gegnern um Staufer und

Kapetinger aufbauen wollte. Seine Tochter Eleonore, die Kaiserin hatte werden wollen, wurde mit Alfons VIII. von Kastilien verheiratet, die Krone Aragon sympathisierte schon länger mit England; der englische Festlandbesitz schien also von Süden her gesichert. Eine weitere Tochter heiratete Wilhelm II. von Sizilien, englische und byzantinische Gelder ermöglichten den Wiederaufbau Mailands. Auch mit Humbert von Savoyen trat Heinrich II. in engere Beziehungen.

Heinrich der Löwe verhielt sich in dieser Phase unauffällig; seine im Februar 1168 geschlossene und noch kinderlose Ehe stellte er nicht in Frage. Der Kaiser indessen ergriff 1171 mit seinen Verhandlungen über das Erbe Welfs VI. Maßnahmen, die den Löwen nicht unberührt lassen konnten. Um seine Reichslehen in Italien hatte sich Welf VI. kaum noch gekümmert, seit 1173 führte er deren Titel auch in seinen Urkunden nicht mehr, als Barbarossa dessen Besitzungen ohne Rücksicht auf den Protest Welfs als Pfandstücke in der italienischen Städtepolitik einsetzte. Legitimer Erbe aller Besitzungen Welfs war Heinrich der Löwe. Obwohl Welf seinem Neffen in Braunschweig entfremdet war und der dortige Hof in seinem Selbstverständnis mittlerweile jeden Hinweis auf die schwäbische Herkunft eines Welfenzweiges unterließ, muß es laut Bericht Ottos von St. Blasien zwischen Pfingsten 1175 und dem Herbst 1176 auch zu einem Erbvertrag zwischen den beiden Welfen gekommen sein; der Löwe vereinbarte sogar eine Zahlung an seinen Onkel, die allerdings nicht realisiert wurde, weil der Löwe mit dem baldigen Ableben seines Onkels rechnete. Das war der Punkt, an dem sich der Kaiser wieder in Erinnerung bringen konnte; noch vor Weihnachten 1178 erwarb er gegen Geld die Besitzungen Welfs nördlich der Alpen. Die Übergabe erfolgte auf dem Wormser Hoftag im Januar 1179; das meiste erhielt Welf VI. als Lehen des Kaisers zurück. Das Datum ist bemerkenswert, da auf diesem Hoftag auch das Verfahren gegen Heinrich den Löwen eröffnet wurde.

Die Klage der Gegner des Welfen über Rechtsbrüche des Herzogs und die Gegenklage Heinrichs des Löwen über Verwüstungen im Gebiet von Hameln durch den Kölner Erzbischof 1178 aufzugreifen, war demgegenüber seitens des Kaisers nicht etwas vollkommen Neues. Barbarossa pflegte ohnehin in Regionen, wo die Königsmacht territorial kaum präsent war, Machtgruppen gegeneinander auszuspielen. Das geschah auch hier mit dem Ziel, die Machtstellung des Welfen zu schwächen, wobei zu fragen ist, ob die Entmachtung Heinrichs des Löwen nach dem Willen des

Kaisers wirklich so weit gehen sollte oder nicht auch das Ergebnis eines Zugzwanges gewesen ist, in den das Gerichtsverfahren von 1179 alle Beteiligte gebracht hat.

Der Prozeß vor dem Königsgericht erscheint formal als eine Auseinandersetzung zwischen zwei sächsischen Parteien. Diesen Eindruck sucht auch die Narratio der am 13. April 1180 zu Gelnhausen ausgestellten Urkunde über die Vergabe eines Teils des sächsischen Herzogtums an den Kölner Erzbischof zu erwecken. Da alle Fürstenurteile mündlich herbeigeführt wurden, ist dieser naturgemäß knappe Text unsere einzige ergiebige Quelle über den Prozeßverlauf und gibt uns heute noch Rätsel auf. Einigkeit scheint darüber zu bestehen, daß der Prozeß in Worms mit einem landrechtlichen Verfahren begonnen und, da Heinrich der Löwe der Vorladung keine Folge leistete, dieses Verfahren ohne Verletzung der formalen Fristen so gestrafft wurde, daß im Juni 1179 in Magdeburg die Acht wegen Kontumaz in Kraft treten konnte, der ein Jahr später termingemäß die Oberacht folgte. Die Frist zwischen Acht und Oberacht sollte dem Verurteilten Gelegenheit zur Bußleistung geben. Die vom Kaiser vorgeschlagene Buße jedoch schien dem Herzog zu hoch, so daß jetzt zu befürchten war, der Welfe werde seine Gegner mit Krieg überziehen, während diese aus prozeßrechtlichen Gründen bis zum Eintritt der Oberacht stillhalten mußten. Das erklärt, warum nunmehr der Kaiser dem landrechtlichen Urteil ein lehnsrechtliches Verfahren anschloß mit der von ihm vorgebrachten Klage, durch die Versäumnisse der Gerichtstermine als Lehnsherr beleidigt worden zu sein. Auch die Termine dieses Verfahrens ignorierte der Welfe, so daß im Januar 1180 in Würzburg der Gegenstand der Klage wiederum nicht zur Sprache zu kommen brauchte, sondern der Fürstenspruch auf Aberkennung aller Reichslehen ebenfalls wegen Kontumaz erfolgen konnte. Es wirft ein Licht auf das Interesse vorwiegend der norddeutschen Großen an der Entmachtung Heinrichs des Löwen, daß das Sachsenherzogtum schon im April 1180 auf dem Gelnhäuser Reichstag, also noch vor Eintritt der Oberacht, wieder ausgegeben wurde, während das Bayernherzogtum erst im September, nachdem die Oberacht in Kraft getreten war, zur erneuten Verlehnung gelangte. Bereits nach dem Magdeburger Urteil setzte sich Heinrich der Löwe gegen seine Prozeßgegner mit Waffengewalt zur Wehr. Eine wie mächtige Kriegspartei er darstellte, ist aus der Länge des Krieges ersichtlich; ob er allerdings Aussichten hatte, sich auf die Dauer gegen eine Vollstrekkung des Urteils zu behaupten, steht dahin. Der Reichskrieg endete jedenfalls im November 1181 mit der Unterwerfung Heinrichs des Löwen; umsichgreifender Abfall des sächsischen Adels hatte seine Widerstandskraft unverhältnismäßig schnell gelähmt, die wichtigsten Vasallen – der Obotritenfürst, der Pommernherzog und Waldemar I. von Dänemark – hatten dem Kaiser den Lehnseid geleistet, Lübeck war im August 1181 eingenommen, zur Reichsstadt erhoben und im bisherigen Privilegienstand bestätigt worden.

Die Entmachtung Heinrichs des Löwen läßt sich in ihrer letzten Phase nicht mit wünschenswerter Klarheit darstellen. Auf dem Erfurter Reichstag gegen Ende des Jahres 1181 fand eine nochmalige, abschließende Verurteilung des Welfen statt, die Züge einer Dissonanz zwischen dem Kaiser und den Großen in seinem Gericht nicht verleugnen kann. Da es, wie man heute weiß, einen Leihezwang nicht gab, muß man sich fragen, warum Barbarossa in einem Raum, wo er territorial kaum vertreten war, die Gelegenheit des Prozesses nicht wahrnahm, ledig gewordene Lehen der Königsgewalt zu reservieren. Offensichtlich folgte er darin dem Willen der Großen. Der Askanier Bernhard von Anhalt wurde Herzog der östlichen Hälfte des Sachsenherzogtums; hier fand der schon 1138 geltend gemachte Erbanspruch eine Erfüllung. Und das südliche Westfalen, das der Kölner Kirche zufiel, hatte nur nominell der Herzogsgewalt des Welfen unterstanden und war schon länger einer herrschaftlichen Durchdringung seitens des Kölner Herzogs ausgeliefert; der Kaiser sanktionierte in diesem Falle nur einen längst eingetretenen Zustand. Wie sehr auch hier landrechtliche Motive zugrunde lagen, wird daran ersichtlich, daß sich der Kölner Erzbischof 1178 den Besitz der Gogerichte in Westfalen, die im Unterschied zu den Freigerichten landrechtlich fundiert waren, vom Papst hatte bestätigen lassen. Es mußte im Interesse des Kaisers liegen, Machtgruppen gegeneinander auszuspielen, um in Norddeutschland nicht selbst ausgeschaltet werden zu können, und dazu bot sich die Möglichkeit einer Begnadigung Heinrichs des Löwen als Mittel an. Die Großen scheinen in Erfurt die Rückgabe des Allods und die relativ milde Verbannung des Herzogs auf drei Jahre betrieben zu haben, weil ihnen als oberstes Ziel vorgeschwebt haben dürfte, dem Welfen die Rückkehr in den Reichsfürstenstand zu verschließen. Der Kaiser hingegen muß eine unbefristete Verbannung angestrebt haben, weil sie ihm die Möglichkeit einräumte, den Zeitpunkt der Begnadigung selbst zu bestimmen und den Heimkehrenden in alte Rechte wieder einzusetzen, worauf dieser einen Anspruch hatte. Das weitere Schicksal Heinrichs des Löwen ist nur unter der Voraussetzung des offenbar von den Fürsten erzwungenen, vom Kaiser aber nur widerstrebend tolerierten Urteilsspruches zu erklären.

Es muß auffallen, daß das Diktat der Gelnhäuser Urkunde stark von seiten der Kölner Kirche beeinflußt ist. Auf ihre Veranlassung hin wurde der Titel »Saxonia« durch »Westfalia et Angaria« ersetzt; auch Herzog Bernhard von Anhalt führte bis in das Spätjahr 1181, nachdem sich Heinrich der Löwe endgültig unterworfen hatte, den Titel eines »dux Westfaliae et Angariae« und erst dann wieder eines »dux Saxoniae«. Im Titel »Saxoniae« allein verkörperte sich die reichsrechtlich nicht fundierte sächsische Herzogsherrschaft. Ebenfalls 1178 noch nicht reichsrechtlich abgesichert war die Herzogsherrschaft des Kölner Erzbischofs in Südwestfalen, die faktisch schon bestand. Der Kölner Philipp von Heinsberg war auch 1178 die treibende Kraft der Heerfahrten gegen den Welfen. Die Frage liegt deshalb nicht so fern, ob nicht auch das lehnrechtliche Verfahren gegen Heinrich den Löwen im wesentlichen auf Betreiben des Kölners erfolgte, damit am Ende die Zugehörigkeit Westfalens zum Kölner Herzogtum lehnrechtlich sanktioniert und der Kaiser in die Politik gegen den Welfen fest eingebunden werden konnte.

Der kölnische Herzog und Erzbischof Philipp von Heinsberg war nach dem Sturz Heinrichs des Löwen der mächtigste Fürst in der nördlichen Reichshälfte. In zweifacher Hinsicht machte sein Machtbereich dem Kaiser seit einiger Zeit schon zu schaffen. Die Landfriedensaktion von 1164 gegen den in Südwestfalen dominierenden Grafen von Arnsberg hatte die Kölner Kirche benutzt, die herrschaftliche Durchdringung dieses Raumes zu intensivieren, der kirchlich schon lange dem Kölner Bistum angehörte. Auf diesen Machtzuwachs reagierte der Kaiser mit verschiedenen Mitteln. Er förderte nach Kräften die Bildung eines Machtblocks in den südlichen Niederlanden, der als Rivale dem Kölner Herzogtum entgegengestellt werden konnte, wobei dem Aachener Reichsgutbezirk die Rolle eines in der Mitte liegenden Züngleins an der Waage zufallen sollte. Vorübergehend machte er den Versuch, den Zähringerherzog Berthold IV., der sich 1166 mit Barbarossa wieder ausgesöhnt hatte, und dessen Bruder Rudolf Bischof von Lüttich geworden war, in dem Raum zwischen mittlerer Maas und unterer Mosel anzusiedeln. Als aussichtsreicher erwies sich schließlich der Plan, den von Graf Heinrich IV. von Namur-Luxemburg dem Grafenhaus von Hennegau zugesicherten Erbgang zu unterstützen. Die königlichen Städte Aachen und Duisburg wurden zum Nachteil Kölns wirtschaftlich begünstigt. Dahinter stand nicht nur die Sorge des Kaisers, die von der Weser bis zur Maas reichende Herzogsgewalt des Kölner Erzbischofs durch adlige Gegenkräfte eindämmen zu lassen, sondern auch ein Mißbehagen an der Umwandlung des Kölner Lehnsherzogtums in ein Gebietsherzogtum. Erzbischof Philipp von Heinsberg nämlich kaufte ab 1168 die Burgen seiner adligen Vasallen auf und gab sie wieder zu Lehen aus, ohne von den Lehnsleuten persönliche Leistungen zu verlangen mit Ausnahme der Pflicht, im Kriegsfalle die Burg den Truppen des Erzbischofs zur Verfügung zu stellen. Die Lehnsbindung des Adels an den Erzbischof und des Erzbischofs an den Kaiser wurde damit nicht aufgehoben, aber sie war nunmehr ergänzt durch den Eigentumstitel des Erzbischofs, und darauf kam es ihm offenkundig an. Der Adel war jetzt nicht mehr nur durch sein Lehnsband in das Herzogtum eingebunden, sondern auch durch die Lage seines Wohnsitzes. Würde das Lehnsband fortfallen, änderte sich im Unterschied zu früher am Bestand des Herzogtums nichts, aber die Superiorität der Königsgewalt wäre wieder in Frage gestellt.

Für das staufische Reichsideal bedeutete dieser Wandel, so räumlich begrenzt er auch war, eine allerhöchste Gefahr. Das Lehnsrecht bot sich ja nicht nur als eine geeignete Grundlage des innerstaatlichen Verkehrs an, sondern es rechtfertigte auch den Willen Friedrich Barbarossas, außer in Italien auch in Deutschland der Ausgangspunkt jeder legitimen Gewaltausübung zu sein. Der Adel sollte an dieser Gewaltausübung nur durch Delegation vom König aus teilhaben. Diese Auffassung entsprach vollkommen den staufischen Vorstellungen vom Erbkönigtum, wie sie Gottfried von Viterbo um diese Zeit entwickelte und sie später im Erbreichsplan Heinrichs VI. die Gestalt eines konkreten Programms annahmen. Die neue landrechtliche Basis des Kölner Herzogtums ging demgegenüber vom Besitz des Einzelnen aus. Pauschal gesagt, gab ausreichender Besitz und die Fähigkeit, ihn mit eigenen Kräften verteidigen zu können, das Recht zu legitimer Gewaltausübung. Praktizierbar war eine solche Gewaltausübung nur durch genossenschaftlichen Zusammenschluß des Adels und durch Übertragung der Gewalt auf einen gewählten Herrscher. Der Vorgang im Kölner Herzogtum führte, wie man heute aus der Rückschau sagen kann, zum deutschen Thronstreit und darüber hinaus in das deutsche Wahlkönigtum des Spätmittelalters.

Der Kaiser sah anscheinend keinen anderen Weg als die Blockbildung westlich des Kölner Herzogtums tatkräftig weiterzuverfolgen. Die Repräsentation der staufischen Ritterkultur auf dem Mainzer Hoffest von 1184 bot den geeigneten Rahmen, die in Aussicht genommene Erhebung Balduins V. von Hennegau zum Markgrafen von Namur öffentlich anzukündigen. Das aus aller Welt besuchte Fest gab aber auch Gelegenheit, dem Wunsch des Grafen von Flandern nach einer Hilfe des Kaisers gegen den König von Frankreich entgegenzukommen. Damit ursächlich in Zusammenhang stand ein Bündnis des Kaisers mit König Heinrich II. von England, an dessen Zustandekommen der Kölner Erzbischof durch eine Reise auf die britische Insel mitwirkte. In welcher Weise Heinrich II. zur Heerfahrt des Kaisersohnes Heinrich VI. nach Frankreich, die der Entlastung des flandrischen Grafen dienen sollte, beitragen wollte, ist unklar; jedenfalls stellte das Bündnis mit den Plantagenets eine Befreiung der Staufer aus ihrer außenpolitischen Isolierung in Aussicht. Vorbedingungen für das Bündnis waren die Rückkehr Heinrichs des Löwen zum Oktober 1185, zur selben Zeit, da Heinrich VI. in Frankreich einfallen sollte, und die Eheabrede Heinrichs VI. mit Konstanze von Sizilien, die dem Schwiegersohn des englischen Königs den Frieden mit dem Imperium brachte, den er wegen der jetzt schon einsetzenden Umtriebe Tankreds so nötig brauchte. Es ist erstaunlich, daß Barbarossa buchstäblich im letzten Moment die Heerfahrt seines Sohnes und damit auch das so mühsam eingefädelte Bündnis scheitern ließ, weil der Graf von Hennegau als Schwiegervater des französischen Königs dem Reichsheer den Durchmarsch verweigerte und für den Kaiser die Machtsteigerung des Hennegauers unbedingte Priorität besaß. Nicht das 1183 ausgebrochene Trierer Schisma war der Grund für die Opposition des Kölner Erzbischofs gegen den Kaiser, sondern die Erkenntnis, wie viel dem Staufer an einer Eindämmung der kölnischen Herzogsmacht gelegen war. Freilich wartete Philipp von Heinsberg, bis dem Grafen von Namur-Luxemburg ein Leibeserbe geboren wurde, der die Erbaussichten des Hennegauers gegenstandslos machte, und ein Zusammenspiel mit Papst Urban III. vereinbart war. Wenn man bedenkt, daß die Opposition von Dänemark bis in die Champagne reichte, dann kam ihr mehr als nur ein provinzieller Charakter zu, den ihr die ältere Forschung anzuhängen suchte. Nur zum Schein ging es um den vom Papst geweihten Trierer Prätendenten Folmar; in Wirklichkeit stand von kölnischer Seite die Verfassungspolitik der Staufer und päpstlicherseits ihr Erbkaisertum zur

Diskussion. Daß Barbarossa im Sommer 1186 seinem Sohn die Regentschaft in Italien anvertraute und selbst die Obsorge für Deutschland übernahm, ist ein Indiz, daß ihm die Tragweite der Situation nicht verborgen war. Äußerlich siegte der Kaiser. In Gelnhausen scharte er gegen Ende November den Episkopat des Reiches hinter sich und machte damit die Zielsetzung des Kölners, einen dem Papst ergebenen Episkopat in die Opposition zu führen, zunichte. Wohl gelang es dem Kölner um Pfingsten 1187, das vom Kaiser angestrebte Bündnis mit dem französischen König Philipp II. August wertlos zu machen, so daß die vereinbarte Heerfahrt gegen den englischen König nicht zustande kommen konnte, aber er gab sich rechtlich eine Blöße, die es Barbarossa erlaubte, gegen den Erzbischof ein Gerichtsverfahren zu eröffnen. Auf dem »Hoftag Jesu Christi« in Mainz Ende März 1188 unterwarf sich Philipp von Heinsberg; wegen der Kreuznahme des Kaisers kam er noch glimpflich davon. Das eigentliche Problem blieb unentschieden.

Das lehnsrechtliche Verfahren gegen Heinrich den Löwen erscheint verfassungsgeschichtlich als eine Wendemarke, weil hier, wie es scheint, erstmals Fürsten des Reiches einen Standesgenossen wegen Mißachtung der kaiserlichen Majestät aus ihrem Kreis ausgeschlossen haben. Der Übergang vom stammesherzoglichen Adel zum jüngeren Reichsfürstenstand hat hier einen sichtbaren Abschluß gefunden. Dieser jüngere Reichsfürstenstand soll sich nach dem Gefälle des wirtschaftlichen und politischen Gewichts in Form einer ständischen Einung als Zusammenschluß der Mächtigen im Reich herausgebildet und im Standesgericht in Würzburg einen ersten rechtsgültigen Ausdruck geschaffen haben. Diese Entwicklung steht in Einklang mit der Umbildung der Heerschildordnung aus einer militärischen Aufgebots- und Befehlshierarchie in eine Rangordnung der Lehnsbindung, so wie es in den Rechtsbüchern des 13. Jahrhunderts aufgezeichnet ist: An der Spitze der Lehnspyramide steht der König, der selbst kein Vasall ist. Ihm folgen die geistlichen und weltlichen Reichsfürsten, auf zwei Heerschilde verteilt, die beide dem König gleichrangig zugeordnet sind, wobei die Laienfürsten den dritten Schild halten, weil sie auch Inhaber kirchlicher Lehen sein können. Den vierten Schild besetzen die Schöffenbaren und Edelfreien, da sie von Reichsfürsten belehnt und damit Untervasallen des Königs werden können. Den letzten Platz in der siebenstufigen Pyramide nehmen die Ministerialen und Dienstmannen als Einschildritter ein, die Lehen zu empfangen, aber nicht wieder auszugeben fähig sind.

Man hat sich den Vorgang nicht so vorzustellen, als ob der Würzburger Prozeß die Bildung des Reichsfürstenstandes erst bewerkstelligt hätte; aber er war offenbar Anlaß für eine fällige Klärung der Beziehungen zwischen Königsgewalt und Fürstenschaft. Die Klärung muß in Form eines Kompromisses vor sich gegangen sein, Einzelheiten entziehen sich jedoch genauer Kenntnis. Man kann lediglich vermuten, daß die Lehnshierarchie als das staufische Fernziel mit der landrechtlich fundierten Übertragung der welfischen Hinterlassenschaft kontrastierte. Es war die wachsende Sorge der Großen in Norddeutschland gewesen, von Heinrich dem Löwen mediatisiert zu werden; schon deshalb mußte ihnen daran liegen, als unmittelbar und ausschließlich vom König Belehnte anerkannt zu sein. Da es die Entmachtung des welfischen Herzogs beschleunigte und offenbar kein anderes Rechtsmittel zur Verkürzung der Frist zwischen Acht und Oberacht zur Verfügung stand, mußten sie sich mit dem lehnsrechtlichen Verfahren einverstanden erklären, auch wenn es das lehnsrechtliche Element allgemein favorisierte. Aus der Sicht des Kaisers, so sollte man meinen, wäre es sinnvoll gewesen, einen Teil der Heinrich dem Löwen abgesprochenen Reichslehen sich selbst zuzuweisen. Der Sachsenspiegel nennt zwar im weiteren Verlauf des 13. Jahrhunderts wie selbstverständlich den Leihezwang von Fahnenlehen binnen Jahr und Tag, aber die staufischen Nachfolger Barbarossas haben gerade ihn zu umgehen versucht, weswegen man zu Recht annehmen kann, daß 1180 rechtlich noch kein Zwang bestand. Wenn es nicht Beispiele für eine rechtsförmliche Aufnahme in den Reichsfürstenstand aus der Zeit vor 1180 geben würde, deren Historizität allerdings keineswegs gesichert ist, könnte man vermuten, der Kaiser habe das landrechtliche Element bewußt in die Lehnsbeziehung eingebunden, indem der Anwärter für die Aufnahme in den Fürstenstand sein Allod dem Herrscher auftrug, um es zusammen mit Reichsgut als Lehen zurückzuerhalten. Andererseits erscheinen die vor 1180 von der kaiserlichen Kanzlei genannten »principes maiores« in ihrer Rechtsstellung mit einem auffallend unscharfen Profil, weshalb nicht ausgeschlossen ist, daß die lehnsrechtliche Rangordnung nach einem Verengungsprozeß erst 1180 im Sinne eines nachträglich herausgestellten Kriteriums gefunden wurde. Die Zuordnung der Reichsglieder zur Königsgewalt basierte seitdem wesentlich auf dem Lehnsrecht, allerdings nicht in der Weise, daß den Angehörigen des vierten Schildes fortan ein unmittelbarer Zugang zur Königsgewalt verwehrt gewesen wäre; aber sie konnten mediatisiert werden, der Reichsfürst hingegen nicht. Darin kommt der Vorzug des Reichsfürstenstandes zum Ausdruck; weder die herzogliche Würde noch der Territorialisierungsgrad einer Herrschaft waren alleiniges Kennzeichen des Reichsfürstenstandes, sondern die garantierte Königsnähe.

Es wäre falsch zu glauben, der Adel hätte sich fortan gedrängt, in den Reichsfürstenstand aufgenommen zu werden, und der Königsgewalt wäre damit so etwas wie ein Instrument zur Steuerung der Gesellschaft in die Hand gegeben gewesen. Vermutlich überschätzt die Forschung die Bedeutung der Aufnahme in den Reichsfürstenstand, wie aus zwei Beispielen ersichtlich wird. Als Balduin V. von Hennegau 1195 starb, erbte der ältere Sohn Balduin VI. die Grafschaften Flandern und Hennegau sowie der jüngere Sohn Philipp die Grafschaft Namur, und zwar in Lehnsabhängigkeit von seinem älteren Bruder. Das heißt, nachdem der vom Brabanter Herzog erhobene Heimfallanspruch auf die Grafschaft Namur und der Druck von seiten der kölnischen Herzogsgewalt entfallen waren, bestand kein Bedürfnis nach garantierter Königsnähe mehr, und der eigens zur Fundierung im Reichsfürstenstand eingeführte Markgrafentitel von Namur wurde konsequenterweise nicht mehr gebraucht. Und das zweite Beispiel: Die Askanier führten unter Konrad III. den Markgrafentitel in Erwartung einer Eroberung der ostelbischen Nordmark und besaßen als breite Ausgangsbasis auf dem linken Elbufer in der später so genannten Altmark Allode und Reichslehen. In welchem Maße sie ihre Herrschaft als Familienbesitz verstanden, ist an der Samtherrschaft Albrechts des Bären zusammen mit seinem Sohn Otto I. sowie am Titel der beiden »marchiones« des noch gar nicht in ihrem Besitz befindlichen Brandenburg zu sehen. Die Kanzlei Friedrichs I. weigerte sich bis 1172, Albrecht oder seinen Sohn als Markgraf von Brandenburg zu bezeichnen. Otto I. fungierte ab 1170 als Markgraf allein und sein gleichnamiger Sohn ab 1184 zusammen mit seinem Bruder Albrecht, der aber nur den Titel eines Grafen von Arneburg benutzte. Er war unverheiratet, sein Bruder hatte keine Kinder, ihr Onkel, Herzog Bernhard von Anhalt, wäre im Todesfall erbberechtigt gewesen. Das war der springende Punkt. Man hatte die Herzogsgewalt Bernhards von Anhalt von Anfang an sowohl von kaiserlicher als auch von sächsischer Seite in ihrem Handlungsspielraum systematisch beschnitten, weil man die Wiederkehr eines übermächtigen Hezogs, etwa nach dem Vorbild Heinrichs des Löwen, befürchtete. Kaum war Heinrich der Löwe gestorben, veranlaßte 1196 Erzbischof Ludolf von Magdeburg die brandenburgischen Askanier, ihre »praedia« seiner Kirche zu Lehen aufzutragen. Auch wenn zu den »praedia« die Reichslehen nicht gehört haben sollten, handelte es sich um eine Aktion mit entscheidenden politischen Veränderungen; denn die Erbfolgebestimmung, die Kaiser Heinrich VI. in seine Bestätigung der Lehnsauftragung aufnahm, schloß einen Erbübergang in jeder Hinsicht an den Onkel der askanischen Seitenlinie aus. Man kann die Rechtselemente dieses Falles hin- und herwenden, wie man will, die faktische Offenbarung des Kaisers, den Erbgang an Bernhard von Anhalt anders nicht verhindern zu können, zumal er selbst den sogenannten Erbreichsplan ins Gespräch gebracht hatte, zeigt die reichlich begrenzte Effektivität der Zugehörigkeit zum Reichsfürstenstand. Die Dominanz des Erbprinzips ließ das Lehnsrecht nur noch zu einer Rechtsgrundlage neben anderen absinken. Daß die brandenburgischen Markgrafen längst Reichsfürsten waren, bewahrte sie nicht vor der Gefahr, in einer herzogsähnlichen Herrschaft des Magdeburger Erzbischofs aufzugehen. Zumal die königliche Mitwirkung an der Besetzung der Bischofsstühle bald ganz aufhören sollte, erweist sich die Zuweisung zum zweiten und dritten Platz in der Heerschildordnung Eikes von Repgow als eine wirklichkeitsfremde Konstruktion. Es ist kein Wunder, daß es – mit Ausnahme der Welfen (1235) – auf lange Zeit keine Aufnahme in den Reichsfürstenstand mehr gab.

9. Auf dem Wege zur Weltmonarchie

Zeitlebens hat Friedrich Barbarossa die legendäre Gestalt Karls des Großen als Leitbild gedient; er verehrte ihn insbesondere als den Heidenbezwinger. Nun selbst als Heidenkämpfer an der Spitze eines Kreuzfahrerheeres ins Heilige Land zu ziehen, um Jerusalem für die Christenheit zurückzuerobern, mußte ihm als Krönung seines langen Herrscherlebens erscheinen; ein Unternehmen, das für ihn durch den so unkriegerischen Tod am 10. Juni 1190 beim Baden im Flusse Saleph ein jähes Ende fand. Für die Nachfolge im Königtum war längst vorgesorgt; seit der letzten Abreise des Kaisers von Italien hatte ihn sein Sohn Heinrich VI. dort uneingeschränkt vertreten, Heinrich übernahm auch für die Dauer des Dritten Kreuzzuges das Regiment im Reich. Sein Mitkönigtum muß bereits einen so ungeschmälerten Gültigkeitsgrad besessen haben, daß er dem Vater ohne förmlichen Akt im Amt folgen konnte.

Dieses Bild darf nicht über die Gefahren hinwegtäuschen, die dem staufischen Hause dennoch aus diesem Generationswechsel erwuchsen. Beatrix von Burgund hatte ihrem Gatten zehn Kinder geschenkt, aber nur Heinrich VI. und sein Sohn Friedrich II. setzten das Geschlecht in männlicher Linie fort. Den übrigen Söhnen wurden teils nur Töchter geboren, oder Töchter überlebten allein den Vater wie in der Seitenlinie des rheinischen Pfalzgrafen Konrad, teils kamen in Aussicht genommene Heiraten infolge außenpolitischer Schwierigkeiten nicht zur Ausführung. Otto, der Pfalzgraf von Burgund, heiratete Margarete von Blois, eine Nichte Philipps II. August von Frankreich; ihn überlebte aber nur die mit Herzog Otto von Andechs-Meran vermählte Tochter Beatrix. Seinen jüngsten Sohn Philipp bestimmte Barbarossa für die geistliche Laufbahn; zunächst Propst des Aachener Marienstiftes, wählte man ihn 1190 zum Bischof von Würzburg, doch sollte er kirchliche Weihen niemals empfangen. Friedrich VI. von Schwaben, ursprünglich Konrad genannt, wurde 1181 mit einer Tochter Waldemars I. von Dänemark verlobt, um die soeben hergestellte Lehnsbeziehung zu untermauern. Waldemars Sohn Knut war bereits mit einer Tochter Heinrichs des Löwen verheiratet; er beanspruchte die südliche Ostseeküste für sich und nahm engere Beziehungen zu Heinrich dem Löwen und zum Kölner Erzbischof auf, um den sich eine schon erwähnte Opposition gegen den Kaiser scharte. Im Zuge dieser erneut antistaufischen Politik verweigerte er 1187 auch die fällige Zahlung der zweiten Hälfte der Mitgift, so daß dem Kaiser nichts anderes blieb, als die Braut samt erster Hälfte der Mitgift wieder heimzuschicken. Verlobt wurde Friedrich nun mit einer Tochter Belas III. von Ungarn, doch zur Heirat kam es nicht, weil der Bräutigam, der nach dem Tode des Vaters die Führung des deutschen Kreuzfahrerheeres übernommen hatte, 1191 vor Akkon starb. Der Ring einer gegen die Staufer und Kapetinger gerichteten Koalition begann sich also wieder zu schließen, noch während der Kaiser ihn unschädlich zu machen bemüht war.

Das zeigt sich noch deutlicher an der bereits im Mai 1187 vom Kaiserhof initiierten ehelichen Verbindung Konrads von Rothenburg mit der Erbtochter Berenguela von Kastilien. Die Hochzeit fand im Juli 1188 in Carrión westlich von Burgos statt, und die Braut sollte laut Vertrag nach Vollendung ihres zehnten Lebensjahres zum Weihnachtsfest 1190 an den Stauferhof übersiedeln.

Indes, sie blieb aus, nicht weil Alfons VIII. im November 1189 doch noch ein männlicher Thronfolger geboren wurde, sondern weil sich in Deutschland eine Verschiebung der Machtverhältnisse anzubahnen schien. Heinrich der Löwe hatte sich im Frühjahr 1188, als auf dem Mainzer Hoftag »Jesu Christi« der Kreuzzug beschlossen wurde (der Kaiser beabsichtigte sogar eine Eroberung Konstantinopels), zum abermaligen englischen Exil verpflichten müssen, kehrte aber nach Abreise des Kreuzfahrerheeres vorzeitig zurück. Zumal auch Graf Adolf III. von Holstein unter den Kreuzfahrern weilte, gelang es ihm relativ schnell, Lübeck und andere wichtige Plätze zurückzugewinnen. Heinrich VI. ließ schon im Oktober 1189 auf dem Merseburger Reichstag einen Reichskrieg gegen den Welfen ansagen, aber neue Ereignisse in Süditalien nahmen sein vitales Interesse in Anspruch.

Wilhelm II. von Sizilien starb im November 1189 ohne Kinder. Erbin des Normannenreiches war jetzt – wenn auch nicht über jeden Zweifel erhaben – Konstanze, die Gattin Heinrichs VI., aber die Barone der Insel Sizilien riefen im Januar 1190 Tankred, den Grafen von Lecce sowie Großkonnetabel und Magister-Justitiar Apuliens und der Terra di Lavoro (gleichsam Statthalter des Königs auf dem Festland), zum neuen König aus, einen Vetter Wilhelms von umstrittener Ebenbürtigkeit. Die staufischen Quellen betrachten sein Königtum natürlich als illegitim. Als letzter männlicher Enkel Rogers II. und als Sohn Herzog Rogers von Sizilien sowie als Gewählter bei gesteigertem Bedürfnis nach Wahl im 12. Jahrhundert auch in Sizilien als Legitimationsgrundlage konnte Tankred jedoch einen gleichrangigen Anspruch anmelden. Eine politisch unbedeutende Figur, wie gerne geschildert, war Tankred sicherlich nicht.

Wie wohl schon in seinen letzten Lebensjahren Wilhelm II., so handelte auch Tankred im Einvernehmen mit der Kurie, die am Schicksal des sizilischen Erbes schon wegen der päpstlichen Lehnshoheit ein größtes Interesse haben mußte. Papst Clemens III. wartete in diesem Sinne mit der Belehnung, gab aber dem Erzbischof von Palermo die Erlaubnis zur Krönung. Die zunächst wichtigere Hürde war für Tankred die Anerkennung seines Königtums durch den Adel des Festlandes, wo besonders in der Terra di Lavoro und im nördlichen Apulien (wie auch noch zu Zeiten Friedrichs II.) die Anhänger der Staufer dicht gestreut waren. Richard von Acerra überwand für ihn Graf Roger von Andria, den Anführer der Anhänger Konstanzes. Die schlimmere Gefahr, die Heerfahrt Heinrichs VI. nach Palermo zwecks Krönung zum König von

Sizilien, erledigte sich vor den Mauern Neapels von selbst, da die Belagerung gegen Ende August 1191 wegen um sich greifender Seuche abgebrochen werden mußte. Tankred schritt nun selbst zur Unterwerfung des Festlandes; in der ersten Jahreshälfte 1192 näherte er sich dem Höhepunkt seiner Macht. Coelestin III., seit April 1191 Papst, hatte geglaubt, Konstanze – nach der verunglückten Belagerung Neapels in Salerno gefangen und nach Palermo in Gewahrsam gebracht – als Vermittlerin zwischen Tankred und Heinrich VI. einschalten zu können, doch Heinrich VI. blieb unnachgiebig, und Konstanze kehrte zu ihm zurück. Gleichzeitig verhandelte Coelestin mit Tankred über ein Konkordat, das im Juni 1192 in Gravina abgeschlossen und mit dem Tankred auch definitiv vom Papst als König anerkannt wurde. Die Immunität der Insel Sizilien vor Eingriffen päpstlicher Legaten war nunmehr beseitigt und die Ablehnung eines kirchlichen Elekten durch den König nur noch auf den Fall eines offenkundigen Feindes beschränkt. Bevor man daraus schließt, Coelestin habe mit dem Konkordat von Gravina den Sizilier erpreßt, sollte man einen Blick auf das Zusammenspiel Tankreds und Coelestins werfen. Es ist kennzeichnend für die neuartige Politik Tankreds, sich nicht nur auf das Glück seiner Waffen zu verlassen, sondern schlechthin auch mit Zuckerbrot und Peitsche zu arbeiten. Potente Gegner und in stauferfreundlicher Nachbarschaft gefährdete eigene Anhänger wurden päpstlicher- und königlicherseits mit einander abgestimmten Begünstigungen herübergezogen bzw. bei der Stange gehalten; weniger wichtige Barone, Kirchen oder Städte wurden links liegengelassen und hartnäckige Gegner mit Schikanen traktiert oder wenn möglich hart bestraft. Diese politische Zusammenarbeit machte Tankreds Herrschaft, solange er lebte, ungefährdet.

Tankred suchte darüber hinaus einen Rückhalt beim östlichen Nachbarn, indem er seinen Sohn Roger mit Irene, der Tochter des byzantinischen Kaisers Isaak II. Angelos, vermählte, zugleich aber auch engere Beziehungen zu Philipp II. August aufnahm, schon weil König Richard Löwenherz von England die Auslieferung seiner Schwester Johanna, der Witwe Wilhelms II., samt Morgengabe verlangte. Während der englische und französische Monarch in bitterer Feindschaft einander gegenüberstanden, seit sie in Messina auf der Kreuzzugsfahrt Rast machten, traf im November die Nachricht vom Tode des Stauferkaisers ein und klärte die Fronten. Richard Löwenherz und Tankred schlossen überraschend schnell einen Schutzvertrag und verlobten Tankreds Tochter mit Richards Neffen Arthur von der Bretagne. Mit dem Hinweis, er fühle sich seit dem Abkommen vom Mai 1187 dem Staufer verbunden, wich Philipp August dem Begehren Tankreds nach einem ähnlichen Vertrag aus.

Die Kaiserkrönung zu Lebzeiten des Vaters war Heinrich VI. schließlich doch noch vom Papst zugesagt worden. Seine Romfahrt war ohnehin schon geplant, erwies sich nun aber als dringend. Durch Vermittlung der Erzbischöfe von Köln und Mainz kam es deshalb schon im Juli 1190 mit Heinrich dem Löwen zu einem Vergleich; er erhielt die Hälfte der Reichseinkünfte in Lübeck, mußte aber die Stadtbefestigungen Braunschweigs und Lüneburgs schleifen und einen seiner Söhne zur Teilnahme an der Italienfahrt verpflichten. Im Januar 1191 befand sich das Heer Heinrichs VI. in Lodi, als die hochbetagte Eleonore, seit 1189 Witwe Heinrichs II. von England, in eigenmächtiger Mission das Hoflager aufsuchte. Ihr Sohn Richard Löwenherz war 1169 mit Adelheid, der Halbschwester Philipp Augusts, verlobt worden, aber die Hochzeit hatte nicht stattgefunden, sei es weil die staufisch-kapetingische Annäherung eine solche Heirat inopportun erscheinen ließ, sei es wegen amouröser Schwächen Heinrichs II. für seine künftige Schwiegertochter. Nachdem in Barbarossa eine gefürchtete Figur auf dem politischen Schachbrett ausgefallen war, zeigte sich Eleonore fest entschlossen, dieses Verlöbnis zu beenden. In Berengaria von Navarra brachte sie gleich eine neue Braut nach Italien mit und erklärte dem deutschen König, ihr Sohn werde diese Prinzessin heiraten, wenn Heinrich im englisch-französischen Gegensatz Neutralität zu wahren verspreche. Für ihn bestand der Vorteil in einer Isolierung Tankreds, denn die sofortige Abreise Richards von Messina war in Anbetracht der Kränkung Philipp Augusts unvermeidlich. Natürlich ließ die energische Dame nichts von ihrer Absicht verlauten, auf ihrer Weiterreise auch bei der Kurie vorsprechen und eine Auflösung der Ehe Berenguelas von Kastilien mit Konrad von Rothenburg veranlassen zu wollen. Sogleich nach seiner Wahl entsandte Coelestin III. einen Kardinal nach Spanien, der die kanonische Vorschrift eines ausdrücklichen Konsenses der Braut zum Zeitpunkt ihrer Ehemündigkeit benutzte, Berenguela zur Erklärung ihrer unüberwindlichen Abneigung gegen den Staufer zu bewegen, was bei der wüsten Lebensweise Konrads sogar glaubhaft klingen mußte.

Tankred hatte aus verständlichen Gründen nur Heinrich VI. isolieren wollen, was der französische König für seine Person verhinderte. Der Königinwitwe Eleonore war es dann gelungen, diesen Teilerfolg zum Nutzen des englischen Festlandsbesitzes in eine Isolierung des staufisch-kapetingischen Bündnisses umzumünzen. Bezeichnenderweise verließ Heinrich, der Sohn Heinrichs des Löwen, in diesem Moment heimlich das Heer Heinrichs VI., um in Norddeutschland eine erneute welfische Opposition zu organisieren, und Coelestin III. verlieh ihm das im Augenblick gar nicht so arglose Privileg, nur vom Papst persönlich gebannt werden zu dürfen. Der Ring einer gegnerischen Koalition hatte sich also wieder geschlossen.

Der umsichtig planenden und alle nur denkbare Möglichkeiten offenhaltenden Politik Coelestins III. kommt das Verdienst zu, den glanzvollen Pontifikat seines Nachfolgers Innozenz III. vorbereitet zu haben. Angesichts seines hohen Alters war sich der Greis seiner Platzhalterschaft mit den zwangsläufigen Merkmalen nur provisorischer Entscheidungen bewußt; zum offenen Bruch mit Heinrich VI. ließ er es nicht kommen, aber er hinderte durch dauernde Nadelstiche oder – wie auf dem sizilischen Festland – durch eine erst in heutiger Rückschau transparente Privilegienpolitik eine Konsolidierung der deutschen Herrschaft in Italien, die dem Patrimonium der Römischen Kirche nach den bisherigen Erfahrungen nur zum Nachteil gereichen konnte. Wie sehr er auf Zeitgewinn arbeitete, wird an der Kaiserkrönung deutlich; er verweigerte sie nicht, aber schob seine eigene Priesterweihe, die ihn erst zur Bischofsweihe und damit zur Krönung befähigte, hinaus. Heinrich mußte bis zum zweiten Ostertag des Jahres 1191 auf die Kaiserkrönung warten, derweil Tankred seine Verteidigung organisieren konnte. Dieser Zeitverlust machte sich bemerkbar, als der Kaiser gegen Süden weiterzog und Neapel nicht einnehmen konnte, weil die genuesische und pisanische Flotte an einem Eingreifen in abgesprochener Weise gehindert wurde. Vor den Mauern Neapels ereilte Heinrich ein ähnliches Geschick wie seinerzeit den Vater; eine Seuche befiel das Heer, der Kaiser selbst mußte schwer erkrankt nach Oberitalien zurückkehren.

Dieser Rückschlag gefährdete die Stellung Heinrichs VI. überhaupt. Wohl konnte er mit Philipp August, der vom Kreuzzug heimkehrte, in Mailand das staufisch-kapetingische Bündnis erneuern, aber Salerno, wo sich die Kaiserin zufällig aufhielt, lieferte Konstanze im Glauben an die totale Niederlage ihres Mannes an Tankred aus. In Sachsen ging Herzog Bernhard zur welfischen Opposition über, und Erzbischof Wichmann von Magdeburg, die zuverlässigste Stütze der Staufer im Nordosten, starb 1192. Auf dem Wormser Reichstag vom Januar 1192 bestimmte der Kaiser für den Lütticher Bischofsstuhl Lothar von Hochstaden, während der Papst den Bruder des Brabanter Herzogs, einen aus der Lütticher Doppelwahl hervorgegangenen Prätendenten, in dieses Amt einwies und vom Reimser Erzbischof weihen ließ. Zumal der Papst mit dem Konkordat von Gravina den Rivalen in Sizilien anerkannte, antwortete Heinrich mit einer Abschnürung der Kurie von der Außenwelt, verschlimmerte aber durch den Meuchelmord am Lütticher Bischof, dem Rivalen Lothars, nur noch seine Lage. Ob berechtigt oder nicht, der Mord wurde Heinrich angelastet. Die Besetzung des Lütticher Stuhles mit Lothar von Hochstaden hatte das Ziel gehabt, eine gegen den Erzbischof opponierende Adelsgruppe aus dem Kölner Herzogtum mit dem Lütticher Hochstift und dem Aachener Reichsgutsbezirk zu verbinden und von dort aus das Herzogtum gewissermaßen von innen her aufzurollen, aber nicht mehr durch den Block Flandern-Hennegau-Namur einzudämmen. Dies hatte die alte, vom Kölner Erzbischof angeführte Opposition gegen den Kaiser wieder auf den Plan gerufen. Nachdem der Mord bekannt geworden war, nahm sie wiederum eine überregionale Dimension an; dieses Mal reichte sie von Dänemark bis Böhmen und zum Zähringerherzogtum.

In dieser schwierigen Situation brachte die Gefangennahme des englischen Königs Richard Löwenherz eine Wende. Die Spannungen zwischen ihm und Philipp August hatten sich während der Eroberung Akkons noch verschärft; durch den Tod Barbarossas war Richard praktisch die Führung des Kreuzzugsunternehmens zugefallen. Ihn auf der Rückreise vom Heiligen Land gefangenzunehmen, beschlossen der Kapetinger und Heinrich VI. in Mailand; woher allerdings beide wußten, daß Richards Heimfahrt über Südostdeutschland und nicht über das für ihn weniger gefährliche Spanien bzw. Südfrankreich führen werde, bleibt dabei dunkel; es gibt Vermutungen, dieser habe Ambitionen auf die Steiermark wahrnehmen wollen. Babenbergische Ministeriale entdeckten den als Pilger Verkleideten unweit von Wien und setzten ihn in der Burg Dürnstein fest. Ungerührt von der allgemeinen Erregung über diesen Friedensbruch an einem Kreuzfahrer verhandelte Herzog Leopold von Österreich mit dem Kaiser über die Auslieferung Richards. Zur selben Zeit, da eine Kreuzzugsführung die königliche Stellung noch überhöhen konnte, setzte sich schon die nüchterne Diplomatie gerissener Monarchen einfach über geheiligte Normen eines religiös-militärischen Gemeinschaftswerkes hinweg.

Der Kaiser verlangte im Frühjahr 1193 ein Lösegeld von 100 000 Mark, an dem der Babenberger zur Hälfte beteiligt werden sollte, und vor allem Richards persönliche Teilnahme an einem Feldzug gegen Tankred. Der Engländer jedoch verstand den Blick des Kaisers von Sizilien wegzulenken und den wirklichen Wert seiner eigenen Gefangenschaft deutlich zu machen. Er beruhte im englisch-französischen Gegensatz. Dieser aber drohte sich aufzulösen, zuerst durch die Erfolge Philipp Augusts in der Normandie und dann durch eine Verständigung des französischen Königs mit Johann »ohne Land«, dem Bruder Richards, der die englische Krone jetzt zu übernehmen trachtete; beide boten dem Kaiser die Zahlung des Lösegeldes an, wenn die Freilassung Richards noch über ein Jahr auf sich warten lasse. Eleonore, jene in heiklen Missionen erprobte Witwe, erreichte angesichts dieser Lage eine Änderung der Verhandlungsbasis; Richard sollte zwar erst nach Zahlung des Lösegeldes die Freiheit wiedererlangen, zugleich aber auch gegen einen Jahreszins den Lehnseid leisten. Beiden versprach dieses Verhandlungsergebnis Vorteile; die Lehnsbindung rettete Richard den Thron, weil sie auch die künftige Hilfe des Kaisers gewährleistete, der seinerseits Tankred gegenüber nicht in völlige Isolierung zu geraten ein Interesse haben mußte. Blieb Richard König, dann konnte auch Philipp August den Staufer nicht entbehren. Auf dem künstlich fortlebenden englisch-französischen Gegensatz also richtete Heinrich VI. eine Art Schiedsrichterrolle in Westeuropa auf.

Den letzten Anstoß zur Freilassung des englischen Königs im Februar 1194 gab jedoch die Eheschließung des jungen Welfen Heinrich von Braunschweig, Sohn Heinrichs des Löwen, mit Agnes, der Erbtochter des rheinischen Pfalzgrafen Konrad. Das Romantische in der Überlieferung zu dieser Eheschließung verschleiert nur den Einbruch des welfischen Einflusses in die staufischen Stellungen am Rhein und den letzten Schritt im Übergang der Pfalzgrafschaft von einem Amt königlicher Stellvertretung zur Territorialherrschaft. Zumal durch den Tod Tankreds und seines ältesten Sohnes ebenfalls im Februar 1194 in Sizilien ein Vakuum eintrat, das die Königinwitwe Sybille als Regentin für den jungen Wilhelm III. auszufüllen suchte, stimmte Heinrich VI. der Heirat am Mittelrhein zu, schloß im März 1194 mit Heinrich dem Löwen Frieden und benutzte das hohe Lösegeld zur Rüstung für einen weiteren Feldzug gegen das Normannenreich. Im November 1194 bereits konnte Heinrich VI. in Palermo einziehen und sich am Weihnachtstag zum König Siziliens krönen lassen. Der Normannenschatz, von dem schon die Zeitgenossen übertriebene Vorstellungen besaßen, wurde auf den Trifels in der Pfalz verbracht; ihm folgte die ganze Familie Tankreds in die Verbannung, nachdem eine Verschwörung aufgedeckt worden war.

Auf einem Reichstag zu Bari im März 1195 zog der Kaiser aus dem Herrschaftszuwachs die ersten Konsequenzen. Konstanze, die Kaiserin, sollte Regentin des ehemaligen Normannenreiches sein, ihr zur Seite aber stand der Edelfreie Konrad von Urslingen als Statthalter. Die ohnehin schon zentralisierte, auf einen Beamtenstaat zusteuernde normannische Verwaltung brauchte nicht umorganisiert zu werden, aber die entscheidenden Schaltstellen im ganzen Land wurden mit Reichsministerialen besetzt. Erst jetzt trat das Gewicht dieses Standes in das Bewußtsein der damaligen Weltöffentlichkeit; seine Bedeutung für die bisherige Reichsverwaltung Italiens war angesichts dessen eher sekundär. An Markward von Annweiler, seit 1184 Vertrauter Heinrichs VI., der in Bari die Mark Ancona und das Herzogtum der Romagna zu Erblehen erhielt, erweist sich überdies die Wichtigkeit des mittelitalischen Raumes; Oberitalien und Sizilien mußten durch zuverlässige Zwischenstücke miteinander verbunden werden. Aus diesem Grunde auch erhielt Philipp, der Bruder des Kaisers, das Herzogtum Toscana und die Verwaltung der Mathildischen Güter.

Dies alles zeigt schon, daß Heinrich VI. das eroberte Königreich als Reichsland in das Imperium einbeziehen wollte. Den Anspruch des Papsttums auf Lehnshoheit zu respektieren, kam ihm nicht in den Sinn; er betrachtete sich auch nicht als König Siziliens über das Erbe seiner Frau, sondern beanspruchte den Zugang als Kaiser »nach altem Recht des Imperiums«. Man könnte hier einwenden, schon sein Vater habe das Normannenreich als einen Bestandteil des Imperiums verstanden. Doch warum unternahmen die Staufer seit 1177 gegen Sizilien nichts, bis der Erbfall eintrat? Noch deutlicher wird die Tendenz zur Identifizierung von Reich und staufischem Erbgut am Widerstand des normannischen Adels, der sich nicht gegen ein Aufgehen des sizilischen Königtums im Staufergeschlecht wehrte, wohl aber gegen die eigene Ausschaltung und damit gegen eine Eliminierung der staatlichen Eigenständigkeit. Und noch ein Zweites: Der Erbfall konzentrierte die gesamte Herrschaft Heinrichs VI. von Anfang an auf den Süden Italiens. Sizilien war ein reiches und im Vergleich zum damaligen Europa fortschrittlich verwaltetes Land; wie ein Sog zog es den Schwerpunkt der staufischen Königsherrschaft von Deutschland ab. Das traditionelle Gefüge des ottonischsalischen Imperiums, das Friedrich Barbarossa noch unangetastet gelassen hatte, wurde jetzt einer neuen und nur in vagen Umrissen erkennbaren Gestalt unterworfen. Die Idee Gottfrieds von Viterbo, die Kaiserwürde von ihrer bisherigen Bindung an ein bestimmtes Königreich abzulösen und einer abstrakten Sukzessionskette zuzuordnen, die territorial hier oder dort verankert sein konnte, begann sich in die Praxis umzusetzen.

Dem Kreuzzugsplan, den Heinrich VI. nunmehr verfolgte, kommt in diesem Rahmen eine zentrale Bedeutung zu. Nur vordergründig beabsichtigte der Kaiser, damit Papst Coelestin hinsichtlich Siziliens weiterhin Zurückhaltung aufzuerlegen. Wichtiger dürfte das Vorbild des Vaters gewesen sein; Barbarossa hatte seine Kreuzzugsführung im Geiste des zeitgenössischen Ritterideals als eine Nachahmung Karls des Großen verstanden und darin seinen im Wettstreit mit dem Papsttum gesuchten Führungsanspruch über die Christenheit bestätigt gefunden. Bei aller Rationalität des staufischen Herrschaftsverständnisses spielte aber auch die seit Pseudo-Method (7. Jahrhundert) fast zum Allgemeingut gewordene eschatologische Vorstellung eine Rolle, wonach der Endkaiser in Jerusalem einziehen werde.

Im Unterschied zum vorausgegangenen Unternehmen fehlte dem Kreuzzug Heinrichs VI. der spontane Aufbruch. Er selbst hatte durch die Gefangennahme Richards Löwenherz, zur Entwertung des ritterlichen Kreuzzugsideals beigetragen; traditionelle Expansionsziele Siziliens flossen in die umsichtige Absicherung der Zugangswege zum Vorderen Orient nahezu ungebrochen ein. Zunächst richtete der Kaiser sein Augenmerk auf Gebiete, die seine normannischen Vorgänger schon einmal beherrscht hatten. Das almoravidische Kalifat in Tripolis und Tunis wurde von den expandierenden Almohaden bedrängt, Al-Mansur ließ sich ohne größere Schwierigkeiten zur Tributzahlung an den Kaiser bewegen. 1195 forderte eine kaiserliche Gesandtschaft in Byzanz den von Durazzo bis Thessalonike reichenden Gebietsstreifen, den Wilhelm II. vorübergehend besessen hatte, und für den Kreuzzug die Gestellung einer Flotte. Den kurz danach erfolgten Sturz Isaaks II. Angelos durch dessen Bruder Alexios III. nutzte Heinrich, nunmehr das ganze byzantinische Reich auf dem Erbwege zu erlangen; denn schleunigst mußte Philipp, der Bruder des Kaisers, die verwitwete Schwiegertochter Tankreds heiraten, um ihren Vater vor dem Usurpator »in Schutz nehmen« zu können. Aus gewiß nicht uneigennützigen Motiven erhob Coelestin III. allerdings Einspruch; erst müsse der

Kaiser sein Kreuzzugsversprechen einlösen und sich um die Befreiung des Heiligen Grabes bemühen. So münzte Heinrich VI. seine Aggression gleich in eine finanzielle Erpressung um; Alexios III. versprach 1196 dem Ministerialen Heinrich von Kalden einen Jahrestribut von 16 Zentnern Gold, der in Form einer »Alemannensteuer« eingetrieben werden mußte. Weitere Zwischenstationen auf dem Wege zum Heiligen Land bildeten das 1192 von Richard Löwenherz begründete Königreich Zypern und das Königreich Armenien (= Kilikien) am Einfallstor von Kleinasien nach Syrien; beide Herrscher wurden veranlaßt, ihre Reiche vom Kaiser zu Lehen zu nehmen.

Zur Vorbereitung eines Kreuzzuges gehörte auch die Sicherung der Erbfolge im eigenen Königsamt. Einen Tag nach seiner Krönung in Palermo war Heinrich VI. in Jesi bei Ancona ein Sohn geboren worden, der spätere Friedrich II. Ihn designierte der Kaiser auf dem Wormser Reichstag im Dezember 1195 für die Königswahl, als auch der Aufbruch des Kreuzfahrerheeres auf das nächste Weihnachtsfest angesetzt wurde. Aber, was in Anbetracht der Machtentfaltung des Staufers verwundern muß, die deutschen Fürsten verweigerten die Wahl. Die brüchige Quellenbasis läßt hier, abgesehen von der Deutung, eine nur vorsichtige Rekonstruktion der chronologischen Faktenfolge zu. Es gilt heute so gut wie sicher, daß der Kaiser auf dem Mainzer Hoftag Ende Februar 1196 mit dem sogenannten Erbreichsplan erneut an die Fürsten herantrat. Wie in den westlichen Monarchien sollte die deutsche Königsnachfolge nur noch erbrechtlichen Normen unterworfen sein; und als Gegenleistung für den Fortfall des Wahlrechts bot Heinrich den Fürsten die Erblichkeit ihrer Reichslehen in männlicher und weiblicher Linie und bei Kinderlosigkeit sogar in der Seitenlinie sowie dem Episkopat den Verzicht auf die Spolien an. Doch auch zu diesem Geschäft ließen sich die Fürsten nur unter Drohungen auf dem Würzburger Reichstag im April bewegen. In einem nächsten Schritt waren Verhandlungen mit der Kurie nicht zu umgehen, da die Kaiserkrönung nun einmal dem Papst vorbehalten war. Wir wissen wohl, daß Heinrich mit Coelestin III. ergebnislos verhandelt hat, aber welcher Art sein hohes Angebot gewesen ist, wovon die Quellen sprechen, entzieht sich auch nur einigermaßen gesicherter Kenntnis. Noch während der Kaiser in Italien verhandelte, zogen die Fürsten in Erfurt ihre Zustimmung zum Erbreichsplan wieder zurück. Der Ausspruch der Reinhardsbrunner Chronik von der ererbten Schläue des Kaisers träfe nicht zu, hätte Heinrich aus seiner Niederlage nicht doch noch Kapital geschlagen; am Weihnachtsfest des Jahres 1196 gaben die Fürsten dem erneuten Begehren des Kaisers statt und wählten Friedrich II. zum König.

Man beruft sich häufiger auf die Begründung seitens der nicht mehr zeitgenössischen Lütticher Bistumsgeschichte, Heinrich VI. habe der politischen Diskontinuität einer Wahlmonarchie ein Ende bereiten wollen. Dieser Aspekt reißt den Vorschlag aus seinem Gesamtzusammenhang; alle zeitgenössischen Quellen bringen ihn nicht zufällig mit den Kreuzzugsvorbereitungen in Verbindung. Nur vermutungsweise ist die Frage zu beantworten, warum die Fürsten der Designation des Kaisersohnes zunächst widersprochen haben; und davon nicht zu trennen ist die Frage, ob die Fürstenschaft mit dem Begehren nach Erblichkeit der Reichslehen nicht zuerst an den Kaiser herangetreten ist. Auffallenderweise ist irgendeine Aktivität des Kölner Erzbischofs Adolf von Altena in dieser Angelegenheit nicht zu erkennen, dafür um so mehr eine führende Rolle des thüringischen Landgrafen. Nachdem Heinrich die Landgrafschaft Thüringen für immer einzuziehen versucht und die Markgrafschaft Meißen tatsächlich eingezogen hatte, bestand Anlaß zur Forderung nach Erblichkeit der Reichslehen. Was den Fürsten gewährt werden sollte, lag ohnehin in der Linie der bereits eingefahrenen Entwicklung; denn das Privilegium minus von 1156 hatte den Babenbergern nicht viel darüber hinaus zugestanden. Sieht man vom staufischen Selbstverständnis ab, dann widersprach jedoch der Erbreichsplan einer seit 1125 deutlichen Tendenz, das Wahlmoment zu beleben. Die Verweigerung der Sohneswahl und der anschließend vorgelegte Erbreichsplan, gerade wenn er nicht von langer Hand vorbereitet war, ergeben einen einleuchtenden Sinn nur vor dem Hintergrund, den die Einverleibung Siziliens in das Imperium geschaffen hatte. Reichsitalien und Burgund besaßen keine eigenen Königsdynastien, wohl aber die sizilische Erbmonarchie, die fortan nicht nur vorübergehend dem Reich angeschlossen sein sollte; also präjudizierte die sizilische Erbfolge die deutsche Königswahl und die aus ihr resultierende Anwartschaft auf die Kaiserkrone. Im staufischen Eigenverständnis hingegen – erinnert sei an die Vorstellungen Gottfrieds von Viterbo – schienen sich die Schwierigkeiten auf einer höheren Ebene aufzuheben; gab es trotz Wahl oder anderer Nachfolgeform seit Bestehen der Weltordnung nur ein einziges Kaisergeschlecht, und bildeten die Staufer das Endglied dieser »prosapia imperialis«, dann war der Erbreichsplan nur eine Angleichung an einen faktisch schon bestehenden Zustand, dem schon

Friedrich I. in Sorge um das Mitkaisertum seines Sohnes hatte Rechnung tragen wollen. Mithin opponierten die Fürsten nicht unbedingt gegen eine Einverleibung Siziliens in das Imperium, wohl aber gegen die staufische Herrschaftsvorstellung. Ob ihnen bereits das Reich als eine über der Person des Monarchen stehende Größe bewußt war, was sich im Wahlprinzip ausdrückte, und wie es fast hundert Jahre später der Kölner Alexander von Roes unter abwertendem Hinweis auf das »schwäbische Kaisertum« formuliert hat, sei dahingestellt; zumindest waren sie auch nicht um eigener Vorteile willen bereit, traditionelle Rechtsgrundlagen des Reiches preiszugeben. Nachdem eine prinzipielle Entscheidung für die Wahlmonarchie gefallen war, konnten sie dem abermaligen Drängen des Kaisers nach einer Sohneswahl nachgeben.

Von hier erfährt die Frage, ob Heinrich VI. Weltherrschaftspläne verfolgt hat, etwas mehr Licht. Ausländische Geschichtsschreiber seiner Zeit haben ihm solche Absichten vorgeworfen; von staufischer Seite hingegen liegt keine Äußerung vor. So zufällig die Lehnshoheiten oder der Erbreichsplan erscheinen mögen, sie zielten auf einen Endpunkt und erhielten von ihm ihren Sinn. Der Kaiser griff nicht wahllos jede sich bietende Gelegenheit zur Mehrung seiner Herrschaft auf; dem Begehren der Seestädte Genua und Pisa beispielsweise, das Reich der Krone Aragon anzugreifen, versagte er sich. Der Eroberung Siziliens und seiner rechtlichen Stellung dienten die Lehnsabhängigkeit des englischen Königs und der Erbreichsplan; alles weitere weist über Sizilien hinaus in den Vorderen Orient. Das Endziel muß Jerusalem gewesen sein. Man scheut davor zurück, Heinrich bereits dieselben Anschauungen zu unterstellen, wie sie später unter Friedrich II. propagiert worden sind, aber in der Steigerung des Kreuzzugszieles von Barbarossa zu Friedrich II. bildet Heinrich VI. eine Zwischenstufe, die nur deshalb keine deutlichen Konturen annimmt, weil durch den vorzeitigen Tod des Kaisers die ideelle Ausdeutung des erreichten Zieles verwehrt geblieben ist. Nicht nur die Schwierigkeiten um die Thronfolge verzögerten die Ausfahrt der Kreuzfahrerflotte, sondern auch die vorzeitig entdeckte Vorbereitung eines umfassenden Aufstandes, zu dem die vom Kaiser verfügte Revision aller königlichen Privilegierungen den normannischen Adel getrieben hatte. Die grausame Bestrafung traf sogar die Verbannten des alten Königshauses in Deutschland. Eine Vorhut unter der Leitung des Mainzer Erzbischofs Konrad war schon ausgelaufen, da erlag der junge Kaiser am 28. September 1197 in

Messina der Krankheit, die er sich seinerzeit vor Neapel zugezogen hatte.

Eine Kontinuität zwischen dem Deutschen Hospital zu Jerusalem und dem in Akkon begründeten Deutschen Ritterorden ist erst nachträglich konstruiert worden, ob schon in Akkon durch die Vorhut des 4. Kreuzzuges, ist unsicher. Der Tod des Kaisers war jedenfalls schon bekannt, als die Großen der deutschen Vorhut im März 1198, bevor sie das Heilige Land verließen, den Ritterorden ins Leben riefen und ihm im wesentlichen die Templerregel gaben. Eine militärische Notwendigkeit bestand dazu nicht, es sei denn, man wollte eine dauernde Präsenz des Reiches im Heiligen Land. Auch den Charakter eines nationalen Ritterordens hatte die neue Gemeinschaft noch nicht, aber im Unterschied zu den Templern und Johannitern fühlten sich die neuen Ordensritter noch in gleicher Weise Papst und Kaiser als den beiden Spitzen der Christenheit verpflichtet; ihr eigenes Ideal, das ist in den nächsten Jahrzehnten deutlich zu sehen, deckte sich mit den staufischen Ordnungsvorstellungen. Kurz nach seiner Ankunft in Akkon veranlaßte Konrad von Mainz auch die Vermählung der Witwe Heinrichs von Champagne mit König Amalrich von Zypern, wohl in der irrigen Erwartung, daß die Reichslehenschaft Zyperns mit diesem Schritt auf das Königreich Jerusalem ausgedehnt werden könne. Alle diese Momente wie auch die umfangreichen Absicherungen auf den Zugängen zum Vorderen Orient deuten darauf hin, daß Jerusalem nicht als das Ziel einer einmaligen bewaffneten Pilgerfahrt gedacht war, sondern in den dauernden Einflußbereich des Imperiums einbezogen werden sollte. Die nähere Rechtsform blieb dabei wiederum sich bietenden Gelegenheiten überlassen.

Die Weltherrschaft Heinrichs VI. bestand also nicht im Erwerb möglichst vieler Länder oder in der Wiederherstellung eines untergegangenen Großreiches. Es ist nicht zufällig, daß Friedrich II. bis zu seiner Taufe – zum Zeitpunkt der Königswahl stand sie noch aus – den Namen Konstantin führte; er erschien so als der unmittelbare Vorgänger des Endkaisers, der nach der Prophezeiung der Tiburtinischen Sybille wie der Sohn des großen Konstantin aus dem 4. Jahrhundert Constans heißen werde. Der Dichter Petrus von Eboli begrüßte die Geburt des jungen Friedrich als den Anbruch eines neuen Zeitalters des Friedens und der Eintracht. Dahinter standen von der spätantiken Kaiserprophetie genährte Erwartungen, die auch schon Gottfried von Viterbo verwertet hatte. Der Friedenskaiser werde den Osten und Westen vereinigen, die Heiden im Vorderen Orient besiegen und die Juden bekehren. Lege er Krone und Szepter auf dem Golgatha nieder, dann sei die Stunde des Weltuntergangs gekommen. Es war nicht mehr eindeutig, ob der Besuch des Kaisers auf dem Golgatha die Friedensepoche eröffne oder beende; in der diffusen Erwartung spielte jedenfalls eine Rolle, daß der Kaiser das Heilige Land aufsuchen wolle, daß ein Friedenszeitalter noch ausstehe, und daß sich das Ende der Welt dann zwangsläufig anschließen werde. Das Ziel Heinrichs VI. scheint somit gewesen zu sein, das eine Kaisergeschlecht der Weltgeschichte einem Kulminationspunkt zuzuführen, ihm von Jerusalem her eine noch ausstehende, aber vielerseits erwartete Überhöhung zu verschaffen. Von daher versteht sich die Unbekümmertheit um die traditionellen Grundlagen des Imperiums; Grundlage war das einzigartige Kaisergeschlecht, das die Maßstäbe bestimmte und die Vormachtstellung in der Welt verkörperte.

10. Der Kampf um das Thronerbe

Zu Recht gilt der frühe Tod Heinrichs VI. als eine folgenschwere Zäsur in der deutschen Geschichte. Doch sollte man darüber nicht alle Ursachen des nunmehr ausbrechenden Thronstreites dem vorzeitigen Ausfall des Kaisers anlasten. Die Welfen selbst waren nicht der eigentliche Herd einer Gefährdung der fortdauernden Stauferherrschaft; weit besser auf eine erfolgreiche Opposition war die kölnische Rechtsauffassung vorbereitet, die der staufischen Reichskonzeption diametral widerstrebte. Gewiß, Walther von der Vogelweide zeigte sich vom Heil der Staufer für das Reich tief durchdrungen; daneben aber steht die zwar literarisch anspruchslose, für die Kenntnis des damaligen Empfindens jedoch ebenso bedeutsame und noch keineswegs welfisch gefärbte Kölner Königschronik, die der Stauferherrschaft seit 1138 nicht einen Aufstieg des Reiches zuschreibt. Es war die politisch überragende Persönlichkeit Heinrichs VI., die mit eiserner Willenskraft die zentrifugalen Kräfte zusammengehalten haben muß.

Der Kaiser scheint sich dieser Tatsache nicht ganz bewußt gewesen zu sein. Wenigstens möchte man das aus den für seinen Vertrauten Markward von Annweiler (Ministeriale und Truchseß, seit 1192 Markgraf von Ancona, Herzog von Ravenna und der Romagna, Graf von Abruzzo) persönlich bestimmten letzten

Anweisungen schließen, die leider nur durch Innozenz III. überliefert sind. Markward sollte dafür Sorge tragen, daß Konstanze und ihr Sohn nach dem Vorbild der Normannenkönige dem Papst den Lehnseid leisteten. Er selbst habe, damit die Nachfolge des Sohnes im Kaisertum nicht gefährdet werde, der Kurie die vorenthaltenen Teile des Patrimoniums und der Mathildischen Güter zurückzugeben sowie die Mark Ancona und die Romagna vom Papst zu Lehen zu nehmen. Der sterbende Kaiser ging also von einer Nachfolge seines Sohnes in Sizilien und im Reich aus. Gefährdet sah er dessen Stellung im wesentlichen durch das Papsttum und wünschte deshalb Konzessionen an die Kurie. Die Reichsministerialität und insbesondere Markward in Mittelitalien bildeten weiterhin die wichtigste, beide Teile miteinander verbindende Klammer; die Rechtsform einer Personalunion durch Friedrich II. war nur als eine Fiktion zur Besänftigung der Kurie gedacht.

Die einem solchen Konzept zuwiderlaufende Entwicklung indes ging angesichts weit gestreuter Aufstände von der Witwe Konstanze aus, die das sizilische Königtum ihres Gatten nunmehr als ein staufisches Zwischenspiel betrachtete und mit Hilfe des einheimischen Adels die Vertreter des Reiches zu vertreiben suchte. Staufische Kräfte behaupteten sich noch auf dem Festland, besonders in der Terra di Lavoro. Konstanze hatte das Königreich, wenn ihr Gatte abwesend war, selbständig regiert und schon Coelestin III. deutlich zu verstehen gegeben, daß sie das Königtum Tankreds als illegitim betrachte und deshalb auf der Grundlage des Vertrages von Benevent (1156) und nicht des Konkordats von Gravina (1192) mit der Kurie verhandle. Noch am Pfingstsonntag 1198 konnte sie in Palermo ihren Sohn Friedrich zum König von Sizilien krönen lassen, am 27. November dieses Jahres starb sie. In ihrem Testament hatte sie den neuen Papst Innozenz III. zum Vormund ihres Sohnes bestimmt.

Das Papsttum wartete nicht erst die weitere Entwicklung ab, sondern ließ sich gleich im Herzogtum Spoleto und in der Mark Ancona von der Bevölkerung die üblichen Eide schwören; wenig später wurde der kirchliche Charakter der »praefectura Urbis« in Rom wiederhergestellt, um die 1158 betriebene Einbeziehung des päpstlichen Patrimoniums in die Jurisdiktion Reichsitaliens wieder rückgängig zu machen. Papst Coelestin III. hatte nicht umsonst durch seinen Kämmerer Cencius schon 1192 ein Zinsbuch anlegen lassen, das eine wünschenswerte Übersicht über alle Rechtstitel und Einkünfte der Römischen Kirche bot. Durchschlagenden Erfolg hatte die päpstliche Rekuperationspolitik allerdings nicht, denn in der Romagna und in der Toscana nahmen die Kommunen in gleicher Weise gegen Papst und Reich Stellung; auch die Funktion des Lombardenbundes kehrte zu ihrem Ursprung zurück. In Deutschland fühlte sich Philipp, der Bruder des Kaisers und seit 1196 Herzog von Schwaben, als Platzhalter des staufischen Erbes; er eilte sofort nach Italien, drang aber nicht bis Foligno, dem schon längeren Aufenthaltsort des kleinen Friedrich, vor. Das Kind wurde nach Palermo gebracht, wo seine Mutter anläßlich ihres Lehnseides an den Papst auch im Namen ihres Sohnes auf das deutsche Königtum faktisch verzichtete. Angesichts dessen tat Markward von Annweiler das einzig mögliche; trotz Ächtung und Exkommunikation harrte er in Unteritalien mit mehreren Standesgenossen aus und hielt die Verbindung zu Philipp von Schwaben aufrecht.

Sobald die Fürsten im Heiligen Land den Tod des Kaisers erfuhren, erneuerten sie ihren Treueid für den schon gewählten Friedrich; auch Herzog Philipp zog noch keine Konsequenzen aus der Verzichterklärung Konstanzes. Nur der Kölner Erzbischof Adolf von Altena nahm die Resignation als gegeben hin; welche Motive ihn geleitet haben, ist freilich immer noch umstritten. Die Opposition war sich einig in der Ablehnung eines staufischen Thronfolgers. Als ihr Anführer konnte sich Adolf von Altena schon deshalb fühlen, weil Erzbischof Konrad von Mainz für die Dauer des Kreuzzuges ihm seine Zuständigkeit in Reichsangelegenheiten übertragen hatte und damit auch die »prima vox« des Mainzers in der Königswahl, und weil Erzbischof Johann von Trier ihm seine Stimme gegen eine finanzielle Abfindung abgetreten hatte. Adolf war infolgedessen tatsächlich ein Fürst, auf den es in der Königswahl »principaliter« ankam. Während Erzbischof Adolf Herzog Bernhard von Sachsen favorisierte, wurden von Kölnischer Seite Kontakte mit Richard Löwenherz aufgenommen, der Otto, den dritten Sohn Heinrichs des Löwen empfahl. Die erwogene Kandidatur eines Welfen und die Höhe der zur Wahl erwarteten Geldgeschenke erschreckten den Herzog Bernhard so sehr, daß er sofort heimkehrte und mit den sächsischen Großen zur staufischen Partei überlief. Aus Angst vor einem welfischen König drängten die Sachsen vor allem Philipp von Schwaben, die Fiktion, für seinen Neffen das deutsche Königtum freihalten zu müssen, preiszugeben und sich im Sinne der staufischen Vorstellung, die göttliche Vorsehung habe das Staufergeschlecht für die »imperatura« bestimmt, im März 1198 als einziges neben dem kleinen Friedrich noch in Frage kommendes Glied seines Hauses zum König wählen zu lassen. Die Wahl fand am 6. März in Ichtershausen und am 8. März 1198 in Mühlhausen (beide in Thüringen) statt, ohne den Bischof Hermann von Münster abzuwarten, der im Auftrag der Gegenpartei hatte Kontakt aufnehmen sollen. Diese hatte inzwischen mit Herzog Berthold V. von Zähringen ebenfalls ergebnislos verhandelt und erklärte nun, der Gewählte sei ein Schwabe und ohne ihre Zustimmung erkoren worden; sie entschied sich im Juni 1198 auf einer eigenen Versammlung für Otto IV., der am englischen Königshof aufgewachsen war und den Richard Löwenherz mit der Grafschaft Poitou belehnt und zum Herzog von Aquitanien ernannt hatte. Otto IV. wurde in Aachen vom Kölner mit nachgebildeten Insignien am 12.7. gekrönt, Philipp von Schwaben in Mainz am 8.9. vom Erzbischof von Tarentaise mit den echten Insignien, nachdem er sich am Krönungsort nochmals hatte wählen lassen. Die am Aachener Krönungstag ausgestellte Urkunde Ottos gewährt einen Einblick in vorausgegangene Verhandlungen zwischen Otto bzw. Richard Löwenherz, Adolf von Altena und finanzkräftigen Bürgern Kölns; Otto verzichtete auf das kölnisch gewordene Herzogtum Westfalen und zahlte an Bürger, bei denen die Kölner Kirche offenbar durch die Aktionen Philipps von Heinsberg hoch verschuldet war. Philipp reichte an die Energie und Verschlagenheit seines Bruders nicht heran, aber er war im Besitz des staufischen Machtapparates in Deutschland. Otto dagegen mußte sich der Autorität des englischen Königs bedienen. Die stauferfreundliche Forschung neigte zu einer Unterbewertung seines Königtums. Dennoch hat man sich zu fragen, ob es an Ottos jugendlichem Alter und an dem ihm zur Verfügung stehenden Personal lag, daß er keine welfisch geprägte Alternative zum staufischen Königtum zu entwickeln vermochte. Beide Parteien schickten traditionsgemäß ihre Wahlanzeige an den Papst, der seit Januar 1198 Innozenz III. hieß. Die Abhängigkeit der deutschen Doppelwahl vom englisch-französischen Gegensatz spiegelt sich darin wider, daß der französische König den Staufer und der englische den Welfen an der Kurie vertrat. Ohne es beabsichtigt zu haben, fiel dem Papst damit eine Schiedsrichterrolle zu; und es war zu erwarten, daß er die Belange des Kirchenstaates in seine Erwägungen entscheidend einbezog. Ottos Anzeige stellte deshalb in Aussicht, alle Rechtstitel der Kurie respektieren und schützen zu wollen. Für Innozenz war dies der Anlaß zum Vorschlag eines Innominatvertrages. Die Rekuperationen in Mittelitalien, die noch Coelestin III. gleich nach dem Tode Heinrichs VI. in die Wege geleitet hatte, sollten auf eine bessere Rechtsgrundlage gestellt werden; die älteren Kaiserprivilegien reichten für sie als unanfechtbare Rechtstitel nicht aus. Innozenz versprach als seine Leistung, alles für die Anerkennung Ottos als König tun zu wollen, wenn dieser als Gegenleistung nicht nur die Rechtstitel des Papstes respektiere, sondern sie durch ausdrückliche Verzichterklärung auch gegen spätere Reklamationen von kaiserlicher Seite absichere. Otto willigte in dieses Geschäft erst ein, als Erzbischof Konrad von Mainz nach seiner Rückkehr vom Kreuzzug den Vorschlag eines Verzichtes beider Thronprätendenten machte. Philipp befand sich einerseits in einer schwierigen Lage, weil er sich von den Ministerialen in Unteritalien nicht einfach distanzieren konnte, hatte andererseits aber nicht nur die Großen seiner Partei hinter sich, die im Mai 1199 zu Speyer gegen die Preisgabe von Reichsrechten in Mittelitalien protestierten. Doch der Papst antwortete kühl, er werde prüfen und entscheiden, wen er zu krönen habe. Beansprucht wurde von Innozenz das Recht, die Eignung des Kandidaten der Kaiserkrone zu prüfen; angesichts der selbstverständlichen Anwartschaft des deutschen Königs auf die Kaiserwürde lief dieser Anspruch indirekt auf eine Approbation auch der Königswahl hinaus. Diesen Rechtsstandpunkt formulierte der Papst in den Jahren 1200 und 1201 unumwunden und erklärte sich für Otto IV. Staufer- und Saliergeschlecht betrachtete er in Übereinstimmung mit dem staufischen Eigenverständnis als eine Einheit und lehnte Philipp als Mitglied einer Familie ab, die oft genug die Römische Kirche bedrängt habe. Schwerwiegender noch als diese praktische Erwägung war seine theoretische Begründung. Hatte Hadrian IV. schon die Kaiserkrone als ein päpstliches Lehen darzustellen versucht, so charakterisierte Innozenz III. die Krönung Karls des Großen als eine Übertragung der Kaiserwürde von den Griechen auf die Franken zum Schutz der Römischen Kirche durch den Willen des Papsttums. Es ging hier nicht nur darum, das Kaisertum in päpstlicher Vollmacht zu fundieren und ihm die Gottunmittelbarkeit nachhaltig zu bestreiten, sondern auch das Wahlprinzip stärker zu verankern; Innozenz schrieb dem Kölner Metropoliten in jenen Jahren, die Kaiserkrone sei nicht das Eigentum einer Familie. Und er stimmte mit der kölnischen Auffassung darin überein, daß es nicht auf die größere Anzahl der Wähler ankomme, auf die sich die staufische Partei berief, sondern auf die Zustimmung ganz bestimmter Wähler.

Das spätere Wahlgremium der Kurfürsten war noch unbekannt, aber eine Einengung des Wählerkreises zeichnete sich bereits ab. Der englische Chronist Roger von Hoveden nennt die drei rheinischen Erzbischöfe und den rheinischen Pfalzgrafen als die damals unentbehrlichen Wähler und bezog seine Informationen offensichtlich aus Kreisen um den Kölner Erzbischof. Es sind jene Fürsten, denen – soweit erkennbar – in früheren Königswahlen die erste Stimme zugestanden haben muß. Nicht zufällig weist die nunmehr rechtlich durchdachte Grundvorstellung, mit der die staufische Kaiseridee konfrontiert wurde, auf den Umkreis des Kölner Erzbischofs als Quelle hin. Und Philipp von Schwaben hat sich ihr gebeugt.

Im Sommer 1201 beschwor Otto IV. in Neuß sein Versprechen, die Rekuperationen in Mittelitalien anzuerkennen, die päpstliche Sizilienpolitik zu unterstützen und für seine Maßnahmen in der Lombardei und in der Toscana den Rat des Papstes einzuholen; auch mit Frankreich werde er nach päpstlichem Gebot Frieden schließen. Wie vor ihm Heinrich VI. strebte jetzt Innozenz III. im weiten Bannkreis des englisch-französischen Gegensatzes eine Schiedsrichterrolle an; Otto sollte in diesem Zusammenhang aus der englischen in eine päpstliche Abhängigkeit überwechseln. Und der Kampf gegen Philipp von Schwaben, den der Kardinallegat Guido von Praeneste mit dem kirchlichen Bann eröffnete, verfolgte den Zweck, dem Reichsepiskopat die von Barbarossa wiederbelebte Funktion einer Stütze des deutschen Königtums endgültig zu nehmen. Dieses Ziel wurde erreicht, aber aus der englischen Abhängigkeit ließ sich die Königsherrschaft des Welfen nicht lösen. König Johann »ohne Land« war 1199 seinem Bruder Richard gefolgt, und ungewöhnlich schnell hatten sich, nicht zuletzt auf Betreiben der immer noch tätigen Eleonore, die Koalitionsfronten gewandelt; Kastilien und Dänemark waren zur französischen Seite übergewechselt, Johanns kontinentale Stellung brach unter den Angriffen des französischen Königs Philipp August zusammen. Im Jahre 1204 gingen Ottos eigener Bruder Heinrich von Braunschweig und schließlich sogar Erzbischof Adolf von Köln zum Staufer über.

Es wäre zu wenig, darin nur den Verlust einiger wichtiger Bundesgenossen zu sehen, denn es handelte sich um einen fast tödlichen Zusammenbruch der Basis Ottos IV. Die Subsidien des englischen Hofes hörten auf zu fließen. Damit fiel auch Brabant als wichtige Klammer zwischen England und dem Kölner Herzogtum aus; Herzog Heinrich I. von Brabant löste die 1198 geschlossene Verlobung seiner Tochter Maria mit Otto. Dieser hatte von

Anfang an versucht, die Herzogsherrschaft in Sachsen zurückzugewinnen, was sein Bruder Heinrich, der rheinische Pfalzgraf, zu verhindern wußte. Der Paderborner Erbvertrag der drei Welfenbrüder von 1202 war ein mühsamer, sogar durch Eroberung Holsteins seitens des dänischen Königs erkaufter Kompromiß gewesen, der Otto das welfische Kernland mit Braunschweig eingebracht hatte. Philipp von Schwaben konnte 1204 den Landgrafen Hermann von Thüringen und König Ottokar von Böhmen unterwerfen; König Emmerich von Ungarn, ebenfalls ein Parteigänger des Welfen, starb. Was in diesem Zusammenhang gewöhnlich übersehen wird, die Eroberung Konstantinopels durch das Kreuzfahrerheer stellte Otto IV. international gleichfalls ins Abseits. Dem Papst war schon 1201 in Sizilien angesichts der Aktivität Markwards von Annweiler die Kontrolle entglitten, auch hinsichtlich des Kreuzzuges übernahmen nordfranzösische Große die Initiative. Zu Weihnachten 1201 kam es im Elsaß zu einem Treffen Philipps von Schwaben mit Markgraf Bonifaz von Montferrat, seit dem Herbst Anführer des geplanten Kreuzzuges, wo der Plan, den aus der Gefangenschaft geflohenen Alexios, Sohn des 1195 gestürzten Kaisers Isaak II. Angelos und Schwager Philipps, auf den Thron in Konstantinopel zu setzen, entworfen worden sein muß. Staufische Interessen überlappten sich zum Teil mit venezianischen Interessen, denen sich das Kreuzfahrerheer nicht entziehen konnte. Daß der Staufer die Proklamation seines Schwagers zum Kaiser vor den Mauern Konstantinopels erzwingen konnte und damit die Ostexpansion Heinrichs VI. fortsetzte (obwohl im April 1204 in der Stadt selbst ein Gegenspieler der Staufer den Thron bestieg) und seine Partei Sizilien dem päpstlichen Zugriff entzog, ließ die Ziele Innozenz III. auch in Deutschland illusorisch erscheinen.

Man sollte meinen, es wäre dort eine Nachwahl Philipps nur seitens der bislang welfischen Parteigänger nötig gewesen. Aber Philipp legte sein Königtum nieder, ließ sich vom gesamten Wählervolk erneut wählen und vom Kölner Metropoliten in Aachen krönen. Einem Bedürfnis nach besserer Legitimität – Philipp war seinerzeit mit den echten Insignien, aber in Mainz und vom Erzbischof von Tarentaise gekrönt worden – entsprach dieser Akt wohl nicht. Es war jedenfalls ein Sieg der Kölner Rechtsauffassung; Philipp erkannte durch die Neuwahl das bisherige Königtum seines Rivalen an und damit auch, seinem Bruder nicht unmittelbar im Amt gefolgt zu sein. In der Fortsetzung der Kölner Königschronik, die den Parteiwechsel des Erzbischofs keineswegs billigte, heißt es zur Neuwahl, man habe sie vorgenommen, damit eine Anerkennung des Erbrechts auf die Krone vermieden werde.

Erzbischof Adolf mußte seinen Parteiwechsel mit dem Verlust des Kölner Stuhles büßen; aber Innozenz III. drang mit Strafen letztlich nicht durch. Seit der Schlacht bei Wassenberg im Juli 1206 waren Otto IV. nur mehr die welfischen Erblande sicher. Ein Verständigungsfriede zwischen Staufern und Papsttum bahnte sich an; im Mai 1207 lösten zwei Kardinallegaten die Anhänger Philipps vom Bann und suchten Otto zum Thronverzicht zu bewegen. Eine der vier Töchter des Staufers sollte einen Neffen des Papstes heiraten, dem Tuszien, Spoleto und die Mark Ancona als Reichslehen aufzutragen erwogen wurde, und eine andere Tochter Philipps sollte Gemahlin Ottos IV. werden, den man für seinen Thronverzicht mit dem Herzogtum Schwaben zu entschädigen gedachte; so etwa sahen die Zielvorstellungen der nur mündlich geführten Verhandlungen aus. Doch alles zerschlug sich, als Pfalzgraf Otto von Wittelsbach am 21. Juni 1208 den Staufer in Bamberg ermordete. Vermutlich aus Gründen privater Rache setzte sich der Wittelsbacher bedenkenlos über eine aussichtsreiche Befriedung des Reiches hinweg, die übrigens auf Dauer angelegt schien, weil die auf einem politischen Monismus aufgebaute Macht der Staufer dezentralisiert werden sollte.

Das Motiv dieses Ereignisses ist ungeklärt, nicht zuletzt weil die Schuldfrage nicht aufgearbeitet wurde. Otto von Wittelsbach fand auf der Flucht den Tod; sein Begleiter, Markgraf Heinrich von Istrien, und dessen Bruder, der Bamberger Bischof Ekbert von Andechs, in dessen Pfalz der Mord geschehen war, wurden in einem ungesetzlichen Verfahren abgeurteilt, das Otto IV. ausgerechnet dem Herzog Ludwig von Bayern zur Durchführung aufgetragen hatte. Das aus den Grafen von Dießen hervorgegangene Geschlecht der Andechser war endgültig 1180 in die vordere Reihe der Reichsfürsten aufgestiegen, als Friedrich Barbarossa Ekberts Vater Berthold IV. die Herzogswürde von Meranien (Dalmatien) verliehen hatte. Für den Wittelsbacher als Bayernherzog bedeutete dies, daß der Andechser mit seinen Herrschaften zwischen Isar und Lech sowie am Inn und in Tirol (außerhalb Bayerns noch in Oberfranken und die Pfalzgrafschaft Burgund) wegen seines Herzogstitels so gut wie immun war, sich nun aber die Möglichkeit abzeichnete, die in Bayern eingestreuten Inseln von teilweise beträchtlicher Größe beseitigen zu können. Herzog Ludwig als bisheriger Anhänger der Staufer war damit Otto IV. zu

Dank verpflichtet, und dieser sah durch die Entmachtung der Andechser einen weiteren Gegner eliminiert. Innozenz III. durchschaute das Spiel und zog den Fall Ekberts von Bamberg in seine gerichtliche Zuständigkeit, ohne eine abschließende Rehabilitierung zu erreichen. Immerhin konnte Bertholds Sohn, Herzog Heinrich VII., die Stellung seines Hauses in die Zeit Kaiser Friedrichs II. hinüberretten, bis kurz vor der Mitte des 13. Jahrhunderts die Hausmacht ein Opfer erneuter Angriffe der Wittelsbacher wurde.

Innozenz III. sah in der plötzlichen Wende von 1208 ein Gottesurteil, ohne zu ahnen, daß ihn der Welfe zutiefst enttäuschen werde. Otto IV. seinerseits mußte daran interessiert sein, daß sein bisheriges Königtum als legitim anerkannt wurde. Im Unterschied zu Philipp von Schwaben, der sich seinerzeit einer Neuwahl unterzog, beließ es der Welfe bei einer Nachwahl nur durch die unentwegten Stauferanhänger; daß ein ansehnlicher Teil seiner früheren Wähler in der Zwischenzeit zum staufischen Rivalen übergegangen war, wurde wohl aus formalrechtlichen Gründen ignoriert. Selbst an die Verhandlungen mit Papst Innozenz knüpfte Otto wieder an, obwohl er nach Fortfall seines Rivalen doch nun einen größeren Handlungsspielraum besaß. Er erneuerte 1209 in Speyer die früheren Neußer Eide, allerdings wiederum ohne Beteiligung eines Großen des Reiches. Um diesen Mangel auszugleichen, strebte der Papst noch vor der Kaiserkrönung Ottos ein Schiedsgericht an, das den Fürsten eine Brücke gebaut hätte, den Rekuperationen zuzustimmen; nur die Zustimmung auch der Großen des Reiches konnte den päpstlichen Rechtstitel im letzten unanfechtbar machen. Otto jedoch verstand eine solche Lösung hinauszuschieben, so daß Innozenz bereits nur mit Bedenken im Oktober 1209 die Kaiserkrönung an ihm vollzog. Auf dem Rückmarsch von Rom erreichte den jungen Kaiser in Pisa die Nachricht, die aufständischen Barone Apuliens und die Reichsministerialen erwarteten sein Eingreifen im Königreich Sizilien. Und Otto zog 1210 gegen Unteritalien, um Friedrich, den einzigen Erben der Staufer, von dort zu vertreiben.

Burchard von Ursberg bezeichnet den Kaiser als »hochmütig und dumm, aber stark«. Als Stauferanhänger charakterisierte er ihn offensichtlich noch unter dem frischen Eindruck seines schnellen Scheiterns. Dabei handelte Otto in Bahnen staufischer Politik. Die Übernahme der zumeist staufisch gesinnten Reichsministerialen und die Heirat der Tochter Philipps von Schwaben, Beatrix, die zu seiner Legitimation erheblich beitrug, brachten ihn zumindest in Zugzwang, mit der Eroberung des sizilischen Reiches und dem Bruch der Neußer Eide Reichsrechte zu wahren und so hinter den von den Staufern gesetzten Maßstäben nicht zurückzubleiben. Es gibt Indizien dafür, daß Otto an ein Kreuzzugsunternehmen gedacht hat, ob es jedoch im Ansatz schon in das Stadium konkreter Planung getreten ist, läßt sich nicht erkennen. Deshalb ist es auch müßig zu fragen, inwieweit Otto das sizilische Königreich als eine Zwischenstation auf dem Weg nach Jerusalem betrachtet hat, denn es ist noch nicht einmal erwiesen, daß er nach der Eroberung dorthin auch den Schwerpunkt seiner Herrschaft verlegen wollte. Freilich, manche seiner Züge sind zeitgebunden und erinnern an Heinrich VI. und Friedrich II. So ließ er sich als »advocatus« bzw. »vicarius Dei« oder als »conregnator Christi« bezeichnen, ließ von ferne sogar den Gedanken einer Ansippung an das Davidskönigtum anklingen und beanspruchte die »plenitudo potestatis per totum imperium« (einschließlich Siziliens). Aber sein Hof, dem Künstlerischen weit aufgeschlossener als die letzten Staufer vor ihm, zeigte sich noch nicht der neuen weltlichen Laienkultur, sondern der kirchlich klassischen Bildung des 12. Jahrhunderts zugänglich.

Die Grundlage des Vertrages zwischen Innozenz III. und Otto IV. hatte sich 1208 verändert; der Papst brauchte nicht mehr für die Anerkennung des Welfen zu sorgen, und dieser wußte nach Übernahme der staufischen Reichskanzlei, wie entgegenkommend sich Innozenz in den letzten Verhandlungen mit König Philipp gezeigt hatte. In der Wiederholung der Neußer Eide zu Speyer wurden die Bedingungen für Otto zwar etwas entschärft, aber im übrigen verharrte der Papst in der alten Position. Er fühlte sich hintergangen; habe Otto doch bis zur Kaiserkrönung den Anschein erweckt, den Vertrag erfüllen zu wollen. Dementsprechend belegte der Papst den Kaiser mit der schärfsten Form des Bannes, dem Anathem, von dem Otto erst auf dem Sterbebett befreit werden sollte; der Vorwurf lautete, die natürlichen Grundlagen einer Rechtsordnung mißachtet zu haben, indem der Welfe die Leistungen des Papstes bis hin zur Kaiserkrönung in Anspruch nahm ohne die ernsthafte Absicht, seine eigene Gegenleistung auch wirklich zu erbringen. Der Umstand, daß Ottos Gattin Beatrix, eine Tochter Philipps von Schwaben, nicht lange nach der Entbindung der Großen vom Treueid an den Kaiser starb, beschleunigte in Deutschland die Abfallbewegung vom Welfen beträchtlich.

Ist im Thronstreit eine Unterbrechung der Stauferzeit zu sehen? Seine Ereignisse lassen keine echte Alternative zur staufischen Politik erkennen; doch diese Politik wurde offenbar nicht als spezifisch staufisch empfunden. Der Dissens vor allem in der ersten Phase des Thronstreits reduziert sich dadurch auf den Widerstand einer Fürstengruppe gegen den Erbanspruch der Staufer auf die Königsherrschaft. Das von den Saliern übernommene und inzwischen kräftig ausgestaltete Eigenverständnis der Staufer prallte hier auf eine vor allem am unteren Rhein seit höchstens zwei Jahrzehnten entwickelte Rechtsanschauung, die auf eine Mitträgerschaft des Reiches durch die Fürsten zielte. Das schwäbische Herzogsamt verblieb seit Philipp von Schwaben in der Hand des Königs. Es wie ein Reichslehen in Familienbesitz zu behandeln, entsprach der allgemeinen verfassungshistorischen Entwicklung; das schwäbische Herzogtum aber zu einem Annex der Königsgewalt werden zu lassen, beruhte auf der Voraussetzung, daß die Königswürde im Stauferhaus vererbt werde. Daß dies im Thronstreit nicht beanstandet wurde, könnte daran gelegen haben, daß König Philipp keine männlichen Erben zur Verfügung standen. Auf diese Weise drückte sich der Widerstand gegen das staufische Reichsverständnis nur in beharrlichem Insistieren auf dem Wahlprinzip aus.

11. Das »chint von Pulle«

Als Konstanze zu Ende November des Jahres 1198 starb, übernahm Innozenz III. vereinbarungsgemäß die Regentschaft über das sizilische Reich und die Vormundschaft über Friedrich II., um sie bis zur Vollendung des 14. Lebensjahres (1208) auszuüben. Er selbst betrat den Boden des Königreiches nur einmal kurzfristig, ließ im übrigen durch Kardinallegaten in seinem Namen Anordnungen treffen, die sich allerdings nur höchst begrenzt durchsetzen konnten. Unmittelbaren Einfluß auf den Heranwachsenden gewannen jedoch andere Persönlichkeiten; vorübergehend waren es Walter von Palearia, Bischof von Troia bzw. Catania, Kanzler und Vertrauter Heinrichs VI., der Reichstruchseß Markward von Annweiler und Wilhelm Capparone, der sich selbst zum Großkapitän Siziliens ernannt hatte. Markward betrachtete Innozenz als seinen gefährlichsten Gegner. Walter fürchtete die Rivalität der staufischen Kräfte und arbeitete mit der

Römischen Kurie zusammen, bis es zu einem nachhaltigen Zerwürfnis mit dem Papst kam. Wilhelm führte von 1202 bis 1206 das Regiment in Palermo, vertrat staufische Interessen, suchte aber auch einen Ausgleich mit Rom, um sich halten zu können. Ihrer keineswegs selbstlosen Obsorge ist es zu danken, daß der Knabe nicht nur im Traditionsbewußtsein der normannischen Dynastie aufwuchs, sondern auch mit der politischen Ideenwelt der staufischen Vorfahren bekannt gemacht wurde. Eine kontinuierliche, gradlinige Erziehung wurde Friedrich nicht zuteil; wie sein von Unruhen erschüttertes Königreich war auch er ein Spielball widerstreitender Interessen und mußte sich seine Leitbilder selbst suchen. Diese Kindheitsentwicklung war eine Voraussetzung für das eigenständige, sich über Autoritäten hinwegsetzende Denken des späteren Kaisers; doch sollte man diesen Aspekt nicht überschätzen, denn Friedrich II. vereinigte nur in besonders auffallender Weise Eigenschaften, die auch bei anderen Monarchen seiner Zeit zu finden sind.

Symbol einer Verbindung Siziliens mit dem Reich war Friedrich II. kurz nach seiner Volljährigkeit für keine Partei. Auf Betreiben des Papstes hatte er Konstanze, die Witwe des Ungarnkönigs und Schwester Peters II. von Aragon, 1208 geheiratet und in die Bedingung eingewilligt, daß sein Reich auf die Krone Aragon übergehen werde, wenn er ohne männliche Erben vor seiner Frau sterben sollte. Mit Hilfe der zugesagten katalanischen Ritter gedachte er die Ordnung wiederherzustellen und das entfremdete Krongut Siziliens zurückzuerwerben, und das löste den schon erwähnten Aufstand der normannischen Barone und den Feldzug Ottos IV. aus. In seiner Not äußerte er bereits die Absicht, auf alle staufischen Hausgüter in Deutschland zu verzichten und den Welfen für einen Verzicht auf die Eroberung der sizilischen Insel finanziell zu entschädigen. Sein Verhältnis zu Innozenz III. war von Spannungen nicht ganz frei, da er seine Zuständigkeit hinsichtlich kirchlicher Wahlen auf das Konkordat von Benevent bezog, während der Papst ihm die grundsätzliche Antwort erteilte, die er noch der Kaiserin Konstanze hatte geben wollen. Die Wende indessen ging von Frankreich aus; Philipp August legte dem Papst nahe, sich an Stelle des gebannten Otto dem Staufer zuzuwenden. Innozenz III. folgte diesem Rat nur zögernd; es fehlte ihm einfach eine bessere Alternative, die seinem Wunsch nach dauernder Trennung Siziliens vom Imperium entsprochen hätte. Er erklärte in einem Schreiben an die deutschen Fürsten, ihm komme es zu, den Kaiser zu bestätigen und zu krönen, ihnen aber, ihn zu wählen. Mit seiner Erlaubnis wählten dann einige süd- und mitteldeutsche Fürsten den einzigen noch lebenden Staufer im Sommer 1211 in Bamberg(?) zum künftigen Kaiser. Der Gedanke, das staufische Kaisertum fortzusetzen, trat also von außen an ihn heran; und Friedrich folgte gegen den Rat seiner Umgebung diesem Ruf, weil er offenbar keinen anderen Weg sah, die Insel Sizilien vor dem Zugriff des Welfen zu schützen, geschweige denn den festländischen, von Otto ganz besetzten Teil seines Königreiches zurückzugewinnen. Nur aus der ungewöhnlichen politischen Situation ist der juristisch so absonderliche Weg Friedrichs II. zum Kaisertum zu erklären. Sicherlich um dem Kaiser Otto einen gleichrangigen Widersacher entgegenzustellen, wählten die Fürsten auf Wunsch des Papstes erstmals in der deutschen Geschichte einen künftigen Kaiser und nicht einen König. Ob beabsichtigt oder nicht, darin lag ein Wiederaufgreifen der staufischen Kaiseridee, so wie sie sich unter Heinrich VI. herausgebildet hatte. Um vor einer erneuten Vereinigung Siziliens mit dem Reich sicher zu sein, bestand der Papst vor der Abreise Friedrichs nach Deutschland auf der Krönung des soeben geborenen Sohnes Heinrich zum König von Sizilien (Februar/März 1212); die Regentschaft hatte auf den unmündigen König und dessen Mutter überzugehen, aber den Lehnseid für Sizilien hatte Friedrich zu leisten, weil Heinrich dazu noch unfähig und der Vater als gekrönter Kaiser dazu gewiß nicht mehr willens war. In Rom empfing das Volk den Staufer wie einen Kaiser; die glorreiche »Roma«, so deutete Friedrich diesen Vorgang später, habe ihn »wie die Mutter ihren Sohn nach Germanien geschickt, den Gipfel des Kaisertums zu erreichen«. Aufbruch und Ziel schienen vertauscht; die Stadtrömer fungierten gleichsam als akklamierendes Reichsvolk, und die Königskrönung in Deutschland erhielt den Anschein einer Vollendung der schon besessenen Kaiserwürde.

Als »Sohn der Kirche«, wie ihn der Papst, als »Pfaffenkaiser«, wie ihn die Gegner nannten, setzte Friedrich II., ausgestattet mit geliehenen Geldern und ohne nennenswerten Anhang, seine abenteuerliche Reise fort; erst von Chur ab begleitete ihn ein militärisches Gefolge. Der knappe Vorsprung von nur wenigen Stunden entschied in Konstanz das ganze waghalsige Unternehmen. Die Bischofsstadt erwartete den von Überlingen aus zur Überfahrt aufbrechenden Welfen, als der päpstliche Legat Erzbischof Berard von Bari stehenden Fußes den Bann über Otto IV. erneuerte und so den Konstanzer Bischof zur Öffnung der Stadttore nötigte. Mit Windeseile verbreitete sich die Kunde, der Staufer habe von seinem Reich Besitz ergriffen, und die ersten Reichsfürsten, denen er begegnet sei, hätten ihm vor Otto den Vorzug gegeben. Als »puer Apuliae« oder, wie es ein Reimchronist übersetzte, als »chint von Pulle« trat Friedrich seinen Siegeszug durch das Oberrheintal an; die päpstlichen Sanktionen taten ihre Wirkung, und die großzügig verteilten Gelder französischer Herkunft unterstrichen den erwarteten Eindruck kaiserlicher Freigebigkeit. Zu seinem großen Nachteil starb in jenen Wochen Ottos Gattin, deren staufische Abstammung dem Welfen die Loyalität der in erbrechtlichen Anschauungen denkenden Stauferanhänger bislang gesichert hatte; binnen weniger Monate befand sich die alte staufische Territorialbasis in Friedrichs Hand, und Otto mußte in Köln seine Kräfte neu sammeln.

Bereits allenthalben als Kaiser gefeiert, holte Friedrich II. nun die für seine Legitimität noch ausstehenden Akte nach. Im Dezember 1212 erkannten die inzwischen zu ihm übergetretenen Fürsten sein Königtum zu Frankfurt in einer Nachwahl an; anschließend ließ sich Friedrich in Mainz mit nachgebildeten Insignien krönen. Er führte seitdem den Titel eines »rex Romanorum et rex Sicilie«, und der Papst betitelte ihn als »rex Sicilie in Romanorum imperatorem electus«; somit ruhten lediglich die Funktionen eines Königs von Sizilien, aber eine Lösung, wie sie päpstlicherseits oder von seiten Friedrichs angestrebt wurde, war rechtlich noch offen. Deutschland war wieder einmal in ein norddeutsch-welfisches und ein süddeutsch-staufisches Lager gespalten, und das Schicksal seines Doppelkönigtums hing wiederum vom englisch-französischen Gegensatz ab, zumal Friedrich in Vaucouleurs bei Toul das staufisch-kapetingische Bündnis erneuert hatte. Ohne die Konsequenzen überhaupt richtig übersehen zu können, gab Innozenz III. den Anstoß zur vorübergehenden Überwindung dieses Gegensatzes und damit zur Vernichtung des Welfen. Schon seit 1209 befand sich Johann ohne Land im päpstlichen Bann, weil er den von Innozenz zum Erzbischof von Canterbury geweihten Kardinal Stephan Langton nicht anerkennen wollte. Nachdem die Stellung des Staufers in Deutschland soweit gefestigt war, beauftragte der Papst Anfang 1213 den französischen König mit der Vollstreckung des Urteils, d. h. er gestattete dem Kapetinger die Eroberung Englands. Angesichts dieser Gefahr nahm Johann sein Königreich vom Papst zu Lehen, verzichtete also auf seine eigenkirchlich fundierte Landeskirchenhoheit, traute aber seinem französischen Widersacher nicht, der jetzt wieder zum Verzicht auf eine Eroberung der britischen Insel gehalten war. In einem mit dem Welfen abgesprochenen Angriff sah er die beste Verteidigung; die Aussichten auf einen Sieg standen nicht schlecht, aber in meisterhafter Strategie drängte der Thronfolger Ludwig VIII. den Engländer an der Loire zurück und Philipp selbst schlug den Kaiser vernichtend östlich von Lille bei Bouvines am 27. Juli 1214. Symbolhaft wurde Friedrich II. die kaiserliche Standarte mit dem vergoldeten Adler übersandt. Die Stellung Ottos IV. war auch in Deutschland nahezu verloren; er appellierte an das IV. Laterankonzil mit der Bitte um Absolution vom Bann, aber Innozenz III. bestätigte dort im Gegenzug die vollzogene Wahl Friedrichs »zum Kaiser der Römer«. Otto IV. starb 1218 auf der Harzburg, ohne in das Geschehen der großen Politik noch entscheidend eingegriffen zu haben.

Innozenz III. wäre kein guter Politiker gewesen, hätte er nicht versucht, Friedrich in den mit Otto IV. geschlossenen Innominatsvertrag eintreten zu lassen. Den Gang der Verhandlungen kennen wir nicht, aber die Tatsache, daß Innozenz jetzt dem jungen Staufer als Leistung des Papstes anbot, seine noch nicht überall erfolgte Anerkennung als König durchzusetzen, um dafür die seinerzeit von Otto erwartete Gegenleistung zu erhalten, zeigt, daß es ihm selbst weniger um das Wahlrecht oder um ein Approbationsrecht hinsichtlich des Kaiserkandidaten ging als um einen besser fundierten Rechtstitel für den Kirchenstaat. Friedrich II. überließ im Juli 1213 mit der sogenannten Goldbulle von Eger der Römischen Kirche die beanspruchten Territorien und Rechte, verzichtete auf die Spolien und Regalien sowie auf die Mitwirkung von Bischofs- und Abtwahlen und gestand ungehinderte Appellationen an die Kurie sowie die Hilfe des Kaisers in der Ketzerbekämpfung zu. Von der Urkunde gibt es unter demselben Datum drei Ausfertigungen; während die erste den Eid, den Otto IV. 1209 in Speyer geleistet hatte, lediglich wiederholte, bezog sich die Verzichterklärung des Herrschers in der dritten Ausfertigung auf die Leistung des Papstes und auf den Gesichtspunkt des Friedens und der Eintracht. Deutlich ist zu sehen, wie sich die Verhandlungen am Ende immer stärker auf die so wichtige Zustimmung auch der Reichsfürsten konzentriert haben müssen. Innozenz sammelte in Verbindung mit der dritten Ausfertigung sogar Willebriefe einzelner Fürsten ein. Durch die Bulle von Eger waren nicht nur Bestimmungen des Wormser Konkordats hinfällig und auch Deutschland als eine der letzten Bastionen der Aufsicht des Papsttums unterworfen, sondern auch der Kirchenstaat in seiner künftigen Gestalt zugrunde gelegt. Friedrich seinerseits, gleichsam wie eine

Präzisierung zu den Versprechungen von Eger, ließ an Weihnachten 1213 den Leichnam seines Onkels Philipp von Bamberg nach Speyer überführen, womit er bekannte, nicht in der Nachfolge des Welfen, sondern in der salisch-staufischen Kontinuität zu stehen.

Die Rechtsgründe, die Innozenz III. 1200/01 für seine Entscheidung zugunsten Ottos IV. vorgetragen hatte, waren noch vorwiegend ein politisches Mittel gewesen; sie nahmen nun eine Eigengesetzlichkeit an. Das Laterankonzil, das Innozenz 1215 einberief, beschäftigte sich am Rande mit der Approbation des Staufers zum Kaiser, vermutlich um den mit ihm zu Ende geführten Vertrag abschließend zu sanktionieren. Noch blieb die deutsche Königswahl vom Anspruch der Römischen Kirche ausgenommen, aber die Kaiserkrönung war durch die Zustimmung des Konzils sinnbildlich zu einer Sache der Gesamtkirche geworden. Berücksichtigt man, daß Friedrichs Großvater noch geglaubt hatte, über die Stellung des Papstes mit seiner gesamtkirchlichen Jurisdiktion allein entscheiden zu können, dann wird der Wandel deutlich, der unter Innozenz III. abschließende Formen anzunehmen begann. Mit ihm gingen erste Zeichen einer inneren Aushöhlung der Kaiserwürde einher. Daß Friedrich II. bereits als Kaiser gefeiert werden konnte, bevor die Königswahl in Deutschland mit ihren einzelnen Stufen abgeschlossen war, läßt auf eine Brüchigkeit der traditionellen Grundlagen schließen. Ein nicht weniger deutliches Kennzeichen ist das Ergebnis des Lateinischen Kreuzzuges von 1203/04, das aus eigenmächtigen und relativ kurzfristigen Zielen der Kreuzfahrer erwuchs, letzten Endes aber von Innozenz III. ausdrücklich anerkannt wurde. Gerade weil das lateinische Kaisertum in Konstantinopel errichtet wurde, bevor das byzantinische Kaisertum im kleinasiatischen Nicaea wiederaufleben konnte, muß man sich fragen, inwieweit hier mit Absicht gehandelt wurde. Dem Dogen von Venedig – nominell ohnehin ein Untertan des östlichen Kaisers – mochte die Koexistenz von griechischem und lateinischem Kaisertum selbstverständlich sein, aber das Papsttum hatte in den Verhandlungen einer griechisch-lateinischen Kirchenunion im 12. Jahrhundert darauf geachtet, dem kaiserlichen Selbstverständnis gemäß stets nur einen einzigen Inhaber der Kaiserwürde anzuerkennen. Wenn Innozenz III. jetzt ohne Not je ein lateinisches Kaisertum im Westen und Osten anerkannte, dann konnte das ganz einfach geschehen, um die kaiserliche Würde zu relativieren und um dem westlichen Kaisertum gegenüber die Stellung des Papstes als »arbiter mundi« zu unterstreichen. Die Anschauung von der besonderen Stellung des westlichen Kaisers auch seitens des Papstes war damit nicht preisgegeben, aber der Mißbrauch, der mit dem kaiserlichen Amt aus politischen Gründen getrieben wurde, mußte sich auf die Autorität der Kaiserwürde auswirken.

Friedrich II. nahm davon keine Notiz, sondern faßte das alte Ziel der staufischen Kaiseridee wieder ins Auge. Gleich nach der Schlacht von Bouvines rückte der Staufer gegen die Städte des Niederrheins vor. 1215, am fünfzigsten Jahrestag der Erhebung der Gebeine Karls des Großen ließ er sich in Aachen nochmals feierlich zum König krönen. Die Erinnerung an Karl den Großen bedeutete Heidenkampf. Die Kreuzfahrt, die Friedrich I. am Ende seines Lebens auf sich genommen hatte und die Heinrich VI. anzutreten gedachte, als er sich des sizilischen Erbes sicher wähnte, sie beschloß Friedrich II. während des Krönungsaktes. Er ließ die Gebeine des großen Vorbildes Karl in einen Silberschrein umbetten, der ringsum gleich Apostelbildern mit Kaisergestalten versehen war. Mit dem letzten Kaiserbild stellte er sich selbst in die Reihe seiner Vorgänger und legte sich so auch das apostolische Amt der Heidenbekehrung zu. Da Kardinalbischof Hugo von Ostia als Kreuzzugslegat das Kreuzzugsversprechen in Aachen entgegennahm, muß sich dieser Entschluß nicht unbedingt gegen das Papsttum gerichtet haben, auch wenn das Laterankonzil programmgemäß einen Kreuzzug beschloß, ohne den Staufer zu erwähnen, und den Honorius III., seit 1216 Nachfolger des Papstes Innozenz, dann als rein päpstliches Unternehmen unter Führung von zwei Legaten ins Werk setzte.

Den Beginn seiner eigenen Kreuzfahrt setzte Friedrich II. auf den Johannestag des Jahres 1219 fest, verschob den Termin aber schließlich auf unbestimmte Zeit und erbat sich für den Aufschub des Kreuzzugsgelübdes von Honorius III. Dispens. Kurz vor seinem Tode noch hatte sich Innozenz III. von Friedrich versprechen lassen, sogleich nach der Kaiserkrönung werde Heinrich (VII.) das sizilische Königreich übergeben, wobei er ihn aus seiner »patria potestas« entlasse, und ihm ein dem Papst genehmer Verweser zur Seite gestellt. Dabei hatte Friedrich bereits die Übersiedlung seiner Gattin und des Sohnes nach Deutschland angeordnet und ein Jahr zuvor schon für sich und seine Vorfahren in der Kathedrale von Palermo ein Mausoleum errichtet. Den räumlichen Schwerpunkt seines Lebens sah er im Süden; angesichts dessen erscheint es wenig hilfreich, darauf aufmerksam zu machen, daß sein Versprechen erst von der Kaiserkrönung an (die er beliebig lange hinausschieben konnte und wollte) und nur, da dessen Nachfolger nicht genannt seien, Innozenz gegenüber gelte. In Deutschland übertrug er dem Fünfjährigen das Schwabenherzogtum sowie 1218 nach Aussterben der Zähringer auch das Rektorat von Burgund; Heinrich und seiner Mutter wurde der Titel eines Königs von Sizilien entzogen, ihn füllte nunmehr Friedrich selbst mit einer tatsächlichen Herrschaftsausübung aus. Ungewöhnlich war es nicht, daß Friedrich vor Antritt seiner Kreuzfahrt die Nachfolge seines Sohnes im deutschen Königsamt gesichert sehen wollte; nur stand damit das Verhältnis Siziliens zum Imperium wieder zur Diskussion.

Honorius merkte seit Mitte 1219, daß sein Festhalten an der Stellung Konstanzes und Heinrichs (VII.) in Sizilien längst illusorisch war, und setzte als endgültigen Termin für den Antritt der Kreuzfahrt den 21. März 1220 fest. Ein Legat verhandelte zu Anfang des Jahres 1220 in Hagenau zwecks Wiederholung der Versprechungen von Straßburg. Ins Auge gefaßt wurde jetzt der Fall, daß Heinrich vor dem Vater ohne Erben sterben könne; dann trete Friedrich kraft Erbrecht in die Nachfolge ein und leiste dem Papst für Sizilien nochmals den Lehnseid. Der Graben, der den Anspruch der Staufer auf Sizilien nach Erbrecht, von Friedrichs Mutter Konstanze herrührend, von ihrem Anspruch kraft Imperium trennte, war ungemein schmal. Man sieht es an der Wahl Heinrichs (VII.) am 20./26. April 1220 in Frankfurt zum König der Römer. Honorius III. und seine Nachfolger ignorierten sie, wie auch die spätere Wahl Konrads IV.; sie billigten ihnen den Titel eines »rex Romanorum« nicht zu, unterdrückten nunmehr aber auch Heinrichs Titel eines Königs von Sizilien, er war für das Papsttum nur noch der Sohn Kaiser Friedrichs. Man könnte darin einen Befreiungsschlag des Papstes sehen, zumal sich Friedrich große, wenn auch vergebliche Mühe um die päpstliche Anerkennung der angeblich nicht von ihm intendierten Wahl seines Sohnes gab. Überdies hatte der Legat, wahrscheinlich am Wahltag, die anwesenden Reichsfürsten zu einer Bestätigung des Versprechens von Hagenau bewogen. Damit schien die Mindestforderung gesichert, der Verzicht auf das »ius imperii« am Königreich Sizilien. Wegen des Kreuzzuges – die Kreuzfahrer hatten Damiette in Ägypten erobert, der weitere Fortgang stockte, und es mehrten sich die internen Streitigkeiten – konnte Honorius die Kaiserkrönung nicht mehr hinausschieben. Der Krönungstermin hatte im Versprechen an Innozenz III. eine Rolle gespielt; Friedrich werde dann seinem Sohn das sizilische Reich übertragen.

Das war jetzt gegenstandslos, weshalb der Staufer vor Betreten der Ewigen Stadt dem Papst eine Urkunde ausstellte, die das Versprechen von Hagenau modifizierte. Er selbst werde nach der Kaiserkrönung das Imperium und Sizilien beherrschen; Sizilien allerdings nicht »ratione imperii«, sondern allein als das normannische Erbe seiner Mutter; deshalb werde er mit allen Sizilien betreffenden Angelegenheiten auch nur von dort stammende Beamte befassen. Das Ganze war eine wenig realistische Konstruktion, denn Friedrich II. wollte die Vereinigung Siziliens mit dem Imperium doch; eine Lösung des Problems war nur aufgeschoben.

Im August 1220 brach Friedrich nach Italien auf, um erst 15 Jahre später wieder für kurze Zeit nach Deutschland zurückzukehren; am 22. November krönte ihn Honorius zusammen mit Konstanze zum Kaiser. Der Staufer bestätigte bei dieser Gelegenheit nicht nur die staatsrechtliche Trennung Siziliens vom Reich, er kam der Kurie sogar entgegen, wo es weniger kostete. Die Krönungsgesetze (Indemnität des Klerus, Hilfe des Kaisers in der Ketzerverfolgung usw.) ließ sich Friedrich von der Kurie bis in den Wortlaut hinein diktieren, befahl der Universität von Bologna aber auch, die neuen Gesetze dem Corpus iuris civilis einzuverleiben. In diesem von der päpstlichen Auffassung abweichenden, zugleich aber an Barbarossa anknüpfenden Kaiserverständnis lag ein Keim zur späteren Auseinandersetzung; auf der einen Seite ließ Friedrich der kurialen Auffassung vom dienenden Schutzvogt freien Lauf, auf der anderen Seite stellte er sich als universaler Gesetzgeber in die Rechtsnachfolge Justinians.

12. Der glücklose Kaisersohn

Der Sohn des Kaisers, Heinrich (VII.), war nicht zu beneiden. Den Titel eines Königs von Sizilien hatten ihm Friedrich II. und der Papst genommen. Zum »rex Romanorum« gewählt wurde er gegen den Widerstand einer starken Fürstengruppe und nach dem Willen des Vaters aus taktischen Gründen, damit dieser auch als Kaiser das Imperium und Sizilien in einer Hand behalten konnte. Vor allem fehlte dem Sohn die päpstliche Anerkennung des in der Aachener Krönung vom 8. Mai 1222 erworbenen Titels. Wie würde der Papst handeln, wenn Friedrich vor Heinrich sterben oder noch ein zweiter Sohn geboren werden sollte? Noch beanspruchte der Kaiser als Herr auch des Imperiums die letzte Entscheidung; und Friedrich machte von diesem Recht wahrlich keinen sparsamen Gebrauch. Der Thronfolger sollte auch vom Datum seiner Mündigkeit an nicht zu selbständig werden.

Noch war Heinrich (VII.) unmündig. Vormund war natürlich sein Vater. Streng genommen brauchte das Reich auch keinen Regenten; einen solchen zu benennen, schien angesichts der päpstlichen Politik trotz der räumlichen Entfernung auch nicht ratsam. Das erklärt die unklare Stellung des Kölner Erzbischofs Engelbert I. Der Kaiser bezeichnete ihn im Dezember 1220 als »tutor« Heinrichs und »provisor« des Reiches; am Krönungstag Heinrichs oblag ihm die »gubernatio imperii in partibus Germaniae« und die »tutela Heinrici«, und bereits auf dem Frankfurter Hoftag im April 1220 hatte der Kaiser ihn mit punktuellen Schutzaufgaben im Nordwesten des Reiches betraut. Möglicherweise wuchs der Umfang seiner Aufgaben auf eine Reichsverweserschaft hin, ob man am Ende jedoch von einer Reichsverweserschaft im eigentlichen Sinne sprechen kann, ist fraglich. Denn bis zum Jahresende 1223 erscheint Engelbert in den Staatsgeschäften den Erzbischöfen von Mainz und Trier sowie den Bischöfen Konrad von Metz/Speyer und Otto von Würzburg eher nachgeordnet. Sie alle bildeten einen rechtlich nicht fundierten königlichen Rat, von dem sich Engelbert allerdings zuweilen (durch die Bemerkung »specialiter«) abgehoben findet. Irgendwelche Kompetenzgrenzen in Reichsangelegenheiten sind unter diesen Personen nicht auszumachen.

Engelbert von Köln war einer der mächtigsten Reichsfürsten in Deutschland, im Nordwesten unbestritten sogar die Ordnungsvormacht. Mit eiserner Faust und erfüllt von dem Gedanken, für den Landfrieden verantwortlich zu sein, führte er die Kölnische Herzogsgewalt zu einer letzten, höchsten Machtentfaltung, ohne freilich ihren schon brüchig gewordenen Unterbau wieder konsolidieren zu können. Als Erbe seines vom Kreuzzug nicht zurückgekehrten Bruders, Graf Adolf von Berg, stand er in Auseinandersetzung mit der Limburger Herzogsfamilie und bekämpfte in ihr Reste der rheinischen Politik Heinrichs VI. Auch die Beziehungen zu England gab er nicht auf, plante sogar eine Heirat Heinrichs (VII.) mit einer englischen Königstochter, während sich der Kaiser 1224 bei Ausbruch des englisch-französischen Krieges auf die Seite der Kapetinger stellte; und anläßlich der Gefangennahme Waldemars II. von Dänemark im Mai 1223 folgte er dem Vorhaben Friedrichs nicht, das im Ostseeraum enstandene Machtvakuum auszufüllen. Politische Leitlinien seiner Kirche überschnitten sich mit abweichenden Vorstellungen der staufischen Reichspolitik; auf der einen Seite wußte Engelbert jedoch den Kern der kaiserlichen Absichten zu respektieren, auf der anderen Seite wurde ihm gerade die Auseinandersetzung mit dem Adel seines Herzogtums zum Verhängnis. Er gehörte zu jenen Führungspersönlichkeiten des 12./13. Jahrhunderts, die das in steigendem Ansehen begriffene Recht als Instrument ihrer Politik benutzten und es rücksichtslos ausschöpften, wobei auch geistliche Strafen bedenkenlos in rein weltlichen Auseinandersetzungen eingesetzt wurden. Obwohl Caesarius von Heisterbach, sein Biograph, die Politik des Erzbischofs mißbilligte, bezeichnete er ihn als Heiligen; durch den Anschlag, dem Engelbert 1225 zum Opfer fiel, habe dieser seine Schuld gesühnt.

Heinrich (VII.) hielt gerade Hochzeit zu Nürnberg mit Margarete, der Tochter Herzog Leopolds VI. von Österreich, der nunmehr die Reichsverweserschaft (oder wie auch immer man die Funktion nennen mag) zu übernehmen gedachte; doch der Babenberger mußte verzichten, weil er seine Teilnahme am Kreuzzug des Kaisers versprochen hatte und besänftigte damit den Unmut seiner Nachbarn über den Vorteil der ehelichen Verbindung. Ludwig von Bayern wurde 1226 Verweser; er aber zählte mit dem Straßburger Bischof Berthold von Teck zu den ersten Reichsfürsten, die auf die Seite des Papstes traten, als Friedrich II. gebannt wurde. Der Parteiwechsel diente Heinrich zum Anlaß, am Weihnachtsfest des Jahres 1228 selbst die Regierung in die Hand zu nehmen, ein Schritt, der schon mit Eintritt der Großjährigkeit fällig gewesen wäre.

Die unmittelbare Obhut über den unmündigen Heinrich hatten Reichsministeriale inne, sie auch verwalteten das schwäbische Herzogtum. Heinrich von Neuffen und Konrad von Winterstetten unter ihnen besaßen eine für die damalige Zeit sogar ansehnliche Laienbildung; beide gehörten ebenfalls dem königlichen Rat an, der im Auftrage des Kaisers u. a. in der Waldburg bei Ravensburg die Reichskleinodien verwahrte. Das Königsgut scheint man in Verwaltungsbezirke so zusammengefaßt zu haben, daß sich die spätere Einteilung in Reichslandvogteien unter Rudolf von Habsburg bereits vorgezeichnet findet; der Reichsbesitz im Elsaß und rechts des Rheins um Offenburg-Breisach-Neuenburg sowie im Südwesten in der heutigen Schweiz bildete beispielsweise einen je eigenen Bezirk. Auch nach seiner Königserhebung blieb Heinrich (VII.) Herzog von Schwaben. Man könnte dies wie zu Zeiten Philipps von Schwaben mit dem Umstand erklären, daß Friedrich II. für dieses Amt noch kein anderer Sohn zur Verfügung stand; 1237 aber, als sowohl Heinrich wie auch der Vater mehrere Kinder besaßen, wurde Konrad IV. anläßlich seiner Königswahl ebenfalls mit diesem Amt betraut. Das Schwabenherzogtum sollte keine eigenständige Größe mehr sein; eine Nivellierung der gesamten staufischen Herrschaftsmasse war offenbar im Gange.

Während seines ersten Deutschlandaufenthaltes richtete Friedrich II. sein Augenmerk auf eine Wiederherstellung des Reichsgutes, das im Zuge des Thronstreites Einbußen erlitten hatte. Im Rahmen dieser Restaurationspolitik stand nicht nur ein Teilerwerb aus der Erbmasse der Zähringer, mit dessen Hilfe der Gotthardpaß begehbar gemacht wurde, sondern auch eine rigorose Städtepolitik. Den Wert der Städte als Verteidigungsbastionen und als Truppenreservoir – jeder Bürger konnte zur Verteidigung der Stadt aufgeboten werden – hatten die Staufer in Italien kennengelernt. Vor und nach 1220 ließ der Kaiser im deutschen Südwesten allein 39 Städte anlegen; der verhältnismäßig hohe Anteil von 18 Gründungen darunter auf kirchlichem Territorium erklärt sich aus der Absicht, mit anderen Mitteln auf die Politik der Hochkirchen einwirken zu können, nachdem eine direkte Mitwirkung des Monarchen bei der Bestellung hoher Prälaten fortgefallen war. Der Kaiser berief sich dabei auf seine Rechte als Vogt und erklärte auf dieser Basis auch die Bischofsstädte Augsburg, Konstanz und Basel für kaiserlich; die kirchlichen Herren mußten sich seitdem in den Einkünften aus der Stadt mit dem Monarchen teilen.

Auf diesem Hintergrund gewinnt die seit dem 19. Jahrhundert so genannte »Confoederatio cum principibus ecclesiasticis« von 1220 ein anderes Gesicht als allein das eines Tauschvertrages, um die Zustimmung der geistlichen Fürsten für die Nachfolge seines Sohnes Heinrich einzuhandeln. Kirchenfürsten beschwerten sich damals bei Friedrich II. über die staufische Städtepolitik; ihre Klage richtete sich gegen den benachbarten Territorialpolitiker und nicht gegen den König, so daß eine Abgrenzung fürstlicher Rechte gegen Hoheitsrechte der Königsgewalt unumgänglich schien, die auch die Territorialfürsten binden mußten. Die Befestigungshoheit war längst an die Territorialherren übergegangen, sie wurde auch nicht zurückgefordert; aber die Münz-, Zoll- und Marktgründungshoheit wurden in dieser Vereinbarung als Regal herausgestellt, über das die Fürsten nicht in eigenem Ermessen verfügen könnten. Damit war die Praxis königlicher Städtegründungen auf kirchlichem Boden theoretisch unterbaut. Noch bedeutsamer aber ist ein anderer Aspekt. Was sein Großvater in Reichsitalien begonnen hatte, übertrug Friedrich II. nun auf Deutschland; er gründete auch hier die Königsherrschaft auf dem Regalienrecht. Der Anfang einer rechtlichen Präzisierung des königlichen Vorranges war gemacht, der den fürstlichen Emanzipationsdrang einzugrenzen geeignet schien.

Heinrich (VII.) waren so eindeutige Wege gewiesen; aber ob er sie so wenig zielbewußt und ohne Rücksicht auf Erfordernisse der kaiserlichen Gesamtpolitik verfolgte, wie die Forschung urteilte, ist nicht sicher. In den Augen der Fürsten mag sein Regiment Züge der Willkür gehabt haben, doch es ist nicht ausgeschlossen, daß sich dahinter eine Konzeption verbarg, die auf eine Fortführung der Politik seines Vaters hinauslief. Als Friedrich die Vermittlung der deutschen Fürsten für seine Verständigung mit Papst Gregor IX. im Frieden von San Germano brauchte, beschwerten diese sich über die Städtepolitik Heinrichs und nötigten diesen 1231 zum sogenannten »Statutum in favorem principum«. Auch in dieser mit Laienfürsten getroffenen Übereinkunft ging es nicht um eine Beschneidung königlicher Rechte, wie man lange Zeit gemeint hat, sondern nur um eine Eindämmung der expansiven staufischen Territorialpolitik. Die der Königsgewalt vorbehaltenen Regalienrechte brauchten nicht mehr umschrieben zu werden; der Akzent lag hier auf den nachteiligen Auswirkungen, die von den blühenden staufischen Gründungen ausgingen. Durch Anlage neuer Straßen konnte fürstliches Territorium umgangen und damit der fürstliche Zoll oder der gewinnbringende Geleitschutz wertlos gemacht werden; oder mit Hilfe einer königlichen Stadtgründung ließ sich das angrenzende Territorium eines Fürsten entvölkern. Die Zusagen im »Statutum«, das war der Wunsch der Fürsten, sollten verhindern, daß der Kaiser als territorialpolitischer Rivale unter Ausschöpfung seiner königlichen Prärogative die bestehende Ordnung zu seinen Gunsten untergrub.

Die Fürstenschaft, die ihre Herrschaftsstellung während des Thronstreites kräftig ausgebaut hatte, war von den Staufern wieder in die Defensive gedrängt worden. Sie fand sich zusammen, um einen Stillstand der staufischen Expansion zu erreichen; beide vertragsähnlichen Vereinbarungen haben sie jedoch nur behindern können. Erst der Ausfall der staufischen Macht nach dem Tode Friedrichs II. eröffnete der fürstlichen Expansion unbehinderte Bahn, und jetzt auch wurden die mit ganz anderen Intentionen fixierten Vereinbarungen zur nachträglichen Grundlage fürstlicher Immunität umgedeutet. Friedrich II. hat natürlich das »Statutum« als ein störendes Zugeständnis betrachtet; er mußte es 1232 bestätigen. Seinen Sohn verpflichtete er damals eidlich, dem Vater zu gehorchen und nichts mehr gegen die Fürsten zu unternehmen; Gregor IX. wurde gebeten, ihn zu exkommunizieren, wenn er seinen Eid brechen sollte. Doch die tiefe Verstimmung zwischen Vater und Sohn blieb; während Friedrich sich wiederholt gezwungen sah, Verfügungen seines Sohnes zu widerrufen, verhärtete sich die Opposition Heinrichs. Dessen wichtigster Ratgeber wurde Graf Egeno V. von Freiburg aus dem Hause der Uracher, das dem Kaiser feindlich gesinnt war.

Die Spannungen strebten einem neuen Höhepunkt zu, als Heinrich 1233 gegen Otto von Bayern, den Sohn des früheren Reichsverwesers, einen Krieg begann. Friedrich verlangte die Freilassung des jungen Wittelsbachers, den Otto als Geisel hatte ausliefern müssen, und kündigte seinem Sohn den Huldentzug an, wenn er weiterhin widerspenstig bleibe, während der Papst mit der Exkommunikation drohte. Heinrichs Politik verfolgte keine abweichende Linie, aber sie paßte nicht in den augenblicklichen Erwartungshorizont. Dem 1232 vom Kaiser verschärften Krönungsgesetz, das der Bremer Erzbischof benutzt hatte, um die Stedinger Bauern unter dem Vorwand der Ketzerverfolgung seiner Landesherrschaft gefügig zu machen, stellte er auf dem Frankfurter Hoftag vom Februar 1234 gegen ungerechtfertigte Ketzerverfolgungen gerichtliche Bestimmungen entgegen. Der Papst war empört; er bannte den jungen König, und Friedrich kündigte sein Erscheinen in Deutschland an. Heinrich flüchtete sich in den offenen Aufruhr; im September verbündete er sich zu Boppard mit den Gegnern des Kaisers, den Bischöfen von Augsburg, Würzburg, Worms, Speyer und Straßburg, dem Abt von Fulda und kleineren Herren in Schwaben und Ostfranken. Kontakte suchte er auch zu den lombardischen Städten und zu Ludwig IX. von Frankreich; die Laienfürsten des Reiches indessen hielten sich völlig zurück. Während Heinrich sich in der Auseinandersetzung mit der Stadt Worms, mit Gottftied von Hohenlohe und mit dem Markgrafen von Baden, derentwegen er den Unwillen des Kaisers hauptsächlich auf sich gezogen hatte, festbiß, reiste Friedrich II. an. Nicht mit großem Heeresaufgebot, sondern mit orientalischer Prachtentfaltung – ein Chronist berichtet von exotischen Tieren wie Kamelen und Leoparden und von Sarazenen und

Äthiopiern, welche die mitgeführten Schätze zu bewachen hatten – beeindruckte der Kaiser die naiven Gemüter der Deutschen; ein Heer strömte ihm in Süddeutschland fast von selbst zu. Leichtsinnigerweise wagte Heinrich im Swiggerstal eine offene Feldschlacht und verlor sie. Er mußte sich dem Vater unterwerfen. Im Juli 1235 saß über ihn der Vater in Worms zu Gericht; sein Anhang wurde begnadigt, er selbst aber seiner Königswürde entkleidet und in einen sizilischen Kerker verbannt; 1242 soll er sich als Dreißigjähriger das Leben genommen haben. Die Absetzung Heinrichs (VII.) stand im größeren Rahmen grundlegender Reformmaßnahmen; die durch den Kaisersohn ins Wanken geratene Autorität des Königtums sollte wiederaufgerichtet werden. Am 25. August 1235 eröffnete der Kaiser in Mainz eine glanzvolle Reichsversammlung und verkündete auf ihr ein erstmals auch in deutscher Sprache veröffentlichtes Landfriedensgesetz. Die 29 Kapitel wiederholten zum Teil alte Bestimmungen, zum Teil setzten sie neues Recht im Bereich des Strafrechts und des Strafvollzugs. Daß auch Artikel der »Confoederatio« von 1220 wörtlich Aufnahme fanden, deutet schon auf eine Ausgestaltung der eingeleiteten Regalienpolitik hin. Die seinerzeit eher indirekt zum Ausdruck gekommene Bindung der Fürsten an die königlichen Hoheitsrechte wurde jetzt in den Vordergrund geschoben bis hin zu der Feststellung: der König ist Herr aller Regalien; das heißt, alle Rechte der Fürsten, gleich auf welchem Wege sie erworben sein sollten, galten als vom Königtum verliehen.

Die Übertragung der von Friedrich I. in Reichsitalien entwikkelten Regalienrechte auf deutsche Verhältnisse wurde also konsequent fortgesetzt; nur war diese Entwicklung kein Sondergut der deutschen Geschichte mehr. Die Solidarisierung des Adels, die dadurch erzwungene Eingrenzung der königlichen Gewalt und die mit ihr verbundene Fixierung fürstlicher Rechte sowie in Konsequenz daraus die Klarstellung der königlichen Prärogativen findet sich um diese Zeit auch in den westlichen Monarchien. Was 1220 nur insoweit erwähnt wurde, als es der konkrete Anlaß erforderte, erhielt in der Mainzer Landfriedensordnung grundsätzliche Züge. Konnte es nach der »Confoederatio« noch so scheinen, daß die Prälaten den Umfang der geistlichen Gerichtsbarkeit allein bestimmen konnten, nunmehr sollten sie sich mit den Trägern weltlichen Rechts über die Grenzen der kircheneigenen Gerichtsbarkeit auseinandersetzen. Der König war oberster Gerichtsherr; er konnte den Fürsten bei Vernachlässigung der eigenen Gerichtsbarkeit die Gerichtshoheit wieder entziehen, und ohne seine

Erlaubnis sollte ihnen nicht gestattet sein, neue Gerichtshoheiten zu entwickeln oder an sich zu ziehen. An eine Vereinheitlichung der geltenden Gesetzessysteme war nicht zu denken; aber Friedrich richtete vermutlich nach sizilischem Vorbild die Instanz eines Reichshofrichters ein, der die oberste Gerichtsbarkeit des Königs in der Landfriedewahrung ausüben sollte und dessen Tätigkeit, da ihm ein Notar beigegeben wurde, der alle Urteile zu sammeln hatte, den Fürstengerichten als Norm dienen konnte. Anschließend im Winter scheint der Kaiser im Elsaß ebenfalls nach sizilischem Vorbild auch eine zentrale Finanzverwaltung eingerichtet zu haben. Das alles ist praktisch nicht realisiert worden. Man fragt sich ohnehin, ob die Fürsten diesen programmatischen Auftakt widerstandslos hingenommen haben. Gleichzeitig mußten sie ihre Teilnahme an einer für das Frühjahr 1236 vorgesehenen Heerfahrt gegen die oberitalienischen Städte beeiden. Daß am Ende nicht sie den Kaiser begleiteten, sondern hauptsächlich schwäbische Reichsministeriale, sagt schon etwas über die tatsächliche Richtung der Entwicklung aus, obwohl der Reichslandfriede auch für die späteren nichtstaufischen Könige so viel wie eine Norm bedeutete.

Nicht unerwähnt bleiben darf auch eine weitere in Mainz getroffene Maßnahme. Friedrich II. nahm Otto von Lüneburg in den Reichsfürstenstand auf und schuf das Herzogtum Braunschweig-Lüneburg. In der Geschichte der sehr seltenen förmlichen Aufnahmen in den Reichsfürstenstand spielt diese Aktion eine beachtliche Rolle; daß sie aber jetzt und den Welfen gegenüber stattfand, ist nur vor dem Hintergrund der noch unbereinigten Welfenfrage zu verstehen. Durch die Entmachtung Heinrichs des Löwen aus dem Fürstenstand gestoßen, führten die Welfen trotzdem ihren Herzogstitel weiter. Die Übernahme der rheinischen Pfalzgrafschaft durch den gleichnamigen Sohn Heinrichs des Löwen, das Königtum Ottos IV. und das Reichsvikariat zwischen Elbe und Weser für Heinrich, den nunmehr ehemaligen Pfalzgrafen, nach dem Tode Ottos IV. konnte als ein Wiederaufstieg in den alten Stand betrachtet werden. Heinrich (VII.) jedoch ließ nach dem Tode Heinrichs (1227) das Reichsvikariat und die Vereinbarungen Friedrichs II. hinsichtlich des Reichsgutsbezirks Goslar nicht auf dessen Neffen Otto von Lüneburg übergehen, sondern suchte den Reichsgutsbezirk zu einem nur ihm zur Verfügung stehenden Reichsland umzuwandeln. Hier lag eine Analogie zur expansiven Territorialpolitik der Staufer im deutschen Südwesten vor, die durchaus in Einklang mit der Intention des

Kaisers stand, der mit Otto als dem Alleinerben Heinrichs nicht einverstanden gewesen war. 1235 wurde dieses Anrecht auf das Erbe wiederhergestellt, nachdem Otto 1227 die rebellische Stadt Braunschweig – bezeichnenderweise mit Hilfe seiner Schwäger, den brandenburgischen Markgrafen – niedergerungen und die dänischen Bemühungen um eine Rückgewinnung ihrer Großmachtstellung aktiv unterstützt hatte. Was Heinrich (VII.) nicht vermocht hatte, Friedrich II. gab nach, um durch einen Ausgleich den Raum zwischen Elbe und Weser zu befrieden.

Es spricht für den weiten Blick des Kaisers, daß er schon früher dem Norden des Reiches in einer keineswegs nebensächlichen Aktion seine Aufmerksamkeit geschenkt hatte. Die Ansiedlung des Deutschen Ordens im prußischen Siedlungsgebiet darf nämlich nicht isoliert gesehen werden; sie diente zunächst mehr den Interessen des Reiches, weil das Prußengebiet im Blickfeld des Ordens auf lange Zeit noch ein Nebenschauplatz blieb. König Knut von Dänemark hatte den Ausfall der welfischen Vorherrschaft nach dem Sturz Heinrichs des Löwen genutzt, die dänische Expansion in den Ostseeraum vorzutragen; sie erreichte unter Waldemar II. mit der Eroberung Estlands einen ersten Höhepunkt. Diese Expansion zeigte ein doppeltes Gesicht; sie war einmal vom Kreuzzugsgeist mit dem Ziel anschließender Missionierung getragen – die östlichen Anlieger der Ostsee waren außer den vom Islam beherrschten Ländern die einzigen noch nicht christianisierten Gebiete der damaligen Welt, und dessen war man sich durchaus bewußt –, hatte aber auch die Endpunkte Lübeck und Nowgorod des westöstlich gerichteten Handelsaustausches im Auge, den man lückenlos in die Hand zu bekommen trachtete. Als Heinrich von Schwerin 1223 seinen Lehnsherrn Waldemar II. gefangensetzte, suchte der Kaiser die dänische Vorherrschaft abzulösen und knüpfte an die von Bremen und seinem niedersächsisch-westfälischen Hinterland getragenen entlang der Düna in Livland tätigen Kräfte an. In einem Manifest stellte er 1224 die gerade zum Christentum bekehrten Balten unter den Schutz des Reiches und der Kirche. Den von Innozenz III. geförderten Gedanken, eine Mission überhaupt von staatlicher Expansion zu trennen und den politisch-sozialen Status der Eingeborenen im Zuge der Christianisierung in keiner Weise zu mindern, griff Friedrich damit auf; Livland in das politische Gefüge des Imperiums einzubeziehen, lag ihm offenbar fern, denn er handelte bewußt als oberste Spitze der Christenheit im Verein mit dem Papsttum. Honorius III. jedoch, der eine Protektion gesamtkirchlicher Missionen durch den Kaiser ohnehin ablehnen mußte, fürchtete den politischen Vorteil des Staufers, erließ 1225 seinerseits ein ähnliches Manifest, das die Neophyten nur unter den Schutz der Römischen Kirche stellte, und entband den wieder freigelassenen Waldemar von seinem Versprechen, Dänemark und vor allem Nordalbingien vom Reich zu Lehen zu nehmen, weil er gefangengenommen worden sei, nachdem er seine Teilnahme am Kreuzzug schon gelobt hatte.

Das Angebot des polnischen Herzogs Konrad von Masowien an den Deutschen Orden, das Kulmer Land als Ausgangsbasis zu schenken, um die vordringenden Prußen zurückzuwerfen, war also keineswegs der einzige Anlaß, den Orden an die Ostseeküste zu berufen. Die sogenannte Goldene Bulle von Rimini, die Friedrich II. im März 1226 ausstellte, war eine Antwort auf das Manifest des Papstes und dessen Versuch, den Dänenkönig gegen den Kaiser auszuspielen. Der Staufer beauftragte darin den Ritterorden mit der Eroberung des Prußenlandes und gewährte ihm die Aufrichtung einer Herrschaft mit vollkommener Landeshoheit. Gerade weil die Bedingungen dieser Landesherrschaft in ungewöhnlich präziser Ausführlichkeit aufgezählt sind, hat der fehlende Hinweis auf das Verhältnis des geplanten Ordensstaates zum Reich eine lange Kontroverse in der Forschung hervorgerufen. Aus unserer Sicht können wir die Wahrscheinlichkeit nicht von der Hand weisen, daß diese Frage 1226 gar nicht bestand; das Reich sollte die Vorherrschaft über den Handelsweg übernehmen, die Heinrich der Löwe vorher ausgeübt hatte, ebenfalls ohne dafür geographisch abgrenzbare Rechtstitel vorweisen zu können. Friedrich II. leitete 1226 schon mit der Bestätigung der Reichsfreiheit für das von Dänemark zurückgewonnene Lübeck in geradezu weitschauender Weise die Umstellung des Ostseehandels von einer fahrenden Kaufmannschaft auf feste Plätze an den Küsten ein. Und der Orden wurde seiner ihm zugedachten Funktion gerecht, als er 1231 mit der Eroberung des prußischen Siedlungsgebietes begann. Die 1233 von ihm erlassene Kulmische Handfeste spiegelt den ursächlichen Zusammenhang zwischen einer Umstellung der einheimischen Landwirtschaft auf Getreidebau und der Förderung von Fernhandelsplätzen wider. Die Voraussetzungen für eine Intensivierung des Handelsaustausches, der das Aufblühen der Hanse so sehr begünstigen sollte, waren damit zum Teil geschaffen.

Geregelt wurde während des Deutschlandaufenthaltes von 1235 auch die Nachfolge Heinrichs (VII.). Da der Kaiser nach der

Ächtung seines Ältesten nur mehr im Zweitgeborenen Konrad einen männlichen Erben besaß, heiratete er noch in Worms in Isabella, einer Schwester König Heinrichs III. von England, seine dritte Ehefrau. In dieser Abkehr von den Kapetingern lag möglicherweise ein Protest gegen den Vorstoß des Anjou in die Provence; zugleich folgte der Kaiser einem Wunsch Papst Gregors IX., mit Hilfe seiner Heirat zu einem Ausgleich zwischen dem englischen und französischen Königshaus beizutragen. Und gleichsam, als ob die Aussöhnung mit den Welfen symbolhaft vervollständigt werden sollte, wandte sich der Kaiser gegen Herzog Friedrich II. »den Streitbaren« von Österreich. Der Babenberger hatte sich während der Empörung seines königlichen Schwagers mit seinen Nachbarn verfeindet und dem Kaiser entfremdet. Da er der dreimaligen Vorladung keine Folge leistete, wurde im Juni 1236 über ihn die Reichsacht verhängt, und der König von Böhmen sowie der Herzog von Bayern hatten das Urteil zu vollstrecken, noch während gegen den Lombardenbund ein Reichskrieg geführt wurde. Friedrich gedachte die beiden Herzogtümer Österreich und Steiermark auch nicht wieder auszugeben; er überstellte sie der Verwaltung des Reiches. Zum Wiener Hoftag im Februar 1237 brachte er seinen neunjährigen Sohn Konrad mit und ließ ihn zum römischen König wählen. Weder wagten die Fürsten dieses Mal, Bedingungen zu stellen – sie verstanden sich ausdrücklich als Rechtsnachfolger des antiken römischen Senats –, noch wurde Konrad IV. zur Wahl designiert. Eine Designation hätte die Fürsten an ihre Folgepflicht bis zur Aachener Krönung gebunden, aber diese sollte nach den Erfahrungen, die der Kaiser mit dem Königtum seines Erstgeborenen gemacht hatte, erst nach seinem Tode stattfinden.

Die Autorität des Kaisers kann für diesen Augenblick nicht hoch genug eingeschätzt werden. Er wähnte sich der Fortsetzung des Kaisertums in seinem Haus so sicher, daß er seinem Sohn zwar so viel Autorität einräumte, um ihn fallweise mit königlichen Aufgaben betrauen zu können, ihm aber die abschließende Sanktion der Wahl vorenthielt. In der Tat gab es kein auf Grund königlicher Abkunft gleichwertiges Geschlecht mehr, das den Staufern einen Zugang zur Königswürde hätte streitig machen können. Hier scheint auch ein Grund für das um diese Zeit bezeugte mangelnde Interesse der Fürsten an einer Königswahl zu liegen, das die Ausbildung des Kurfürstenkollegs gerade um 1237 beschleunigt hat. Friedrich »der Streitbare« war nur verdrängt, aber nicht unterworfen worden. Der Kaiser erkannte ihn 1239 als Herzog sogar wieder an, um ihn nicht vollends auf die Seite des Papstes zu drängen. Und 1244 erwog er in Gleichstellung mit Böhmen und Ungarn die Erhebung Österreichs zum Erbkönigreich, die nur an der Weigerung der Nichte des Babenbergers scheiterte, den Kaiser zu heiraten. Sie hätte zur Vermehrung des Heerschildes um einen neuen ersten Stand führen können, die auch die Stellung des Kaisers überhöht und von der eines römischen Königs noch weiter entfernt haben dürfte. Als der Babenberger 1246 ohne direkte Erben (seine Schwester Margarete, die Witwe Heinrichs [VII.], befand sich noch in einem Würzburger Kloster) im Krieg gegen Ungarn fiel, behandelte Friedrich II. die freigewordenen Lehen als Reichsländer und unterstellte sie fürstlichen Generalkapitänen.

13. Der Staatsschöpfer, Kreuzfahrer und vergöttlichte Kaiser

Friedrich II. hatte den Antritt seines Kreuzzuges verschoben, zunächst um die deutschen Verhältnisse zu ordnen, und schließlich um die Anarchie in seinem sizilischen Erbreich zu beseitigen. Nach seiner Kaiserkrönung brach er ohne Reichsministeriale in seinem kleinen Gefolge gegen Süden auf; er hielt sich an das Versprechen, keine landesfremden Kräfte in Sizilien zu beschäftigen, und tat damit dem Anliegen der Kurie Genüge, jeden Anschein einer Vereinigung Siziliens mit dem Imperium zu vermeiden. Seinem von Fehden und Willkür der Barone geplagten Erbreich empfahl er sich als Friedensbringer, der durch das Recht regiert. Auch darin vollendete er einen von seinem Großvater gewiesenen Weg.

In Capua erließ er als erstes sogenannte Assisen, kurzgefaßte Gesetze, die den verkündeten Landfrieden realisieren sollten und die Umrisse des künftigen Staates bereits erkennen ließen. Der Zug zum Zentralismus als Ausdruck eines Bedürfnisses nach überschaubarer Ordnung war dieser Zeit allgemein; das Erstaunliche an den Maßnahmen Friedrichs II. aber ist ihre Totalität und die Durchschlagskraft, mit der das Programm binnen weniger Jahre bei relativ geringem Aufwand durchgesetzt wurde. Alle Schenkungen, Privilegien und Bestätigungen seit 1189 wurden in Capua für ungültig erklärt; ein jeder hatte der königlichen Kanzlei die Titel, sofern sie Kronrechte betrafen, vorzulegen, und nur wenn dies opportun erschien, durfte die Kanzlei sie erneuern. Wer seine Urkunde nicht termingerecht vorlegte, hatte seinen Rechtstitel verwirkt. Man erlangte auf diese Weise nicht nur einen raschen Überblick über die Kronrechte, sondern auch, da den zum Teil wieder ausgegebenen Privilegien eine Klausel beigegeben war, die den jederzeitigen Widerruf gestattete, die Grundlagen für eine zentrale Staatsmacht. Friedrich rief auch normannische Gesetze in Erinnerung, die erlaubten, möglichst viele Lehen einzuziehen und nicht wieder auszugeben. Heiraten oder einen Lehnsbesitz beerben durfte der Lehnsmann nur mit Erlaubnis des Königs; und damit auch die Afterlehen erfaßt wurden, wurde die Weiterverlehnung ebenfalls von der Erlaubnis des Königs abhängig gemacht. Und entscheidend für die Stellung des Barons sollte nicht der Umfang des ausgegebenen Lehens sein, sondern der dem König persönlich zu leistende Dienst.

Was also seit dem Tode des letzten Normannenkönigs ein Eigenleben geführt hatte, wurde nunmehr der totalen Kontrolle der Königsgewalt unterworfen; und der Kaiser handelte dabei nicht als Staufer, sondern bewußt in Rechtsnachfolge der normannischen Dynastie. Zwei Jahre brauchte Friedrich, um die Macht der großen Barone im festländischen Teil des Königreiches zu brechen; er bediente sich dabei der Hilfe der kleinen Herren, um sich anschließend auch ihrer zu entledigen. Zugute kam ihm dabei eine ebenfalls zu Capua erlassene Assise, die das schriftlich niemals gewährte Befestigungsrecht der Barone ignorierte und die Auslieferung der in den letzten dreißig Jahren erbauten Kastelle verlangte; die eingezogenen Burgen, ergänzt durch Neubauten auf insgesamt über 200 Anlagen, dienten dann gleichzeitig auch als Verwaltungszentren.

Die Anordnung des feierlichen Hoftages von Capua betraf im übrigen nicht nur die im sizilischen Reich ansässigen Privilegieninhaber, sondern auch Auswärtige, die Rechtstitel im Königreich besaßen. Der Kaiser suchte in diesem Rahmen Honorius III. zu beruhigen, indem er das 1219 in Hagenau gegebene Versprechen an die Römische Kirche in die Bestätigungsurkunde inserierte. Es war keine bloße Wiederholung, denn die Anerkennung des päpstlichen Eigentumsrechtes am Königreich Sizilien wurde ersatzlos unterdrückt und Friedrichs Verzicht auf eine Eingliederung Siziliens in das Imperium durch ein eingefügtes »aliquatenus« abgeschwächt. Das war nicht unbedingt ein weiterer Schritt auf dem Wege zur Vereinigung Siziliens mit dem Imperium, sondern eher eine Rückkehr zum Vertrag von Benevent (1156); das

Königreich, das Friedrich kraft Erbrechts zugefallen war, sollte eine größere Eigenständigkeit und Selbstbestimmung besitzen, als der Kurie angemessen schien.

Im Mai 1221 entzog Friedrich folgerichtig den auswärtigen Seemächten, vorab Genua und Pisa, ihre marktbeherrschende Stellung im Fernhandel; eine Assise hatte vorsorglich die Bevorzugung Fremder vor den Einheimischen untersagt. Um der nun drohenden handelspolitischen Isolierung entgegenzuwirken, grub der Kaiser eine normannische Seemannsordnung aus und arbeitete auf den Bau einer eigenen Flotte hin. Siziliens Handel wurde verstaatlicht, und als solcher sollte er mit dem übrigen Handel in Konkurrenz treten. In den Jahren 1222 bis 1224 bezwang Friedrich II. auch die Sarazenen, die das Innere der Insel Sizilien beherrschten. Er konnte am Ende stolz darauf hinweisen, die Insel von Heiden gesäubert zu haben; seine Gegner aber vermerkten mit Empörung, daß die Sarazenen nach Lucera am nördlichen Zugang Apuliens in eine stauferfreundliche Zone umgesiedelt wurden, wo sie ungestört ihrer eigenen Religion nachgehen konnten, den ausgedehnten Krongütern Nordapuliens als billige Arbeitskräfte dienten und eine zuverlässige Truppe bildeten, die auch dem päpstlichen Bann gegenüber unempfindlich war.

Die Errichtung einer Universität zu Neapel im Frühjahr 1224 rundete diesen Staatsabsolutismus ab. Es war die erste Bildungsstätte, die gleich als Ganzes von einem weltlichen Herrscher ins Leben gerufen wurde, und erstmals auch wurde den Bewohnern eines Landes untersagt, eine auswärtige hohe Schule zu besuchen. Diese Spitze richtete sich nicht eigentlich gegen die damals hoch angesehene Rechtsschule zu Bologna, sondern sollte in erster Linie, modern ausgedrückt, die Ausbildung ergebener Staatsdiener sicherstellen; sie garantierte der neuen Schule zugleich auch die erforderliche Zahl von Studenten. Die spätere Beaufsichtigung der Arzneimittelherstellung und der ärztlichen Ausbildung und Gebühren durch königliche Funktionäre war im Prinzip hier schon angebahnt.

Es wäre verwunderlich, hätte Friedrich II. nicht auch versucht, den kirchlichen Bereich seinem Einfluß zu unterwerfen. Sein Bemühen, mit Hilfe einer Assise die Anhäufung von Landbesitz der sogenannten »toten Hand« zu unterbinden, fand allgemein Verständnis, nicht aber seine Absicht, die Besetzung der nahezu 150 Bistümer im Königreich an sich zu ziehen. Es stimmt durchaus mit den Maßnahmen von Capua überein, daß Friedrich die päpstliche Praxis während der langen Abwesenheit des Kaisers, auf vakant gewordene Sitze neue Bischöfe und Äbte päpstlichen Vertrauens und überdies oft genug noch Landesfremde zu providieren, abstellen wollte. Er berief sich auf die Besetzungspraxis seiner normannischen Vorfahren vor 1189, die sich in Übereinstimmung mit den Vereinbarungen von Benevent (1156) befanden; der Papst hingegen erinnerte an das Versprechen Friedrichs von 1212 und an Beschlüsse des IV. Laterankonzils, die Friedrichs Anspruch als einen »abusus« erscheinen ließen. Zu einer Annäherung der Standpunkte kam es nicht, im Gegenteil, das Klima verschärfte sich. Als Friedrich die Domkapitel unter Druck zu setzen versuchte, machte die Kurie von ihrem Devolutionsrecht Gebrauch, d. h. sie providierte einen Bischof, wenn sich der Wahlvorgang länger als sechs Monate hinzog; und Friedrich beantwortete diese Taktik mit der Verweigerung seines Konsenses, verwehrte dem Providierten den Zugang zu seinem Sitz und sperrte die ihm zustehenden Einkünfte. Was letztlich hinter diesen Differenzen stand, wird im ersten Höhepunkt der kaiserlich-päpstlichen Auseinandersetzung deutlich. Der ersten Exkommunikation im November 1227 wegen verzögerter Ausfahrt des Kreuzzuges folgte im März 1228 eine Erweiterung ihrer Begründung; mit seiner Kirchenpolitik habe Friedrich gegen das Eigentumsrecht der Römischen Kirche und ihre Lehnshoheit über das Königreich verstoßen. Im Mai 1228 unmittelbar vor der Ausfahrt des Kreuzheeres traf Friedrich in Barletta eine testamentarische Verfügung. Allen Bewohnern des sizilischen Reiches wurde der Status zugesichert, wie er beim Tode König Wilhelms II. existierte; Amtsnachfolger im Reich und in Sizilien werde im Falle seines eigenen Todes sein Sohn Heinrich und, wenn dieser vorzeitig sterben sollte, sein jüngerer Sohn Konrad. Berücksichtigt wurde also nicht nur das Erbfolgeprinzip an sich, sondern das Imperium und das Königreich Sizilien sollten auch, ungeachtet des Prinzips der Königswahl in Deutschland und der immer noch gültigen Trennung beider Reiche voneinander, eine uneingeschränkte Einheit bilden. Ob die Kurie von dieser Verfügung Kenntnis hatte oder nicht, wenig vorher hatte sie zumindest schon Gelegenheit zu erfahren, in welcher Weise der Kaiser den letzten Rest seiner Versprechungen zu eliminieren gedachte.

Friedrich II. war nach der Festigung seiner Herrschaft in Sizilien nicht mehr bereit, die päpstliche Sorge um die Integrität des Kirchenstaates zu respektieren. Er berief auf Ostern 1226 einen Reichstag nach Cremona, der sich mit der Wiederherstellung von Reichsrechten in Oberitalien und, um dem Papst gleichzeitig die

Hände zu binden, mit der Bekämpfung der Häresie sowie der Vorbereitung seines Kreuzzuges beschäftigen sollte. Dorthin waren die politischen Vertreter Reichsitaliens und die deutschen Fürsten beordert; Friedrich selbst gedachte mit eigenen Truppen zu kommen. Statt mit landesfremden Kräften in Sizilien eine Vereinigung mit dem Imperium zu betreiben, beschritt Friedrich den umgekehrten Weg und führte ein sizilisches Truppenkontingent nach Oberitalien. Um den wie ein Sperriegel hindernd im Wege stehenden Kirchenstaat durchqueren zu können, erklärte er das Herzogtum Spoleto und die Mark Ancona als Lehen des Reiches. Doch der Reichstag konnte nicht stattfinden, weil der Lombardenbund dem deutschen Heer in der Klause zwischen Trient und Verona den Durchgang versperrte. Im Moment bedeutete es noch nicht viel, daß der Kaiser den Lombardenbund, da er die Vorbereitung seines Kreuzzuges behindert habe, von den anwesenden Bischöfen mit dem Bann belegen und über ihn die Reichsacht verhängen ließ.

Schon die Wahl des Treffpunktes Cremona, der alten Gegnerin Mailands und zuletzt Ottos IV., zeigt, daß der Kaiser mit Schwierigkeiten gerechnet haben muß. Seit Jahren bereits suchte er die Adelsgenossenschaften und Popularenparteien in den Kommunen zu seinen Gunsten gegeneinander auszuspielen. Auch die 1224 verschärften Ketzergesetze verfolgten den Zweck, die mit den Armutsideen sympathisierenden Popularen zu treffen und sich der Kurie, der auf diese Weise ein abermaliges Bündnis mit dem Lombardenbund verbaut werden sollte, als unentbehrlich zu empfehlen. Indessen begann gerade in jenen Jahren Kardinal Ugolino von Ostia, die noch ganz im Religiösen verwurzelten sozialrevolutionären Ideen durch Einbindung in einen Dritten Orden der franziskanischen Bewegung aufzufangen. Noch stand dieser Vorgang in keinem direkten Zusammenhang mit den weitreichenden Dimensionen der hohen Politik; aber es war abzusehen, zumal der Friede zwischen den rivalisierenden Kommunen ein wichtiges Ziel der sogenannten Tertiaren war, daß hier dem staufischen Durchsetzungsvermögen ein ganz neuartiger Widerstand erwuchs.

1225 hatte der Kaiser im Vertrag von San Germano den Beginn seiner Kreuzfahrt unwiderruflich auf das Jahr 1227 festgelegt; er selbst erklärte sich bei Nichteinhaltung des Termins automatisch für gebannt. »Um die Angelegenheiten des Heiligen Landes besser zu Ende zu bringen«, vermittelte Honorius III. dem Kaiser, der seit 1222 Witwer war, eine Heirat mit Isabella, der Tochter

König Johanns von Brienne. Nur als Gatte der Erbtochter des Königreiches Jerusalem führte Johann den Königstitel, und darin lag für Friedrich der eigentliche Anreiz. Noch am Hochzeitstage im November 1225 legte er sich den Titel eines Königs von Jerusalem zu und verweigerte Johann die weitere Regentschaft. Die Kathedrale von Foggia, seiner bevorzugten Residenz, ließ er nach dem Vorbild des Heiligen Grabes mit einer oktogonalen Kuppel überwölben und auf einem Relief über dem nördlichen Seitenschiffportal den Sieg Konstantins über das Heidentum darstellen. Dem Deutschen Orden wies er neue Daueraufgaben an den Zufahrtsrouten zum Heiligen Grabe zu. Jetzt schien dem Staufer greifbar, was seinem Vater durch vorzeitigen Tod verwehrt worden war. Isabella starb zwar schon 1228, als sie ihrem Gatten den Sohn Konrad gebar, den Rechtsanspruch auf das Königreich Jerusalem aber hatte sie der kaiserlichen Familie verschafft.

Die Organisation der Kreuzzugspredigt übertrug Friedrich II. seinem Vertrauten und Hochmeister des Deutschen Ordens, Hermann von Salza; und weil er dem Anreiz der Kreuzzugsindulgenzen nicht recht traute, sparte er nicht mit Vergünstigungen materieller Art. Vertragsgemäß stach die Kreuzzugsflotte im August/September 1227 von Brindisi aus in See, als unter den Rittern eine verheerende Seuche ausbrach und die Kreuzfahrer zur Umkehr zwang. Papst war mittlerweile Gregor IX., jener Kardinalbischof von Ostia, der Friedrich das erste Kreuzzugsversprechen abgenommen hatte und die oberitalienischen Verhältnisse aus seinen Bemühungen um die Tertiaren genau kannte. Er gestattete dem Kaiser nicht das übliche Bußverfahren und erteilte ihm keine Absolution vom Bann, der nach Friedrichs eigenem Willen in Kraft getreten war. In Enzykliken spiegelte sich die wachsende gegenseitige Erbitterung wider; Gregor bezeichnete zunächst die Krankheit des Kaisers als vorgetäuscht; dann hieß es, mit Absicht sei Brindisi als bekanntlich ungesunder Hafen ausgesucht worden, und schließlich machte der Papst dem Monarchen die rigorose sizilische Politik und ihre Ausdehnung auf Oberitalien zum Vorwurf. Hier enthüllte sich der wahre Grund für das unnachgiebige Verhalten Gregors.

Als Gebanntem war dem Kaiser nicht erlaubt, die Kreuzfahrt anzutreten. Friedrich nahm keine Rücksicht darauf. Obwohl abzusehen gewesen war, daß der Papst den Adel in Sizilien wie im Reich vom Treueid entbinden werde, als Friedrich auf dem Wege nach Akkon im Sommer 1228 die Reichslehenschaft über Zypern wiederherstellte, setzte der Kaiser alles auf eine Karte.

Den Einmarsch päpstlicher Truppen in sein ererbtes Königreich konnte er nur mit der Ernennung von Beauftragten für das Herzogtum Spoleto und die Mark Ancona beantworten; und im Heiligen Land mieden ihn die dort Ansässigen, so daß an eine militärische Aktion nicht zu denken war. Friedrich hatte sie offenbar auch nicht mehr in Rechnung gestellt, seit Unterhändler in Sizilien zu verstehen gegeben hatten, ihr Sultan al-Kamil von Kairo sei zu Konzessionen bereit. Die Verhandlungen freilich waren zeitraubend und schwierig, da sich beide Partner vor einer Bloßstellung in der Öffentlichkeit fürchteten. Was im Februar 1229 endlich beschlossen wurde, war ein Kompromiß; der Kaiser erhielt die Städte Jerusalem (mit Ausnahme des alten Tempelbezirks), Bethlehem und Nazareth mit einem Korridor zum Meer und die Zusicherung eines zehnjährigen Waffenstillstandes. Das Heilige Grab war ohne einen Schwertstreich zurückgewonnen worden, aber in seltener Einmütigkeit verurteilten Muslime wie Christen dieses Abkommen. Der lateinische Patriarch Gerold verhängte das Interdikt über Jerusalem, falls der Kaiser die Stadt betreten wollte; aber gerade darauf kam es Friedrich an.

Am 18. März 1229 betrat er die Grabeskirche. Es heißt gewöhnlich, weil sich keiner fand, der dem Gebannten die Krone des Königreiches Jerusalem aufsetzen wollte, krönte er sich dort selbst; aber es ist durchaus möglich, daß es sich in der Grabeskirche nur um eine Festkrönung gehandelt hat, und keiner weiß, um welche Krone es sich handeln sollte. Hermann von Salza verlas anschließend ein Manifest. Von den Berichten über den Vorgang bezieht sich nur die dem englischen Königshof zugestellte Version auf das Davidskönigtum des Kaisers; nunmehr sei auch Friedrich, so wie Jesus von Nazareth, ein Mitglied des davidischen Königshauses geworden und damit in verwandtschaftliche Nähe zum Messias gerückt. So bedeutend der Vorgang war, er entzieht sich in den Einzelheiten einer genauen Kenntnis, nicht nur weil die Hauptperson gebannt und das Interdikt über die Stadt verhängt war, sondern auch weil Friedrich nach der Rechtsordnung des Jerusalemer Reiches im Unterschied zu seinem Sohn Konrad in Jerusalem nur Regent sein konnte. Daß er nur mit Mühe noch in Akkon dessen Thronsetzung aushandeln konnte, um sich dann wie ein Flüchtiger in Richtung Brindisi davonzustehlen, hängt vielleicht damit zusammen.

Der Ertrag der Jerusalemfahrt indessen wird erst jetzt sichtbar. Die relativ schnelle Rückeroberung des sizilischen Reiches führte den Kaiser auch in die Stadt Bitonto unweit von Bari, wo er mit einer Festpredigt begrüßt wurde, deren Wortlaut heute noch erhalten ist. Wie Gott einst Aaron und seine Familie vor den anderen Stämmen zum obersten Priester erwählte, so verlieh er auch Friedrich I. vor den anderen Herzögen Deutschlands das Kaisertum, damit es in das Haus Davids einmünde und dort für immer bleibe. Auf Friedrich Barbarossa, der Wurzel Jesse des staufischen Hauses, folgten nacheinander Heinrich VI. und Friedrich II., und über ihn hinaus wies das Wort des Lukasevangeliums »gebenedeit ist die Frucht deines Leibes« auf Konrad (und nicht auf den noch in kaiserlicher Huld stehenden Heinrich), den Erben der Krone Jerusalems. Ein Relief am Kanzelaufgang in Bitonto hielt dieses Bild vom staufischen Jessebaum fest. Und von ihm hieß es in der Predigt, »bis ans Ende der Welt wird dieses Geschlecht herrschen«. Der ältere Gedanke, dem einzigen Kaisergeschlecht dieser Welt anzugehören, erfuhr durch die Rezeption des Davidkönigtums eine Überhöhung; die Rechtsnachfolge des Königs David stellte den Kaiser und seine Familie in eine besondere Nähe zu Jesus von Nazareth und gewährte ihr die Erfüllung einer Weissagung: es wird das letzte Kaisergeschlecht der Weltgeschichte, also Vollendung der irdischen Ordnung sein. Die Verheißungen der spätantiken Kaiserprophetie schienen sich zu konkretisieren; Konrad IV. steuerte dem Standort des Messiaskaisers, des letzten Kaisers in der Heilsgeschichte, zu und Friedrich trat als sein Vorläufer und Wegbereiter in Erscheinung. Eigentlicher Urgrund war in dieser Vorstellung nicht mehr das staufische Haus, obwohl Friedrich nicht leugnete, ihm anzugehören, sondern das Kaisertum. Ungefähr gleichzeitig nämlich ließ sich Friedrich in der Vorhalle der Kathedrale von Cefalú im Kreise seiner normannischen Vorfahren abbilden, fühlte sich also auch dem Hause Hauteville verbunden, setzte seinen Namen in dieser Reihe aber, in der ihm nur der Königstitel zukam, ein »primus imperator« hinzu. Das trifft sich mit dem völligen Verschweigen der Vorfahren Barbarossas. Friedrich II. selbst war mit seinem Sohn in das Zentrum gerückt, von dem seine Vorfahren ihr Licht erhielten.

Seit einigen Jahren wächst das Bedürfnis, Friedrich II. zu »entmythologisieren«, was sich in der Hauptsache auf dessen Selbstverständnis im Umfeld der Jerusalemfahrt beziehen muß. Seine Selbstaussagen und die Äußerungen seiner Zeitgenossen kann man jedoch nicht als belanglos einfach beiseite schieben; andererseits scheut man sich, ohne Vorbehalt im Besuch Jerusalems gewissermaßen den Schlüssel für das Einmalige der Persönlichkeit Friedrichs II. gefunden zu haben, nicht zuletzt weil er beim Aufbruch des Kreuzzuges noch an Heinrich (VII.) als den kaiserlichen Nachfolger dachte, gleich nach der Rückkehr jedoch Konrad IV. als den künftigen Kaiser in Erscheinung treten ließ. Eine Erklärung ist wohl in der Verfassung des Königreiches Jerusalem zu suchen, die ihm lediglich die Regentschaft für den unmündigen Sohn gestattete, was ihm erst in den Verhandlungen mit den Baronen des Hl. Landes deutlich geworden sein dürfte.

Nicht ohne Anstrengung erreichte der Kaiser 1230 seine Absolution vom kirchlichen Bann. Getreu seinem Ordensideal, Papst und Kaiser in gleicher Weise verpflichtet zu sein, vermittelte Hermann von Salza zwischen beiden Gewalten; in dieser Funktion wurde er dem Kaiser überhaupt unentbehrlich. Die päpstliche Seite forderte die Freiheit der kirchlichen Wahlen, die Wiedereinsetzung der verbannten Bischöfe und Prälaten, den Verzicht auf die Zuständigkeit der weltlichen Gerichtsbarkeit in Zivil- und Kriminalsachen für den Klerus und die Freiheit der Kirchen von Steuern sowie den Verzicht auf alle Ansprüche im Kirchenstaat. Der in Ceprano ausgehandelte Vertrag wurde im Juli 1230 in San Germano beeidet; deutsche Fürsten verbürgten sich, daß der Kaiser den Vertrag einhalten werde, weswegen diese das »Statutum in favorem principum« vom Kaisersohn Heinrich erzwingen konnten. Aber Friedrich hielt seine Zusagen nicht ein, freilich ohne dies lauthals zu verkünden, sondern einfach indem er den Wünschen des Papstes gegenüber untätig blieb.

1231 promulgierte Friedrich II. die Konstitutionen von Melfi, ein von ihm selbst noch nicht »Liber augustalis« genanntes Gesetzbuch für das Königreich Sizilien, mit dem er bewußt an die gesetzgeberische Tätigkeit Justinians und an die als vorbildlich empfundene Friedenszeit des Kaisers Augustus anknüpfte. In den Verhandlungen mit Gregor IX. war eine Unsicherheit über den genauen Inhalt vieler sizilischer Rechtsregeln zutage getreten; ursprünglich sollte nur das sizilische Königsrecht neu umschrieben werden, die Vollständigkeit der gesammelten Königsrechte ließ am Ende jedoch eine Gesetzeskodifikation entstehen. Daß die Konstitutionen mit ungewöhnlicher Hast erarbeitet werden mußten, die schon 1232 Ergänzungen und 1233 Änderungen erforderlich machte, ging auf die Information zurück, Gregor IX. lasse durch den katalanischen Dominikaner Raimund Peñafort eine abschließende Dekretalensammlung anfertigen. Das Gesetzeswerk des Kaisers sollte zeitlich vor dem päpstlichen publiziert werden, allerdings nicht aus purem Ehrgeiz. Zieht man Ludwig IX. von Frankreich oder Alfons X. von Kastilien, einen Enkel Philipps von Schwaben, in die Betrachtung ein, dann war der Wunsch, als Gesetzgeber in Erscheinung zu treten, dem 13. Jahrhundert nicht fremd, aber es schien nicht gleichgültig, ob der Kaiser oder der Papst als erster mit einem Gesetzeswerk vor die Öffentlichkeit trat. In den Konstitutionen heißt es, sie seien ein Vorbild für alle, die Ähnliches anstrebten, sie erweckten den Neid der anderen Herrscher und seien eine Norm für andere Königsherrschaften. Der Papst als der erste größere Gesetzgeber des Hochmittelalters hätte sich in seinem Anspruch bestätigt fühlen können, die einzige Vormacht aller Reiche zu sein; um der Gottunmittelbarkeit und der Gleichwertigkeit seiner Würde neben der päpstlichen willen mußte ihm der Kaiser zuvorkommen.

Im Dienste einer lückenlosen Friedewahrung wurde die Selbsthilfe verboten, die Eigengerichtsbarkeit der Stände entwertet und die gerichtliche Verfolgung von Verbrechen zu einer ausschließlichen Aufgabe der königlichen Organe erklärt. Deren Zuständigkeit erstreckte sich tief in den Bereich persönlicher Sittlichkeit; Ehebruch, Kuppelei, Gotteslästerung, Glücksspiel und abergläubischer Liebestrank wurden verboten und der Blick abermals auf eine Bekämpfung der Häresie gelenkt, deren Grenzen weit über Fragen des religiösen Glaubens hinausgingen. Zum überwiegenden Teil handelte es sich um Bestandteile aus dem römischen, dem kanonischen, dem normannischen, dem byzantinischen und dem langobardischen Recht, ohne dabei Normen der alten Rechtsordnungen zu übernehmen. Sofern an den Neuerungen eine Norm der Rechtsregeln sichtbar wird, zielte sie auf eine Sicherstellung der staatlichen Einnahmen, auf eine Wahrung adliger Standesinteressen und durch Maßnahmen zur Prozeßbeschleunigung sowie Abwendung von persönlichen Gefährdungen auf das Wohl der übrigen Bevölkerung. Das alte Recht fand seinen Geltungsgrund nunmehr allein in seiner Sanktionierung durch die Konstitutionen von Melfi; das sollte durch eine offizielle Übersetzung der Konstitutionen für die griechischsprachigen Einwohner des sizilischen Reiches noch unterstrichen werden.

Das Werk erhielt überdies eine Einleitung, die eine weitere Seite der kaiserlichen Herrschaftsauffassung bloßlegte. Erst durch den Sündenfall der Ureltern sei eine menschliche Rechtsordnung notwendig geworden; die göttliche Vorsehung und die den Dingen innewohnende Naturnotwendigkeit hätten die Fürsten dazu bestimmt, den Haß unter den Menschen zu zähmen. In der Vorstellungswelt Friedrichs II. führt der Gesetzgeber ein göttliches

Werk fort, weil er die ihm Anvertrauten ähnlich in ein Ordnungsgefüge zwingt, wie der Jäger in der Falkendressur die neue Natur eines fortan brauchbaren Vogels schafft. Die Formung von Menschen macht überhaupt erst den Fürsten aus; dieser wiederum wird von der Gerechtigkeit geformt, so sehr, daß er durch sein Dasein dieses Prinzip geradezu verkörpert. Der Kaiser als der eigentliche Gesetzgeber wird dadurch persönlich zum lebendigen Gesetz. Das erklärt die Einrichtung der sogenannten »defensa«; den Namen des Kaisers durfte anrufen, wer ohne eigene Schuld angegriffen wurde, und wer diesen »Ruf« mißachtete, hatte mit seiner Verurteilung gleich durch das Hofgericht zu rechnen. Bekundete sich darin ein Rest der Überzeugung, im Kaiser verkörpere sich die Allgegenwart Gottes?

Hier lag zum Teil ein Rückgriff auf spätantik-christliches Denken vor, und daraus erklärt sich die im Vergleich zur biblisch inspirierten Bildersprache des Jahres 1229 nunmehr aus neuen Quellen gespeiste Vergottung des Kaisers. Die Hinwendung zur Antike drückte sich seit 1231 auch in der Prägung der sogenannten »Augustalen« aus, Goldmünzen, die den Staufer nach antikem Vorbild auf der Vorderseite im Kaisermantel mit dem Lorbeerkranz darstellten. Ihre Einführung war Bestandteil einer Steigerung der wirtschaftlichen Leistungsfähigkeit des sizilischen Reiches. Die in der Hand des Staates monopolisierte Wirtschaft sollte den Stand der beiden größten Finanzmächte jener Zeit, der römischen Kurie und der oberitalienischen Kommunen, erreichen. Wie schon 1226, so suchte auch 1231 der Lombardenbund eine Zusammenkunft des Kaisers mit deutschen Fürsten in Reichsitalien zu vereiteln; im Frühjahr 1236 endlich ließ Friedrich den Reichskrieg gegen die Kommunen beschließen, der die schon längst verhängte Reichsacht vollstrecken sollte. Und als wohnte dieser Wiederaufnahme der Italienpolitik Friedrich Barbarossas eine innere Gesetzmäßigkeit inne, in diesem Moment richtete seinem Großvater gleich auch Friedrich II. sein Augenmerk auf die Stadt Rom. In einem Schreiben sprach er der Ewigen Stadt, die er auch materiell gegen ihren Herrn unterstützte, den Ursprung der Kaiserrechte zu, die sie ihm, dem »princeps Romanus«, übertragen habe. Den Römern stehe nicht zu, sich nur der früheren Cäsaren zu erinnern, denn jetzt halte sich wieder ein Kaiser bereit, der sich für die Erhöhung des Römischen Reiches einzusetzen gewillt sei. Die Natur selbst zwinge den Kaiser, den Glanz der Stadt zu erneuern, denn eine Erhöhung der kaiserlichen Würde könne nicht ohne gleichzeitige Erhöhung der Ehre Roms geschehen. Es war eine Absage an die päpstliche Translationstheorie, die sich in Deutschland fortsetzte, insofern sich die Wähler Konrads IV. als Rechtsnachfolger des römischen Senats fühlten; sie mußte den Papst wieder an die Seite der oberitalienischen Kommunen drängen.

Die Lombarden weigerten sich, ihren Bund aufzulösen, die Reichsrechte anzuerkennen und Truppen für die Verteidigung des Heiligen Landes zur Verfügung zu stellen. Bis in den Herbst 1237 zog sich der Krieg unter wechselndem Glück hin, als es dem Kaiser am 27. November gelang, das Lombardenheer in offener Feldschlacht zu stellen und bei Cortenuova entscheidend zu schlagen. Im Triumphzug zog ein Elefant den Carroccio, den Fahnenwagen Mailands, in das kaisertreue Cremona; er wurde anschließend gegen den Willen Gregors IX. auf dem römischen Kapitol aufgestellt. Doch Friedrich überzog seinen Sieg; Mailand war zur bedingungslosen Unterwerfung nicht bereit. Dem Aufruf des Kaisers an alle Herrscher Europas, sich an der Vernichtung der Rebellen zu beteiligen, damit der Geist des Aufruhrs sich nicht ausbreiten könne, leisteten tatsächlich Söldner aus allen Gegenden Europas Folge. Die fünf Städte jedoch, die Widerstand leisteten, waren nicht zu bezwingen.

In dieser Situation heiratete Enzio, der älteste der unehelichen Söhne des Kaisers, im Oktober 1238 die Erbin des größten Teils der Insel Sardinien, über welche die Kurie seit jeher die päpstliche Lehnshoheit beansprucht hatte. Aber nicht nur die Annahme des Königstitels durch Enzio war Anlaß für Gregor IX. zum offenen Bruch. Seit 1236/37 warb der lateinische Kaiser Balduin II. von Konstantinopel im Westen für einen Kreuzzug zur Entlastung seiner von den Griechen arg bedrängten Stadt. Gregor IX. stellte ihm alle seine Machtmittel zur Verfügung. Um einen solchen Kreuzzug zu verhindern, nahm der byzantinische Kaiser Johannes III. Vatatzes sogar seinen Besuch bei Friedrich in Aussicht und schickte ihm Soldaten, die sich an der Belagerung von Brescia beteiligten. Durch Sperrung von Häfen und durch die Gefangennahme des Führers der Vorhut wußte Friedrich in der Tat die Abfahrt des Kreuzfahrerheeres hinauszuzögern. Der Papst reagierte empört. Die überdies vereinzelt einsetzende Rezeption der Ankündigung eines neuen Friedenszeitalters durch Joachim von Fiore, die das Vorstellungsgut seines Urhebers allerdings unvollständig und entstellt verarbeitete, trug dazu bei, angesichts der Erwartung von Verwirrung und Not, die dem neuen Zeitalter vorausgehen sollte, in Friedrich II. den Vorläufer des Antichrists zu sehen. Der Papst organisierte den Widerstand in der Lombardei, söhnte Genua und Venedig, deren Flotten der Insel Sizilien gefährlich werden konnten, miteinander aus und erreichte den Sturz der ghibellinischen (= kaisertreuen) Adelspartei in Rom selbst. In Vorahnung eines erneuten Schlages suchte der Kaiser unter den Kardinälen Befürworter zu finden; er sei bereit zum Frieden »unbeschadet der Rechte und Würden seiner Person und der Fürsten sowohl im Imperium als auch in den Königreichen«. Am Palmsonntag des Jahres 1239, als Hermann von Salza und etwas später Kardinal Thomas von Capua, die beiden unermüdlichen Vermittler, starben, exkommunizierte Gregor IX. den Kaiser erneut. Unter den Gründen nimmt die Sizilienfrage den ersten Platz ein; Gregor behauptet in seinem Rundschreiben an alle geistlichen und weltlichen Herrscher, als ligischer Vasall sei Friedrich dem Papsttum durch einen für das sizilische Reich geleisteten Eid verbunden, und das sei ein »speciale patrimonium« des hl. Petrus, das der Kaiser nun nahezu gänzlich zugrunde gerichtet habe. Der Endkampf Friedrichs II. und mit ihm der Staufer hatte begonnen.

Der Bann wirkte auf Friedrich II. zunächst wie eine Befreiung von Hemmnissen, die er sich selbst auferlegt hatte. Die Kirchenstrafe bezeichnete er als maßlos und beantwortete sie mit gewaltigen Rüstungsanstrengungen, mit denen eine weitergehende Zentralisierung der Verwaltung einherging. Den festländischen Teil und die Insel seines Erbreiches unterstellte er je einem Generalkapitän bzw. Großhofjustitiar, höchsten Zivil- und Militärbefehlshabern. Die Grenzen wurden gesperrt und das ohnehin schon drükkende Spitzelsystem noch weiter ausgebaut. Die Mendikanten, vielfach das Sprachrohr der päpstlichen Propaganda, mußten das Land verlassen; der einheimische Klerus hatte jedes Interdikt zu ignorieren, und die Bistumsbesetzungen nahm der Kaiser vollends in seine Hand. Auch Reichsitalien wurde jetzt einer straffen Organisation unterworfen und der Verwaltung Siziliens angeglichen; es wurde in zehn Generalvikariate eingeteilt, verwaltet von absetzbaren und größtenteils aus dem Süden kommenden Beamten, denen Enzio als Generallegat und direkter Vertreter des Kaisers ohne regionale Begrenzung seiner Kompetenzen vorstand. Was der Not des Augenblicks zu entstammen schien, kam im Grunde den Wünschen Friedrichs II. entgegen; an die Stelle der kommunalen Selbstverwaltung, die seinem rational planenden Denken zuwider war, sollte die Einheit Italiens als Kernland seines Imperiums treten. Unter diesen Umständen war nur folgerichtig, daß Friedrich auch den Kirchenstaat als integren Bestandteil des Imperiums betrachtete, das Herzogtum Spoleto und die Mark Ancona schon 1229 an sich nahm und 1240 in den Norden des Patrimoniums einmarschierte, um Rom, jetzt offen als die Hauptstadt des Reiches bezeichnet, zu besetzen. Dieses Ziel scheiterte am leidenschaftlichen Widerstand Gregors IX.; am Papsttum scheiterte letztlich auch der Totalitarismus, dem Italien unterworfen werden sollte.

Den Lombarden erschien das kaiserliche Regiment als eine süditalienische Tyrannei, in Mittelitalien aber wurde Friedrich als Befreier und Friedensbringer begrüßt. Und der Kaiser, nicht minder wie seine Zeitgenossen von eschatologischen Erwartungen erfüllt, tat alles, was der Priester- oder gar Messiasähnlichkeit seiner Würde förderlich war. Als Gebannter predigte er am Weihnachtsfest des Jahres 1239 in der Kathedrale von Pisa. In die Mark Ancona und das Spoletaner Herzogtum ließ er sich ein Kreuz vorantragen und erteilte den Volksmassen den Segen. Den Städten wurde seine Ankunft mit den biblischen Mahnworten Johannes des Täufers gemeldet; und Jesi, Friedrichs Geburtsort, wurde mit Bethlehem, der »nicht geringsten unter den Fürstenstädten unseres Geschlechts«, verglichen. Petrus de Vinea wurde mit dem Apostelfürsten Petrus gleichgesetzt, um aus dem Verhältnis des Kanzlers zu seinem Herrscher auf die Christusähnlichkeit des Kaisers zu schließen. Und wiederum vermischte sich sehr bald schon die Resakralisierung des Kaiserbildes, die das Papsttum seit dem 12. Jahrhundert zu unterbinden sich bemüht hatte, mit antiken Elementen. Petrus de Vinea, der kaiserliche Logothet, bezeichnete Friedrich als Herrn des Erdkreises und der vier Elemente. Die Verschwörer Campaniens wurden 1246 symbolhaft durch die vier Elemente hingerichtet: auf der Erde zu Tode geschleift, durch Feuer verbrannt, in der Luft erhängt oder im Wasser ertränkt. Terrisius von Atina, ein Literat des Hofes, pries den Kaiser bei dieser Gelegenheit als Kosmokrator; die Verschwörung habe sich durch bedrohliche Naturereignisse angekündigt, doch Gott habe verhindert, daß die Welt ihrer Sonne beraubt werde. Denkt man an ähnliche auf Innozenz III. bezogene Vergleiche, dann wirken sie nicht mehr gar so anmaßend.

Die kaiserliche und die päpstliche Kanzlei machten die christliche Welt in Manifesten mit ihrem Standpunkt mehr als nötig vertraut. Friedrich bezeichnete den Papst als Friedensstörer und wegen Pflichtverletzung unwürdigen Nachfolger Petri; seine Umgebung schürte unter Rückgriff auf ein noch nicht so altes byzantinisches Orakel die Erwartung eines kindlich reinen »papa angelicus«, und sie wiederum vermischte sich mit dem pseudojoachitischen Ideengut zu der Vorstellung, der Kaiser werde mit harter, aber heilsamer Hand die Kirche reinigen. Die Gegenseite antwortete mit dem Vorwurf, der Kaiser sei ein Verfolger der Kirche und vom Glauben abgefallen. Obwohl Friedrich II. an seiner Rechtgläubigkeit wenigstens öffentlich nie einen Zweifel gelassen hatte, war der Papst von der Berechtigung seiner Anklage überzeugt. Ein von ihm auf Ostern 1241 nach Rom berufenes Konzil sollte »wichtige Angelegenheiten der Kirche« beraten, also, wie jedermann wußte, den Kaiser absetzen. Dieses Konzil mußte Friedrich um jeden Preis verhindern, denn er hatte bisher seinen Streit mit Gregor IX. als eine persönliche Auseinandersetzung mit dem unwürdigen Statthalter Christi hingestellt. Deshalb ließ er die Civitavecchia anlaufende, genuesische Flotte bei der Insel Montecristo überfallen; im Seegefecht gingen zwei Galeeren unter, über hundert zum Konzil geladene Bischöfe und Kleriker wurden gefangen nach Sizilien abgeführt. Der Kaiser betrachtete das Ereignis als ein Gottesurteil; etwas später äußerte er dem französischen König Ludwig IX. gegenüber, der Papst habe mit dem Konzil den babylonischen Turm gegen den Turm Davids errichten wollen. Gregor, der sich vergeblich um die Freilassung der Gefangenen bemühte, verglich schließlich den Kaiser mit dem Drachen der Apokalypse, der das mit der Sonne der Gerechtigkeit bekleidete Weib, die Braut Christi, verschlingen wolle. Dieser habe ursprünglich selbst die Einberufung eines Konzils gefordert, fürchte nun aber einen Schuldspruch seiner Teilnehmer. Mitten während seines zweiten Versuches, Rom einzunehmen, starb Gregor IX. in der letzten Augusthälfte des Jahres 1241. Da Friedrich seinen Kampf auf die Person Gregors abgestellt hatte, mußte er die Wahl des neuen Papstes abwarten, und sie zog sich bis zum Ende Juni 1243 hin, weil sich das Kardinalskolleg in eine verständigungsbereite und eine unbeugsame Partei gespalten hatte. Man einigte sich schließlich auf Innozenz IV., einen angesehenen Kanonisten aus Genua, der, jedem Fanatismus abgeneigt, die Theorie von der päpstlichen Machtvollkommenheit zu einem ungeahnten Höhepunkt ausgestaltete.

Weil er einer ghibellinischen Familie angehörte, erwartete Friedrich von ihm seine Absolution; doch er sollte sich gründlich täuschen. Es kam zu Friedensverhandlungen, die nach vorübergehenden Rückschlägen auf Drängen der deutschen Fürsten und Ludwigs IX. von Frankreich Ende März 1244 wenigstens zu einem Vorvertrag führten; der Kaiser sollte den Kirchenstaat räumen und dafür vom Bann befreit werden. An der Sizilien-Lombardenfrage aber scheiterte die Aussöhnung. Friedrich werde, so heißt es im März 1244, die Anordnungen des Papstes und der Römischen Kirche befolgen, versah aber sein Versprechen mit dem schon bekannten Vorbehalt, alle Rechte des Imperiums und seiner Königreiche ohne Minderung wahren zu wollen und das hieß, Inanspruchnahme aller Rechte, die seine Vorfahren innegehabt hätten. Überdies nahm er keinen Abstand von seinem Vorhaben, die nicht unterworfenen Kommunen weiterhin wie Rebellen zu behandeln, während diese nach den Erfahrungen von 1176/77 in den Frieden mit dem Papst eingeschlossen sein wollten. Dem Papst blieb kaum eine andere Wahl, als den Bann am Gründonnerstag 1245 zu erneuern und dieses Mal auch des Kaisers Sohn Enzio in ihn einzubeziehen. Wenig später floh Innozenz über Genua nach Lyon und berief dorthin auf den 24. Juni 1245 das vom Kaiser verhinderte Allgemeine Konzil.

Unter dem Eindruck der Eroberung Jerusalems, dieses Mal durch die mongolischen Chorasmier, schien es doch noch zu einer Versöhnung zu kommen. Friedrich bot überraschend an, sofort einen Kreuzzug zu unternehmen und nicht vor Ablauf von drei Jahren heimzukehren, den Kirchenstaat zu räumen und dem Papst die Entscheidung in der Lombardenfrage anheimzustellen. War dieses Angebot aufrichtig? Innozenz IV. jedenfalls ordnete am 6. Mai 1245 die Absolution des Kaisers an, widerrief sie aber sogleich, als Nachrichten von Übergriffen kaiserlicher Truppen im Kirchenstaat eintrafen, deren Zuverlässigkeit heute umstritten ist. Was Friedrich um jeden Preis hatte verhindern wollen, nahm nun seinen Lauf. Der Papst verkündete auf dem Konzil in Lyon am 17. Juli die Absetzung Friedrichs als Kaiser und König wegen Meineid (Rechtsbrüche als Lehnsmann), Friedensbruch, Gotteslästerung (was sich auf die Einkerkerung von Prälaten bezog) und Häresie. Die Appellation des in Lyon anwesenden Großhofrichters Thaddeus von Suessa an den künftigen Papst und an ein wirklich allgemeines, weil besser besuchtes Konzil blieb ohne Wirkung. Der Prozeß war nicht auf der Basis von Zeugenaussagen geführt worden, weil keiner aus dem sizilischen Reich zu kommen sich traute, sondern an Hand reichen Urkundenmaterials, das beide Parteien in Lyon vorgelegt hatten. Die Sentenz muß zwischen der 2. und 3. Session in kleinerem Kreis gefunden und formuliert worden sein; am Ende war es nicht die Sentenz des Konzils, sondern des Papstes und einiger Teilnehmer des Konzils. Sicher war man sich auch nicht hinsichtlich ihrer Durchsetzbarkeit, weswegen die Depositionsurkunde überall hin verschickt wurde. Friedrich II. betrachtete sich als unabsetzbar; der Kaiser stehe über Gesetz und Strafe und sei nur Gott unterworfen. Im Unterschied zu seinen Vorgängern versuchte er aber auch nicht, den Papst durch einen Gegenpapst zu ersetzen; Papsttum und Kaisertum waren für ihn zwei gleichberechtigte, unmittelbar von Gott abhängige Gewalten. Seinen bisher gegen den Papst persönlich gerichteten Kampf dehnte er jetzt allerdings auf die Kirche in ihrer augenblicklichen Erscheinung aus und hoffte darin eine Solidarität aller Monarchen zu finden; die Kirche müsse zur Einfachheit und Frömmigkeit der Urkirche zurückkehren. So geschickt, wenn auch im Hinblick auf die frühere Ablehnung der Tertiaren nicht gerade überzeugend, dieser Vorstoß war, die Idee der höchsten päpstlichen Machtvollkommenheit, in der sich das völlig sinnhaft gedachte Gottesreich auf Erden angeblich verwirklichte, war stärker. Es ist deshalb abwegig, Erfolge des Papstes allein auf die tagespolitische Agitation der Kurie zurückzuführen; sie stellten sich im übrigen auch keineswegs im erwünschten Umfang ein.

Seit 1239 schon beging der Kaiser den Fehler, die letzte Entscheidung seines Kampfes mit dem Papsttum in Italien zu suchen und nicht genügend die deutschen Fürsten im Auge zu behalten. Nachdem Konrad IV. zum deutschen König gewählt worden war und auch für die Nachfolge im Kaisertum infrage kam, schienen die Grundlagen des Kaisertums wieder zur deutschen Königswahl und seinen Vorwählern zurückgekehrt. Sie aber hatte Friedrich dadurch verstimmt, daß er 1232 das Reichskloster Lorsch der Mainzer Kirche schenkte und damit den Lorscher Vogt und rheinischen Pfalzgrafen Otto II., der seit 1231 zugleich auch bayerischer Herzog war, vor den Kopf stieß, 1241 jedoch eine Aussöhnung mit dem Wittelsbacher suchte und infolgedessen den Mainzer Erzbischof Siegfried III. von Eppstein in die Opposition trieb. Hätte der Kaiser die territorialpolitischen Rivalitäten in Westdeutschland mit größerer Sorgfalt beachtet, hätten die Bemühungen Konrads IV. im Jahre 1240 um eine geschlossene Front der deutschen Fürsten, die den Papst zum Einlenken zwingen sollte, vielleicht Erfolg gehabt, oder die Absetzungssentenz von 1245 hätte in Deutschland ignoriert werden können. So aber trat der Mainzer Erzbischof 1241 seinem Kölner Amtsbruder Konrad von Hochstaden zur Seite und publizierte die Bannsentenz. Konrad von Hochstaden war als Gebannter zum Erzbischof gewählt worden und hatte auf seiner Romreise, die er in eigener Sache und wegen der Lütticher Doppelwahl unternahm, von der Bannung des Kaisers erfahren; ohne Zögern hatte er die Sache des Staufers fallen lassen und sich damit von der Position eines auch dem Kaiser verpflichteten Reichsbischofs gelöst. 1246 betrieb der Mainzer die Erhebung des Gegenkönigs Heinrich Raspe, vormals Reichsverweser über das Mündigkeitsdatum Konrads IV. hinaus, in der Hoffnung, dessen ledig werdende Grafschaft Hessen, die er als Thüringer Landgraf von der Mainzer Kirche zu Lehen hatte, wieder übernehmen zu können. Auf die Grafschaft Hessen erhob aber auch Herzog Heinrich II. von Brabant Ansprüche, der 1247 nach dem Tod von Heinrich Raspe die Königserhebung seines Neffen Wilhelm von Holland durchsetzte, dem Kölner Erzbischof den Rücken stärkte und nun auch die Fürstenschaft am unteren Rhein den Gegnern der Staufer zuführte. Währenddessen gab Otto II. von Bayern seine Tochter Elisabeth dem Kaisersohn in die Ehe und machte sich die staufische Sache zu eigen.

Friedrich II. sah offenbar keinen anderen Weg als die Aussöhnung mit dem Papst. Er befand sich schon auf dem Wege nach Lyon, wo er sich von seinen Anklagen reinigen wollte, als die Stadt Parma an der Einmündung des lebenswichtigen Weges von Unteritalien her abfiel. Ihre Belagerung entwickelte sich zu einer Art Prüfstein für das Behauptungsvermögen des Staufers; sie mußte im Februar 1248 abgebrochen werden. Der Verrat des Logotheten und Kanzleichefs Petrus de Vinea, der sich um die Pflege der Amtssprache am Hofe so große Verdienste erworben hatte, traf den Kaiser schwer; weit folgenreicher war die Gefangennahme Enzios im Mai 1249. Friedrich sah sich schon auf sein sizilisches Erbreich zurückgeworfen, als mit Beginn des Jahres 1250 eine Wende eintrat. Nicht nur überraschend viele Städte Oberitaliens wurden zurückgewonnen, sondern der rheinaufwärts von Wilhelm von Holland geführte Eroberungszug schien durch Konrad IV. am Mittelrhein aufgehalten. Ludwig IX. von Frankreich, auf Grund seines Ansehens der »ungekrönte Kaiser« Europas, dessen erster Kreuzzug mit seiner eigenen Gefangennahme soeben zusammengebrochen war, riet dem Papst dringend zu Friedensverhandlungen; überdies waren die finanziellen Mittel der Kurie erschöpft. Friedrich II. bereitete schon wieder einen Zug nach Lyon vor, von dem er sich eine grundsätzliche Klärung erhoffte, da starb er am 13. Dezember 1250 als 56jähriger im Gewand eines Zisterziensermönches.

14. Die letzten Staufer

Konrad IV. war auf Grund seiner Wahl zum römischen König auch der gegebene Nachfolger im Kaisertum. Friedrich II. hatte ihn in seinem Testament vom Dezember 1250 als Universalerben und als Amtsnachfolger im Reich sowie in Sizilien und in Jerusalem eingesetzt. Dessen Nacherbe sollte der Sohn Heinrich aus der Ehe mit Isabella von England werden. Manfred kam als Nachfolger erst im Todesfall seiner beiden Halbbrüder in Frage; solange konnte er nur als ihr Statthalter in Italien, besonders in Sizilien, fungieren, dessen Maßnahmen seine Halbbrüder, sofern sie abwesend gewesen waren, anzuerkennen hätten. Auch hinsichtlich der Rechte der Römischen Kirche am sizilischen Reich hatte der Kaiser von seiner bisherigen Haltung keine Abstriche gemacht, obwohl er wahrscheinlich Kenntnis gehabt hatte von den ebenso unnachgiebigen Anordnungen Innozenz IV. von 1248. Danach hatte der Papst alle Vereinbarungen seiner Vorgänger mit den normannischen oder staufischen Herrschern Siziliens als nichtig erklärt; alle kirchlichen Wahlen dort hätten künftig frei zu sein von jeder Beteiligung eines Herrschers, Kleriker seien grundsätzlich der weltlichen Gerichtsbarkeit entzogen und dürften keinem Laien einen Treueid leisten. Aus Sorge um eine Erneuerung des sizilischen Reiches, wie er äußerte, hatte sich Innozenz im Winter 1248/49 sogar nach einem neuen Lehnsmann umgesehen, der Sizilien unterwerfen könnte; aber es fand sich keiner. Konrad IV. war für ihn indiskutabel gewesen, zumal er 1245 ebenfalls der Exkommunikation verfallen war und der Papst ihn seitdem als »natus Frederici« statt wie vorher »nobilis vir« betitelte. Auch er war für ihn ein offenkundiger Verfolger der Kirche; überhaupt kein Staufer kam für ein Herrscheramt mehr in Frage.

Doch dachte die kaiserliche Familie überhaupt noch staufisch? Wir erinnern uns: Während sich die Familie zum Adelshaus profilierte, wuchs sie an der Seite der Salier in das weite Feld der hohen Politik. Als Fortsetzer und Träger des Saliergeschlechts erlangte sie das Kaisertum und begriff sich schließlich als Glied des einzigen Kaisergeschlechts der Weltgeschichte. An dieser Schwelle und erst recht mit der Übernahme des normannischen Erbes begann sich die staufische Herkunft zu verflüchtigen; das Kaisertum rückte ins Zentrum und konzentrierte sich im Zuge der Endzeiterwartungen auf die Person Friedrichs II. Man sagt diesem Herrscher gerne nach, das Zeitalter des aufgeklärten Absolutismus vorweggenommen zu haben, und weist auf sein voraussetzungsloses Denken, wie es in seinem Buch über die Abrichtung von Falken zum Ausdruck kommt, auf die Offenheit seines Hofes für die islamische Kultur, auf seinen Zynismus in religiösen Fragen und auf Ansätze zu einem neuen Staatsverständnis hin, das an der Maxime des »Allgemeinwohls« zu erkennen sei. Weit schwerer jedoch wiegen demgegenüber alle die anderen Elemente, die aus der Spätantike und dem Mittelalter, aus Ost und West gesammelt in dieser einen Kaiserherrschaft zu einer letzten großen Aussage verdichtet wurden. Sie war Höhepunkt und zugleich Ende einer langen Epoche. Davon wurde das staufische Hausbewußtsein nahezu ganz verschüttet. Denkt man an den theokratischen Anspruch Innozenz IV. oder seines gleichnamigen Vorgängers, dann war diese Ausformung nicht nur dem Kaiserhaus eigen. Dennoch besteht ein Unterschied. Für Friedrich war ein Nebeneinander der beiden höchsten Gewalten in der Christenheit noch selbstverständlich, der kurialen Doktrin hingegen schon längst nicht mehr; Deutschland und Italien zusammen machten, erst recht seit sich der Schwerpunkt der Kaiserherrschaft nach Süden verlagert hatte, das Imperium aus, während sich beide Teile in ihrem Zugehörigkeitsbewußtsein schon auseinanderlebten. Für das Bürgertum mit seinen Autonomiebestrebungen brachte Friedrich nur wenig Verständnis auf, dem Papsttum aber war es ein geradezu natürlicher Verbündeter. Auch die am römischen Recht geschulten Legisten sahen den Staat zu dieser Zeit als eine autonome und unsterbliche Korporation, aber sie gründeten dessen Sakralisierung schon nicht mehr auf die Person des Herrschers. Bei aller Übereinstimmung in Zielsetzung und Ausdrucksform erscheint die Vorstellungswelt des Kaiserhofes noch stärker mit traditionellen Momenten belastet. Sie hätten nicht zum rapiden Untergang des Staufergeschlechtes führen müssen, aber die Kurie griff sie auf, um sich aus den Zwängen der hochmittelalterlichen Weltordnung, wie sie das Kaiserhaus noch bejahte, zu befreien. Innozenz IV. und nach ihm Alexander IV. verboten, ein Mitglied des Stauferhauses zum deutschen König zu wählen. Jakob I. von Aragon mußte den Vorwurf hinnehmen, durch Einwilligung in eine staufische Schwiegertochter die »Vipernbrut« am Leben zu erhalten. Die Kurie schuf eine Art negative Geblütsheiligkeit, um die Nachkommen Friedrichs II. königsunfähig zu machen; mit der Eliminierung dieses einen aus Saliern und Staufern bestehenden Geschlechts glaubte sie, den im Investiturstreit aufgegriffenen Zielen vollends zum Siege verhelfen zu können. In der Hauptsache also war es die Umwelt, die – bezeichnenderweise auch durch Rezeption der Namensform Waiblingen (= ghibellinisch) – an einer älteren Stufe des staufischen Selbstverständnisses festhielt.

Konrad IV. war der einzige legitime Sohn, der den Vater überlebte; neben ihm existierten noch uneheliche Kinder, die Friedrich nach und nach legitimiert hatte. Enzio vermochte seiner Haft nicht mehr zu entrinnen; doch scheint sie nicht allzu drükkend gewesen zu sein, denn aus dieser Zeit stammen Kinder, auf die sich später die Krone Aragon bei ihrem Übergriff auf die Insel Sardinien berief. Der dritte Sohn Friedrich tritt uns nur als Generalvikar der Mark Ancona und als »Abbild unserer Anwesenheit« in Florenz und der Toscana noch zu Zeiten des Vaters entgegen; weil seine Zeitgenossen in seiner Mutter eine Fürstin von Antiochien vermuteten, gaben sie ihm den Titel eines Königs von Antiochien. Manfred, hervorgegangen aus einer Verbindung mit Bianca Lancia aus piemontesischem Grafengeschlecht, war im Testament des Vaters als Verweser Reichsitaliens und Siziliens vorgesehen, wenn Konrad jenseits der Alpen weilte. Ihm traute Konrad nicht; aber auch weil, wie am Fall Boppards 1251 zu sehen war, die Stützpunkte der Staufer am Rhein gegen Wilhelm von Holland doch nicht zu halten waren, brach er nach Italien auf, um dort schon 1254 an den Folgen einer Malariaerkrankung zu sterben. Seinen Sohn Konrad – die Italiener nannten ihn Corradino, woraus die deutsche Form Konradin entstand – aus der 1246 geschlossenen Ehe mit Elisabeth von Bayern hat er nie zu Gesicht bekommen; das Kind wuchs in der Obhut der wittelsbachischen Verwandten auf.

Dessen Ansprüche vertrat Manfred zunächst als Verweser in Italien, nachdem der noch von Konrad als Regent eingesetzte Markgraf Berthold von Hohenburg ausgeschaltet worden war. Doch als König Wilhelm von Holland im Januar 1256 starb und sich im Laufe der Wahlverhandlungen herausstellte, daß der neue König nicht ohne weiteres die Vereinigung von Imperium und Sizilien werde fortführen können, schob Manfred die Rechtsansprüche seines Neffen beiseite und ließ sich 1258 zum König von Sizilien krönen. Konradin war als Sohn Konrads IV. in der Tat der Thronkandidat des rheinischen Pfalzgrafen gewesen, aber Papst Alexander IV. hatte ihn den drei rheinischen Erzbischöfen gegenüber sehr dezidiert vorsorglich abgelehnt. Rechtzeitig schon hatte sich Alfons X. von Kastilien ins Gespräch gebracht. Als Enkel Philipps von Schwaben hatte er 1255 das Schwabenherzogtum für sich reklamiert; im März 1256 hatte ihm eine Pisaner Gesandtschaft die Kaiserwürde im Namen des römischen Reichsvolkes angeboten. Da es ihm nur um das staufische Erbe im Mittelmeerraum ging, weil er es als östliche Flanke für seine Ambitionen in Nordafrika von der »kaiserlichen« Stadt Sevilla aus brauchte, hatte für ihn die Frankfurter Königswahl eher die Funktion einer Absicherung seiner Interessen im Süden. Dem französischen König war seine Kandidatur willkommen, weil sie gleichzeitig den englischen Einfluß einzudämmen schien. Der englische Hof wiederum hatte ein dringendes Interesse gehabt, Alfons von Kastilien auszuschalten. Die Wahl Richards von Cornwall, Bruder Heinrichs III. von England, zum Gegenkönig des Kastiliers im Jahre 1257 schließlich hatte nicht in kölnischem Interesse gelegen und war auch nicht von englischer Seite forciert worden, obwohl Richard wie Alfons am Ende reichlich Wahlgeschenke in klingender Münze übergeben mußten. Das Pikante an dieser Doppelwahl ist darin begründet, daß schon 1252 Innozenz IV. Verhandlungen mit Richard von Cornwall wegen der Übernahme des sizilischen Reiches geführt hatte. Die Gefahr, daß sich das Imperium und Sizilien auf einer neuen Basis vereinigen könnten, schätzte das Papsttum allerdings als gering ein. Richard gegenüber wie auch gegenüber Karl von Anjou und Richards Neffe Edmund wurden die Statuten von 1248 über den Rechtsstatus der sizilischen Kirche deutlich in Erinnerung gerufen. Aber nicht nur das war wenig verlockend, sondern auch die Erwartung, der neue Lehnsmann des Papstes werde Manfred unterwerfen.

In mancher Hinsicht glich der Staufer Manfred seinem Vater; er übersetzte aristotelische Schriften aus dem Hebräischen ins Lateinische, war ein begeisterter Förderer der Astrologie und ein freimütiger Beschützer der Sarazenen und ihrer Religionsausübung in seinem Reich. Auch das hohe Niveau der Kanzlei wurde fortgesetzt; zum Teil ist sogar eine personale Kontinuität erkennbar. Die fachliche Qualität wurde so hoch eingeschätzt, daß selbst die päpstliche Kanzlei nach dem Tode Manfreds staufische Kräfte übernahm. Dessen Person steht im Mittelpunkt der Nachkommen Friedrichs II., schon weil er die ghibellinischen Städte in Mittel- und Oberitalien unterstützte, also die Politik seines Vaters unverhüllt fortzusetzen suchte und sich darin auch Respekt zu verschaffen wußte. Nicht nur den guelfischen Florentinern bereitete er 1260 bei Montaperti eine schwere Niederlage, die vermutlich Richard von Cornwall von einer Fortsetzung seiner Romfahrt abhielt, sondern auch die römische Kurie brachte er in so große Bedrängnis, daß sie sich intensiv um französische

Hilfe bemühte. Innozenz IV. hatte nach vergeblichen Anläufen 1254 Heinrich III. von England bewegen können, seinen unmündigen Sohn Edmund mit Sizilien belehnen zu lassen; wegen nicht erfüllter Vertragsbedingungen war dieses Lehnsverhältnis 1263 von Urban IV. wieder gelöst worden. Und Clemens IV. belehnte nach mehrjährigen Verhandlungen 1265, nachdem Ludwig IX. für seine Kinder auf das Angebot verzichtet hatte, dessen Bruder Karl von Anjou mit Sizilien. Während in Frankreich ein starkes Heer für den »Kreuzzug« gegen den »Häretiker« Manfred zusammengezogen wurde und Karl selbst sich schon in Rom befand, appellierte der Staufer an die Stadtrömer, bei ihnen allein liege das Kaisertum, sie sollten es ihm als dem Kaisersohn übertragen. Wie die meisten Ghibellinen unterschätzte auch er die vom Anjou drohende Gefahr, die Schlacht unweit von Benevent, in der ihm Karl von Anjou entgegentrat, setzte 1266 seinem Leben und der Stauferherrschaft in Süditalien ein Ende.

Drei unmündige Kinder Manfreds und die Witwe, die sich am sizilischen Hof aufhielten, wurden vom Anjou lebenslang eingekerkert und der Öffentlichkeit gegenüber für tot erklärt. Die übrigen Staufer Siziliens fanden am Hof in Barcelona Asyl, wo Manfreds Tochter Konstanze mit Peter III., dem Thronfolger der Krone Aragon, verheiratet war. Ihretwegen glaubte auch die aragonisch-katalanische Dynastie ein Erbrecht auf Sizilien zu besitzen. Nach der Sizilischen Vesper (1282) machte Peter III. den Anjous die Insel mit Erfolg streitig.

Die Hoffnung der ghibellinischen Städte und der geflohenen Anhänger Manfreds richtete sich 1266 auf den mündig gewordenen Konradin, den einzigen direkten Erben der Staufer. Sein Onkel Herzog Ludwig II. von Oberbayern gewährte ihm Unterstützung und handelte dafür in einem Eventualvertrag die Zusicherung ein, das staufische Erbe an der West- und Nordgrenze Bayerns übernehmen zu können, wenn der Neffe ohne legitime Nachkommen sterben sollte. Die Italienfahrt besiegelte tatsächlich das Ende des Staufergeschlechts; das aus verschiedensten Elementen zusammengewürfelte Heer wurde im August 1268 bei Tagliacozzo von Karl von Anjou gestellt und nach schon sicher geglaubtem Siege geschlagen. Konradin geriet auf der Flucht in die Gefangenschaft; zwei Monate später ließ ihn der Anjou nach einem in seinen Rechtsnormen nicht eindeutig erkennbaren Prozeß in Neapel öffentlich enthaupten. Unter den Ghibellinen löste diese Tat Empörung aus, in Deutschland fand sie nur im Süden ein Echo. Die umliegenden Fürsten hatten schon vorher begonnen, sich des Stauferbesitzes wie einer Beute zu bemächtigen; was Rudolf von Habsburg auf Drängen der Kurfürsten für das Reich noch retten konnte, war nur mehr ein Teil.

Was ist spezifisch staufisch an der Geschichte der Staufer? Je mehr man sich mit den zeitgenössischen Adelshäusern der Staufer beschäftigt, desto schwieriger ist diese Frage zu beantworten. An der Entstehung des neuen Staatlichen haben sie alle gearbeitet, um eine neue Begründung ihres Herrschaftsanspruches haben sie alle gerungen. Vielleicht kommt die Umformung bestehender Rechte, ihre Ausrichtung auf den beginnenden Verstaatungsprozeß, der in das Staatsverständnis der Neuzeit führen sollte, bei den Staufern eindringlicher zum Vorschein, erfolgreicher als die anderen Herrscherhäuser waren sie jedenfalls nicht. Was sie allerdings den anderen voraus haben, ist der Wandel ihres Bildes in der weiteren Geschichte mit einer zeitweise wichtigen Funktion. Das ist es wohl, was heute als unverwechselbar staufisch empfunden wird.

15. Die Staufer in der Geschichte

König Manfred war noch nicht tot, da berichtete Thomas von Eccleston, ein Minorit habe gesehen, wie ein Heer in den Ätna geritten sei, und er habe sich sagen lassen, daß es sich um das kaiserliche Heer handle. Es störte ihn nicht, daß der Ätna seit langem schon vom Volk zum Sitz des Teufels erklärt worden war. Friedrich II., so war der Glaube, lebte nicht nur in seinen leiblichen Nachkommen fort, sondern werde persönlich wiederkehren. Aus jedem Jahrzehnt, vom Chronisten Salimbene im ausgehenden 13. Jahrhundert an bis zu Heinrich von Langenstein im späten 14. Jahrhundert, lassen sich Belege dafür finden; alle diese Schriftsteller fühlten sich gedrängt zu erwähnen, daß es Zeitgenossen gebe, die an eine leibhaftige Rückkehr Friedrichs II. glaubten, und suchten auch zu erklären,wie es zu einer solchen Vorstellung überhaupt habe kommen können.

Denjenigen, die sich zum Glauben an eine Rückkehr Friedrichs II. nicht entschließen konnten, bot sich eine Alternative in der Hoffnung auf einen neuen Friedrich, Friedrich III. Im Verständnis der Guelfen konnte dieser dritte Friedrich nur das antichristliche Gebaren des zweiten Friedrich fortsetzen. Die Ghibellinen hingegen suchten ihre Erwartung zu entmythologisieren und möglichst bald in konkrete Politik umzusetzen. Schon ein

Jahr nach dem Tode Konradins wandten sie sich an die Wettiner in Deutschland mit der Behauptung, unter den Enkeln Friedrichs II. sei der junge Friedrich der »Freidige« in Thüringen berufen, als »Fridericus tertius« die Monarchie des Großvaters wiederherzustellen und der Welt den Frieden zu bringen. Doch der Gedanke an den dritten Friedrich fiel in Deutschland auf keinen fruchtbaren Boden; zu sehr war er ein Element der ghibellinischen Politik in Italien. In greifbare Nähe rückte er erst nach der Sizilischen Vesper (1282) in Friedrich III. von Sizilien, einem Sohn Peters III. von Aragon und Enkel König Manfreds. Obwohl ihm die Ordnungszahl III gar nicht zustand, wurde anläßlich seiner Krönung im Jahre 1296 erklärt, er sei jener dritte Friedrich, von dem die Weissagungen sprächen und der zum Herrn des größten Teils der Erde aufsteigen werde. In dem Moment, da der dritte Friedrich den sizilischen Thron bestieg, wurde für die Ghibellinen das Warten auf eine Rückkehr Friedrichs II. überflüssig. Nicht zufällig verlor jetzt Friedrich II. auch seinen Sitz im Ätna.

Die Guelfen dagegen hielten bis in die Mitte des 15. Jahrhunderts an der Erwartung fest, daß ein Nachkomme Friedrichs II. kommen werde, um die Kirche so zu verfolgen, wie man es dem großen Staufer geweissagt habe. Nicht er werde die Kirche durch Unterdrückung reinigen, sondern reformiert werde sie von einem engelgleichen Papst, dem Gegner des Staufers. Diese der Umgebung Friedrichs II. entnommene und von den Fraticellen umgeformte Vorstellung vom friedebringenden, untadeligen Papst beherrschte die Italienpolitik des Papsttums, das nicht ohne Grund gerade dem Wittelsbacher Ludwig dem Bayern einen Zugriff auf das alte Reichsitalien streitig zu machen suchte.

Diesem guelfischen Stauferbild entsprach die Historiographie. In den Augen Giovanni Villanis aus dem 14. Jahrhundert glich Friedrich II. noch einem apokalyptischen Tier. Flavio Biondo im 15. Jahrhundert wiederholte diesen Vergleich schon nicht mehr, aber Friedrich Barbarossa und Friedrich II. waren ihm immer noch brutale Tyrannen, die Italien in Unfrieden gestürzt hätten. Machiavelli in seiner Florentiner Geschichte änderte an diesem Bild nichts, und doch verschoben sich bei ihm entscheidend die Gewichte. Nicht nur die Staufer hätten sich an Italien vergangen, sondern auch das Papsttum; Kaiser und Papst hätten sich in ihrer Machtfülle gegenseitig nicht geduldet. Bei ihm war die Hoffnung auf einen engelgleichen Papst ausgeträumt, folglich verlor in diesem Moment auch Friedrich II. seine apokalyptische Dimension.

Das Stauferbild in der volkstümlichen Prophetie und in der

gelehrten Geschichtsschreibung standen in offenkundiger Wechselbeziehung miteinander. Solange man im Bereich der Prophetie eine Reform der Kirche erwartete, zeichnete die Historiographie die Staufer als die Verfolger der Kirche. In dem Moment aber, da sich die Geschichtsschreibung entschloß, dem Papsttum ein ähnlich hohes Maß an Schuld im Verkehr mit den Staufern anzulasten, verflüchtigte sich in der Prophetie die Kirchenreform. Kirchenreform und Kirchenverfolgung erscheinen im Grunde als Begriffe, die etwas Verstecktes meinten und es nicht offen aussprechen konnten.

Ein joachitischer Jeremiaskommentar des 13. Jahrhunderts kennzeichnet das Imperium als eine Fremdherrschaft aus dem Norden, woher ohnehin alles Übel komme. Und Dante, obwohl er die Ordnungsfunktion des Kaisertums anerkannte, gab sich alle Mühe, Friedrich II. auszuklammern und den ihm sympathischen Manfred als einen Enkel der Konstanze von Sizilien in Erscheinung treten zu lassen, einer eben nicht aus dem Imperium kommenden Frau, die in ihrem Herzen eine Nonne geblieben sei. Die unaufhörlich wiederholte Klage über Friedrich II., den Verfolger der Kirche, versteht sich deshalb als ein verschleierter Ausdruck nationaler italienischer Abwehr gegen eine aus dem Norden drohende Überfremdung. Und die Kirche steht als ein Symbol für das bedrängte Italien. Nur identifizierte man sich nicht mit der Kirche so, wie sie war; deshalb erhoffte man sich ihre Reform in der Endzeit. Erst in dem Moment, da man in der Lage war, Italien unabhängig von der Hilfsfunktion der Kirche als eine eigene Größe zu begreifen, ließ man die endzeitliche Reformerwartung fallen und lastete die Bedrängnis Italiens Friedrich II. und dem Papsttum an.

Das Stauferbild in Deutschland spiegelt einen anderen Erwartungshorizont wider. Die Mutter Konradins stammte aus dem bayerischen Herzogshaus der Wittelsbacher, und mit Berufung auf sie übernahmen die Wittelsbacher umfangreichen Besitz der Staufer an den Grenzen Bayerns, als 1268 mit Konradin das Stauferhaus ausstarb. Dieser Besitz hätte eigentlich als herrenlos an das Reich fallen müssen; damit ihnen das Stauferbe von Reichs wegen bestätigt werden konnte, sahen sich die Wittelsbacher gezwungen, die deutsche Königskrone zu erwerben. Mit diesem Erbe ging auf die Wittelsbacher auch die Bereitschaft über, Elemente der staufischen Tradition fortzuführen. Verständlich wird in diesem Zusammenhang, warum das Papsttum dem Wittelsbacher Ludwig den Zutritt nach Italien zu verwehren suchte; Ludwig der Bayer stand bewußt in einer staufischen Tradition und konnte tatsächlich derjenige sein, in dem Friedrich II. wiedererstand, um die Kirche zu verfolgen. Und wir verstehen, warum sich der Luxemburger Karl IV. in eine ihm eigentlich nicht zukommende karolingische Tradition stellte. Er war der Gegenkönig Ludwigs des Bayern und benötigte in Karl dem Großen ein ähnlich kräftiges Zugbild, das er dem staufischen Vorbild der Wittelsbacher entgegenstellen konnte. Die Karlsverehrung der Luxemburger wiederum veranlaßte die Wittelsbacher, auf Personen zurückzugreifen, die den Namen Friedrich trugen, um sie nach dem Tode Ludwigs als Thronkandidaten gegen den Luxemburger aufbauen zu können.

Es ist bezeichnend, daß der Thronkandidat Friedrich heißen mußte. Der Glaube an eine Wiederkehr Friedrichs II. hatte im ausgehenden 13. Jahrhundert auch in Deutschland Eingang gefunden, und zwar in der ghibellinischen Ausdeutung; das heißt, der wiederkehrende Friedrich werde die Kirche reinigen. Die Chronik des Johannes von Winterthur konkretisierte 1348 die Verheißung noch dahingehend, daß der Kaiser die Armen mit den Reichen verheiraten und die Mönche und Nonnen zur Ehe zwingen werde, damit ein Zustand des Friedens und der Gerechtigkeit entstehe. War die Kirche so etwas wie ein Ersatz für die fehlende Einheit Italiens und sollte sie von Friedrich II. reformiert werden, dann bedeutete das nichts anderes, als daß der Kaiser die Integrität des Gesamtimperiums verkörperte und für die Wiedereingliederung Italiens in das Imperium sorgen werde.

In Italien ist Machiavelli das bedeutende Zeugnis für eine vollzogene Wende. Er schreibt, Italien hätte sich gut allein beherrschen können, wenn nicht die Machtgier der Kaiser und Päpste im 12. und 13. Jahrhundert diesen Weg unterbunden hätte. Mit der Einsicht, daß auch die Kirche unter päpstlicher Führung nicht als Basis einer ersehnten politischen Einheit Italiens dienen könne, war der Streitgegenstand zwischen Ghibellinen und Guelfen erledigt. Damit verlor die Gestalt Friedrichs II. in Italien an Aktualität.

Eine Wende des Stauferbildes in Deutschland leitete Dietrich von Niem, ein deutscher Kuriale im frühen 15. Jahrhundert, ein. Er begeisterte sich für die Sachsenkaiser und die Staufer, also für diejenigen deutschen Herrscher, die sich um Italien intensiver bemüht hatten. An Bedeutung komme nur Friedrich II. dem ersten Otto gleich; er sei der letzte Hüter der deutschen Macht, der fromme Kreuzfahrer gewesen, der nur an der päpstlichen

Herrschsucht und ihrer hinterhältigen Politik gescheitert sei. Diese neue Gewichtsverteilung – die ehrbaren und Friede schaffenden Staufer auf der einen Seite und das wie alles Römische treulose und habgierige Papsttum auf der anderen Seite – findet sich dann im Geschichtsbild der Reformatoren und einiger deutscher Humanisten wieder und wurde bis in das 17. Jahrhundert hinein tradiert. In diesem Bild hatte Italien ebenfalls den Anspruch einer eigenständigen Größe gewonnen. Deshalb konnte Dietrich darauf verzichten, eine Wiedereingliederung Italiens in das Imperium mit einer zukünftigen Kirchenreform durch den Kaiser auszudrücken. Er mußte anerkennen, daß Italien vom Imperium nichts mehr wissen wolle, und suchte die Ursache dafür in der Vergangenheit; die Päpste hätten es zur Zeit Friedrichs II. entfremdet. Aus Friedrich II., dem auch die deutsche Historiographie lange Zeit Verstöße gegen die Kirche vorsichtig angelastet hatte, wurde so der eigentlich Verfolgte durch die Kirche. Zugleich wurde aus Friedrich aber auch ein Deutscher, weil sich das Gesamtimperium durch die Ausgliederung Italiens zu einer spezifisch deutschen Angelegenheit reduzierte. Im Anschluß daran wundert es nicht, den Wohnsitz Friedrichs II. von nun an in Deutschland zu finden; der Lübecker Chronist Hermann Korner lokalisierte ihn 1416 in der Nähe des Kyffhäuser, der Thüringer Johannes Rothe 1440 schon auf dem Kyffhäuser und das 16. Jahrhundert schließlich im Innern des Berges.

Die Verengung des nationalen Blickfeldes im Sinne einer Konzentration auf Deutschland bewirkte im 16. Jahrhundert eine langsame Zuwendung des Interesses zum älteren Friedrich. Friedrich II. ließ sich für das Deutsche nicht so leicht vereinnahmen wie sein Großvater Friedrich Barbarossa und trat nun schrittweise in den Hintergrund.

Ein wie wenig individuelles Profil Barbarossa vorerst jedoch gewinnen konnte, geht aus der ersten deutschen Biographie Barbarossas hervor, die der Schaffhausener Arzt Johannes Adelphus 1519 in Straßburg veröffentlichte. In hemmungsloser Phantasie finden sich verschiedene Ereignissplitter zusammengezogen. Friedrich II. in seinem Bemühen, sich gegen den Papst behaupten zu müssen, wurde hier einfach durch seinen Großvater ersetzt. Allerdings ein Unterschied zwischen beiden wurde gemacht; so unbeugsam wie Friedrich II. schien Barbarossa nicht. Aber auch den Frieden von Venedig, also einen Vertrag mit Barbarossa, habe sich der Papst erschlichen, und das war für die Reformatoren Anlaß genug, sich in ihrer Vorstellung von der päpstlichen Tyrannei bestätigt zu sehen.

Johannes Adelphus hatte die Kyffhäusersage ohne nähere Begründung auf seinen Helden bezogen. Das vermehrte nur noch die Verwirrung. Selbst die historische Kritik im 17. Jahrhundert wußte nicht mehr, ob es nun der erste oder zweite Friedrich sei, der im »hohlen Berg« hause. Mit dem Argument, das alles sei ohnehin Teufelsspuk, nahm die beginnende Aufklärung dem Greis die letzte große Aufgabe, derentwegen dieser den Kyffhäuser wie einen Warteraum benutzte. Die Befreiung des Hl. Grabes durch den Kaiser am Ende der Zeiten sei eine Erwartung der puren Phantasie; und die Kritik machte sich über die Sage lustig, indem sie den Bart des Kaisers schon ein drittes Mal um den Tisch herum oder durch die Tischplatte hindurchwachsen ließ.

Es wäre falsch anzunehmen, das Grundschema vom arglistigen Papst, der im Verkehr mit dem Kaiserhof stets nach Mitteln und Wegen suchte, um eine Oberherrschaft über das Reich zu gewinnen, sei unangefochten von der Reformation über die Aufklärung in das 19. Jahrhundert tradiert worden. Und von einer Bestimmung des Stauferbildes durch Leitgedanken nationaler Geschichtsbetrachtung kann vom frühen 18. Jahrhundert bis weit ins 19. Jahrhundert hinein keine Rede mehr sein. Maßgebend für die Beurteilung der Staufer war vielmehr die Frage, was sie für die staatliche Ordnung in Europa und für die künftige Gestalt des Reiches getan hätten, und zwar unter dem Gesichtspunkt aufgeklärter Zweckmäßigkeit, der Motive wie etwa der Erbanspruch einer Kaiserdynastie ziemlich fern lagen.

Während Leibniz zu Anfang des 18. Jahrhunderts noch das goldene Zeitalter der deutschen Geschichte mit der Kaiserkrönung Ottos des Großen beginnen ließ, griff fast zehn Jahre später Graf Heinrich von Bünau in seiner Barbarossabiographie die Kritik Samuels von Pufendorf auf und wiederholte dessen Vorwurf, die Päpste hätten deshalb so viel Einfluß in Deutschland ausüben können, weil sich die deutschen Herrscher zu oft in Italien statt in Deutschland aufgehalten hätten. Es war ein Vorwurf, den Justus Möser und andere wiederholten; Rudolf von Habsburg sei der erste König gewesen, der das Fehlerhafte der Verbindung zwischen Deutschland und Italien eingesehen habe. Demgegenüber verteidigte Friedrich von Raumer in seiner sechsbändigen »Geschichte der Hohenstaufen und ihrer Zeit«, der ersten breiten seit 1825 erschienenen Materialsammlung, die Italienpolitik der Staufer. Ihre Aufgabe sei die Schöpfung eines wohlgeordneten Staates gewesen, der die Beziehungen der Völker, Fürsten und Päpste in Übereinstimmung zu bringen hatte. Friedrich II. habe klug gehandelt, seinen Stützpunkt im Süden zu wählen, und deshalb sei verständlich, daß Konradin auf sein Erbe nördlich der Alpen verzichtete, um im Süden mehr zu gewinnen. Das bleibende Verdienst der Staufer sei in jedem Falle gewesen, verhindert zu haben, daß das Papsttum außer der geistlichen Machtfülle auch noch die weltliche Macht an sich riß.

Es waren keineswegs nur Katholiken, die den Staufern diese staatsschöpferische Aufgabe absprachen und ihnen ein unzeitgemäßes, kulturfeindliches Verhalten zum Vorwurf machten. In den Augen Heinrich Leos waren die Papstkirche oder die lombardischen Städte organisch gewachsene Mächte, die sich für die individuelle und korporative Freiheit eingesetzt hätten; sie sollten von den Staufern vergewaltigt und in einem gleichmacherischen Staatsbürokratismus erstickt werden. Constantin Höfler und Jacob Burckhardt bezeichnen Friedrich II. als die »an sich böse Macht«, als die Personifizierung des Zwangs durch Monopole und Zentralismus. Dem Sturz des staufischen Kaiserhauses, der die politische Zersplitterung Deutschlands folgte, sei eben wegen der Zersplitterung die Mannigfaltigkeit und Tiefe der deutschen Bildung zu verdanken.

Nach 1848 hätte der Schweizer Jacob Burckhardt diesen Satz nicht mehr schreiben können; denn die revolutionäre Bewegung von 1848, die die politische Einheit Deutschlands vor Augen hatte, leitete eine völlig neue Phase in der Entwicklung des Stauferbildes ein. Eindeutig beherrschte jetzt Friedrich Barbarossa und nicht sein Enkel Friedrich II. das Bild. Es kündigte sich schon dadurch an, daß Joseph Görres 1807 die Kyffhäusersage wiederaufleben ließ und ahnungslos Barbarossa im Innern des Berges lokalisierte, der kommen werde, wenn ihn das Reich in seiner Not brauche. Weiterhin fällt im Stauferbild seit 1848 der starke Gegenwartsbezug auf. Der auf Grund seines Urkundenmaterials zur Nüchternheit gezwungene Johann Friedrich Böhmer konnte es nicht unterlassen, im August 1848 seiner Einleitung zu den Regesten König Konrads IV. eine lange Ausführung über den Frieden von Basel, der 1795 das Ende des alten Kaiserreiches einleitete, und die Revolution von 1848, die das neue Reich bringen sollte, einzufügen. Johann Gustav Droysen formulierte es kürzer und wirkungsvoller in der Frankfurter Paulskirche: Deutschland müsse sich um Preußen scharen, denn der Platz, der seit dem Abgang der Staufer leer geworden sei, gebühre den Hohenzollern. Wie er das meinte, begründete er sieben Jahre später in seiner Einleitung zur »Geschichte der preußischen Politik«. Jede Nation habe sich

Merkmale geschaffen, die sie im eigentlichen Sinne erst zur Nation machten. Das Charakteristikum der deutschen Nation sei das Kaisertum, ursprünglich eine allen Staaten zugeordnete Würde, die schließlich den Deutschen allein als Verpflichtung und Recht verblieben sei, nachdem sich die Nachbarvölker vom Imperium abgewandt hätten. Bei der Mannigfaltigkeit der Kräfte in Deutschland habe es keinen anderen ausbaufähigen Kern der Nation gegeben als das Kaisertum. Ein Kennzeichen des Kaisertums sei die Beherrschung mehrerer Völker gewesen, und das Kaisertum habe im Mittelalter in der Tat lange genug auch Italien beherrscht. Diese zusätzliche Herrschaft über Italien sei für Deutschland notwendig gewesen, damit es über das Kaisertum zu einer Nation aufsteigen konnte. Durch die Karolinger und die Sachsenkaiser sei das Imperium zweimal wiedergeboren worden. Nach dem Tode Heinrichs III. sei es in den Strudel des Investiturstreites geraten, und nur den Staufern, die seit 1079 mit der Übernahme des Schwabenherzogtums langsam zur höchsten Würde aufstiegen, sei es zu verdanken, daß das Reich zu seiner alten Größe zurückfand und eine Fülle schöpferischer Kräfte zur ungeahnten Entfaltung brachte. Alles das sei mit dem Untergang des Staufergeschlechts zusammengebrochen, und wie nach einer langen Nacht stehe das Reich wiederum am Beginn eines neuen Höhenfluges. So wie der Aufstieg der Staufer zum Nutzen des Reiches 1079 begonnen habe, seien die ersten Anfänge der nunmehr bevorstehenden Erneuerung des Reiches im Aufstieg der Hohenzollern zu suchen, der 1417 seinen Anfang genommen habe, als ihnen die Mark Brandenburg übertragen wurde. Die Parallelität der beiden Entwicklungslinien ließen geradezu evident erkennen, daß Preußen und die Hohenzollern die historische Mission besäßen, die Kaiserkrone zu erneuern und das Reich zu erneuter Blüte zu führen.

Als das Ziel der Deutschen um 1848 nahegerückt schien, wieder unter einer Kaiserkrone politisch geeint zu werden, richtete sich die Erwartung auf eine Fortführung des alten Reiches. Keiner dachte daran, dabei an das Jahr 1806, an die Umwandlung der altehrwürdigen römischen Kaiserwürde in ein österreichisches Kaisertum durch Franz I., anzuknüpfen. An welche Epoche oder welche Vorbilder man anknüpfen sollte, darüber bestand keine Einigkeit. Der Liberale Heinrich von Sybel wehrte sich verzweifelt gegen die vorherrschende Meinung, als Vorbild komme nur die glanzvolle Kaiserzeit von Otto dem Großen bis zu Friedrich II. infrage. National seien nicht die großen Kaiser, sondern die Gegner der »theokratischen Weltherrschaft«, wie Heinrich I. oder Heinrich der Löwe; träten diese Personen ins zweite Glied, bestehe die Gefahr, daß das neue Kaiserreich »die Eroberungssucht unserer alten Kaiser« fortsetzen werde. Österreichische Historiker wie Julius Ficker oder Ottokar Lorenz lehnten einen so radikalen Gegenwartsbezug wiederum mit dem Hinweis ab, man müsse den Erwerb Siziliens durch die Spätstaufer aus dem Verstehen ihrer Zeit erklären und in Rudolf von Habsburg den Übergang des Reiches in eine neue Daseinsform erblicken.

Der Gegenwartsbezug in der italienischen Historiographie war nicht weniger stark. Es hätte nahegelegen, Friedrich II. für die Nationalgeschichte Italiens in Anspruch zu nehmen, da er sich selbst nicht nur als Staufer, sondern ebenso auch als Nachkomme der süditalienischen Normannen betrachtet hatte. Zumal im 19. Jahrhundert gefragt wurde, wer in der Geschichte zur Einigung Italiens befähigt und gewillt gewesen sei, hätte sich Friedrich II. auch unter diesem Gesichtspunkt als eine Leitfigur angeboten. Die Bewegung des Risorgimento jedoch sah ihn als ein Mitglied des Stauferhauses von der deutschen Nationalgeschichte besetzt. Das genügte, um auch ihn zusammen mit den älteren Staufern in die Rolle eines Okkupanten zu versetzen, gegen den sich die italienischen Kommunen, die Keimzellen der Eigenständigkeit Italiens, aufgelehnt hätten.

In Deutschland profitierten die Staufer vom übersteigerten Gegenwartsbezug, aber auch davon, daß er nicht so konsequent zu Ende gedacht wurde, wie von Sybel es für richtig gehalten hatte. Wenn Bismarck in einer Rede vor dem preußischen Herrenhaus die Handlungsweise Karls von Anjou, der Konradin das staufische Erbe in Italien geraubt habe, als die eines Franzosen kennzeichnen zu können glaubte, dann zeigt das, wie sehr die Staufer als Deutsche schlechthin in Anspruch genommen wurden. Sie wuchsen in eine Art nationale Schutzzone hinein und waren fortan gegen jede Kritik gefeit, die ihre Funktion als historische Leitbilder deutscher Weltgeltung infrage stellen konnte. Natürlich war auch jetzt noch eine Diskussion über Interpretationsunterschiede in der Stauferzeit möglich, aber sie hatte ihre gleichsam natürlichen Grenzen. Gut zu beobachten sind sie an den Nachwehen des sog. Sybel-Fickerschen Streites, an der Frage, ob es nicht besser gewesen wäre, die Kräfte des Reiches für eine expansive Ostpolitik aufzubieten als für eine Italienpolitik, die im Endergebnis ohne dauernden Erfolg blieb. Die Alternative in dieser krassen Form stellte sich später nicht mehr, aber die Frage nach dem eigentlichen Wert der kaiserlichen Italienpolitik tauchte beiläufig immer wieder auf; keiner jedoch brachte den Mut auf, seine Darstellung nach dieser Frage auszurichten. Oder, um ein anderes Beispiel anzuführen: Der für sein ausgewogenes Urteil bekannte Karl Hampe leitet das Kapitel über Friedrich I. mit folgendem Satz ein: »Weniger die Richtung und Ergebnisse von Friedrichs nicht eben schöpferischer Politik haben ihm im Andenken des deutschen Volkes einen Platz gleich hinter Karl dem Großen verschafft als seine starke, heldenhafte Persönlichkeit, der vollkommenste Ausdruck des deutschen Rittertums in seiner Jugendblüte«. Statt nun das vermeintlich Unschöpferische in der Politik Barbarossas aufzuzeigen, flüchtete sich Hampe in eine zu seiner Zeit beliebte Bewunderung des Übermenschlichen.

Fingerzeige von ausländischer Seite schon seit dem Ende des Ersten Weltkrieges für eine Neubewertung vor allem Friedrich Barbarossas fanden in Deutschland erst nach 1945 eine größere Aufnahmebereitschaft. Über das Ziel hinaus schoß das schroffe Urteil Friedrich Heers über die Herrschaft Barbarossas, die in Italien nur Schrecken verbreitet und auch in Deutschland schon so erstarrend gewirkt habe, daß erst durch den Zusammenbruch von Friedrichs Welt am Ende des 12. Jahrhunderts der deutschen Kultur ein Aufblühen ermöglicht worden sei. Das wesentlich vorsichtigere Urteil des Engländers Geoffrey Barraclough, der dem ersten Friedrich ebenfalls den unbedingten Willen zuschreibt, ererbte Positionen zu halten, bei aller Anpassungsfähigkeit aber die eigentlichen Probleme weder in Deutschland noch in Italien gelöst zu haben, fand offenere Ohren.

Die heutige Situation in Deutschland ist gekennzeichnet durch den Schwund des nationalen Selbstverständnisses. Dadurch verlor das Stauferbild nicht so sehr an Gegenwartsbezug, wohl aber erscheinen die Staufer nicht mehr als eine deutsche Dynastie schlechthin. Das Stauferbild ist wieder so offen geworden wie vor der Wende von 1848, allerdings mit anderen Fragestellungen. Heute wird nach den Kräften gefragt, die den überall in Europa und auf allen Ebenen zu beobachtenden Umbruch im 11. und 12. Jahrhundert bewirkt und getragen haben. Man hat sich daran gewöhnt, das Wirken der Staufer nicht mehr allein oder vorzugsweise zu sehen, sondern im Zusammenwirken mit anderen, ebenso fähigen Adelsgeschlechtern; und man ist aufmerksam geworden auf weit mehr als nur dem Königtum zugeordnete Rechtsgrundlagen. Die Bedeutung der Staufer relativierte sich. Kennzeichnend für die heutige Situation scheint der 1968 gemachte Vorschlag zu sein, die deutschen Herrscher des 12. Jahrhunderts nicht mehr an der Person Barbarossas, sondern einmal umgekehrt den Staufer an Kaiser Lothar III., dem Vorläufer und Vorbild der welfischen Partei, zu messen. Und es ist sicherlich kein Zufall, daß Friedrich II. heute keineswegs nur als der fortschrittliche Herrscher in Erscheinung tritt, der die Aufklärung gewissermaßen vorweggenommen hat, sondern wesentlich auch als Erfüllung aller Traditionen, die sich seit der Spätantike angesammelt hatten. Diesen letzten Punkt darf man auf das Ganze des heutigen Stauferbildes übertragen: Um die alte hierarchische Ordnung der Herrschaft zu bewahren, haben die Staufer in der Entwicklung neuer Herrschaftsformen Erstaunliches geleistet, aber ihr eigentliches Ziel blieb ihnen versagt, weil es sich vorwiegend an Maßstäben der Vergangenheit orientierte.

Literaturverzeichnis

Aus Raumgründen kann es sich hier nur um eine Auswahl handeln, die das Gesagte belegen und Hinweise zum Weiterstudium geben soll. Beiträge in Sammelwerken mit einem staufischen Gesamtthema sind nicht eigens vermerkt; auch auf eine Aufnahme älterer Literatur wird weitgehend verzichtet, da sie den Forschungsbeiträgen jüngeren Datums entnommen werden kann. Die Zahl in eckiger Klammer verweist auf das Kapitel im Text. Die Abkürzungen orientieren sich an denen des Lexikons des Mittelalters.

Abulafia, D.: Frederick II, a medieval emperor (1988). [9–13]

Ahlers, J.: Die Welfen und die englischen Könige 1165–1235 (1987). [6–12]

Althoff, G.: Die merkwürdige Urkunde aus Kloster Arnsburg, in: Damals. Das Geschichtsmagazin 24 (1992). [5]

Althoff, G.: Friedrich von Rothenburg, in: Schnith, K./Pauler, R. (Hg.): FS E. Hlawitschka (1993). [5–7]

Althoff, G.: Heinrich der Löwe und das Stader Erbe. Zum Problem der Beurteilung des »Annalista Saxo«, in: DA 41 (1985). [3–5, 8]

Althoff, G.: Konfliktverhalten und Rechtsbewußtsein. Die Welfen in der Mitte des 12. Jahrhunderts, in: FMASt 26 (1992). [3, 5]

Angermeier, H.: Königtum und Landfriede im deutschen Spätmittelalter (1966). [12]

Appelt, H.: Das Privilegium minus (²1976). [5, 8]

Appelt, H.: Die Erhebung zum Herzogtum, in: Pferschy, G. (Hg.): Das Werden der Steiermark (1980). [8]

Appelt, H.: Friedrich Barbarossa und die Rechtsentwicklung des 12. Jahrhunderts, in: Domus Austriae. FS H. Wiesflecker (1983). [5–8]

Appelt, H.: Heinrich der Löwe und die Wahl Friedrich Barbarossas, in: Novotny, A./Pickl, O. (Hg.): FS H. Wiesflecker (1973). [5]

Appelt, H.: Kaiserin Beatrix und das Erbe der Grafen von Burgund, in: Mordek, H. (Hg.): Aus Theologie und Reich. FS F. Kempf (1983). [5–8]

Appelt, H.: MGH DDF I., Bd. V (Kanzlei, rechtsgeschichtliche Fragen, Lit.) (1990). [5–8]

Appleby, J.T.: Johann »Ohneland« (1967). [9–11]

Assmann, E.: Friedrich Barbarossas Kinder, in: DA 33 (1977). [8]

Atti del Convegno di studi su Federico II (1976). [10–13]

Baaken, G.: Der deutsche Thronstreit auf dem IV. Laterankonzil (1215), in: Herbers, K. (Hg.): Ex ipsis rerum documentis FS H. Zimmermann (1991). [11]

Baaken, G.: Die Altersfolge der Söhne Friedrich Barbarossas und die Königserhebung Heinrichs VI., in: DA 24 (1968). [8, 9]

Baaken, G.: Die Verhandlungen zwischen Kaiser Heinrich VI. und Papst Coelestin III. in den Jahren 1195–1197, in: DA 27 (1971). [9]
Baaken, G.: Ius imperii ad regnum, Beihefte zur Regesta Imperii 11 (1993). [9–14]
Baaken, G.: Unio regni ad imperium. Die Verhandlungen von Verona 1184 und die Eheabredung zwischen König Heinrich VI. und Konstanze von Sizilien, in: QFIAB 52 (1972). [8]
Baaken, G.: Zur Beurteilung Gottfrieds von Viterbo, in: Hauck, K./Mordek, H. (Hg.): Geschichtsschreibung und geistiges Leben (1978). [9]
Baaken, K.: Zu Wahl, Weihe und Krönung Papst Coelestins III., in: DA 41 (1941) (dazu: Vones, L.: Art. »Coelestin III.« in: LMA III) [9]
Bach, G.: Konrad von Querfurt, Kanzler Heinrichs VI., Bischof von Hildesheim und Würzburg (1988). [9]
Bader, K.S.: Volk, Stamm, Territorium, überarbeitet in: Kämpf, H. (Hg.): Herrschaft und Staat im Mittelalter. WdF 2 (1956). [1]
Ballesteros-Beretta, A.: Alfonso X el Sabio (1963). [14]
Barbarossa und die Prämonstratenser, hg. von der Gesellschaft für staufische Geschichte Göppingen (1989). [5–8]
Barlow, F.: Thomas Becket (1987). [6]
Bärmann, J.: Die Städtegründungen Heinrichs des Löwen und die Stadtverfassung des 12. Jahrhunderts (1961). [3, 8]
Barraclough, G.: Friedrich Barbarossa und das 12. Jahrhundert, in: ders., Geschichte in einer sich wandelnden Welt (1957). [5–8]
Bautier, R.H. (Hg.): La France de Philippe Auguste. Le temps des mutations, Actes du Colloque international (1982). [8–11]
Becker, H.J.: Die Appellation an ein allgemeines Konzil (1988). [11, 13]
Beiträge zur Geschichte Italiens im 12. Jahrhundert, VuF Sonderbd. 9 (1971). [6, 7, 9]
Berg, D.: Imperium und Regna. Beiträge zur Entwicklung der deutsch-englischen Beziehungen ... im 12. und 13. Jahrhundert, in: ZHF Beiheft 5 (1988).[2–14]
Berg, D.: L' impero degli Svevi e il gioachimismo francescano, in: Annali dell' Istituto storico italo-germanico Quaderno 28 (1990). [15]
Berges, W.: Anselm von Havelberg in der Geistesgeschichte des 12. Jahrhunderts, in: JGMODtl 5 (1956). [4, 5]
Bernhardi, W.: Jahrbücher zur Deutschen Geschichte unter Konrad III. (1883). [3, 4]
Bernhardi, W.: Jahrbücher zur Deutschen Geschichte unter Lothar von Supplinburg (1879). [2, 3]
Beumann, H. (Hg.): Kaisergestalten des Mittelalters (1984). [1–13]
Bohm, E.: Albrecht der Bär, Wibald von Stablo und die Anfänge der Mark Brandenburg, in: JbMODtl. 33 (1984). [8]
Boockmann, H.: Der deutsche Orden. Zwölf Kapitel aus seiner Geschichte (1981). [9, 11–13]
Bookmann, H.: Stauferzeit und spätes Mittelalter. Deutschland 1125–1517 (1987). [1–14]

Bordone, R.: I comuni italiani nella prima Lega Lombarda, in: Maurer, H. (Hg.): Kommunale Bündnisse Oberitaliens und Oberdeutschlands im Vergleich, VuF XXXIII (1987). [6, 7]

Boshof, E.: Die Salier (^{2}1992). [1, 2]

Boshof, E.: Heinrich IV., Herrscher an einer Zeitenwende (1979). [1]

Boshof, E.: Reichsfürstenstand und Reichsreform in der Politik Friedrichs II., in: BDLG 122 (1986). [12]

Boshof, E.: Staufer und Welfen in der Regierungszeit Konrads III., die ersten Welfenprozesse und die Opposition Welfs VI., in: AK 70 (1988). [3, 5]

Bosl, K.: Die Reichsministerialität der Salier und Staufer, 2 Bde. (1950–51). [1–14]

Breuer, N.: Geschichtsbild und politische Vorstellungswelt in der Kölner Königschronik sowie der »Chronica s. Pantaleonis« (Diss. Würzburg 1966). [1–11]

Brezzi, P.: Roma e l'impero medioevale (1947). [3–14]

Brinken, B.: Die Politik Konrads von Staufen in der Tradition der Rheinischen Pfalzgrafschaft (1974). [5–8]

Brühl, C./Kölzer, Th.: Das Tafelgüterverzeichnis des römischen Königs (Ms. Bonn S 1559) (1979). [3]

Brühl, C.: Die Finanzpolitik Friedrich Barbarossas in Italien, in: HZ 213 (1971). [7]

Bühler, A.: Königshaus und Fürsten. Zur Legitimation und Selbstdarstellung Konrads III., in: ZGO 137 (1989). [4]

Buisson, L.: L' impératrice Constance au paradiso – Dante et les canonistes, in: RDC 28 (1978). [15]

Bumke, J.: Höfische Kultur, Literatur und Gesellschaft im hohen Mittelalter, 2 Bde. (1986). [1–15]

Büttner, H.: Das Erzstift Mainz und das Reich im 12. Jahrhundert, in: HJL 9 (1959). [3, 5, 8]

Büttner, H.: Das politische Handeln Friedrich Barbarossas im Jahre 1156, in: BDLG 106 (1970). [8]

Büttner, H.: Die Alpenpaßpolitik Friedrich Barbarossas bis zum Jahre 1164/65, in: Grundfragen der alemannischen Geschichte, VuF I (1955). [8]

Büttner, H.: Erzbischof Heinrich von Mainz und die Staufer (1142–1153), in: ZKG 69 (1958). [5, 8]

Büttner, H.: Staufische Territorialpolitik im 12. Jahrhundert, in: Württembergisch-Franken 47 (1963). [4, 8]

Caemmerer, E.: Zur Charakteristik Heinrich Raspes, Landgrafen von Thüringen und deutschen Königs (+1247), in: BDLG 89 (1952). [13]

Cafaro, P.: Memorie sveve di Puglia (1965). [9–14]

Cartellieri, A.: Philipp II. August, König von Frankreich, 4 Bde. (1899–1922). [8–11]

Cartellieri, A.: Weltgeschichte als Machtgeschichte, V. Das Zeitalter Friedrich Barbarossas 1150–1190 (1972). [5–8]

Caspar, E.: Roger II. (1101–1154) und die Gründung der normannisch-sicilischen Monarchie (1904, Ndr. 1968). [3, 5]

Chalandon, F.: Histoire de la domination normande en Italie et en Sicile, 2 Bde. (1907). [2, 9]
Cheney, C.R.: Innocent III and England (1976). [10, 11]
Cheney, M.G.: The recognition of Pope Alexander III, some neglected evidence, in: EHR 84 (1969). [6]
Classen, P.: Ausgewählte Aufsätze zur Geschichte des Mittelalter, Fleckenstein, J. (Hg.): VuF XXVIII (1983). [6, 7]
Classen, P.: Das Konzil von Toulouse 1160, eine Fiktion, in: DA 29 (1973). [6]
Classen, P.: Gerhoch von Reichersberg. Eine Biographie (1960). [3–6]
Cleve, H.: Kaiser Friedrich II. und die Ritterorden, in: DA 49 (1993). [13]
Cleve, Th.C. van: Markward of Anweiler and the Sicilian Regency (1937). [9, 10]
Cleve, Th.C.van: The Emperor Frederick II of Hohenstaufen (1972). [11–13]
Colorni, V.: Le tre leggi perdute di Roncaglia (1158) ritrovate in un manuscritto parigino (Bibl. Nat. Cat. lat. 4677), in: Scritti in memoria di A. Giuffré I (1967). [7]
Constable, G.: The second crusade as seen by contemporaries, in: Traditio 9 (1953). [3]
Corsten, M.: Erzbischof Johann I. von Trier (1189–1212), in: Zs. f. d. Gesch. d. Saargegend 13 (1963). [10]
Corsten, S. (Hg.): Philipp von Heinsberg, Erzbischof und Reichskanzler (1167–1191) (1991). [8]
Costanza, La pace di 1183, Studi e testi di storia medioevale 8 (1984). [7]
Costanza, La Pace di 1183. Un difficile equilibrio di poteri fra società italiana ed impero (1984). [7]
Crone, M.L.: Untersuchungen zur Reichskirchenpolitik Lothars III. (1125–1137) zwischen reichspolitischer Tradition und Reformkurie (1982). [2, 3]
Crusius, I.: Bischof Konrad II. von Hildesheim, Wahl und Herkunft, in: Fenske, L. (Hg.): Institutionen, Kultur und Gesellschaft im Mittelalter. FS J. Fleckenstein (1984). [12]
Csendes, P.: Die Kanzlei Kaiser Heinrichs VI. (1981). [9]
Csendes, P.: Heinrich VI. (1993). [9]
Cuozzo, E.: Ruggiero, Conte di Andria. Ricerche sulla nozione di regalità al tramonto della monarchia normanna, in: ASPN 99 (1981). [9]
Cuvillier, J.P.: Milites in servitio. La sujétion de la haute noblesse à la bureaucratie dans le royaume de Sicile sous Frédéric II Hohenstaufen, in: Fenske, L. (Hg.): Institutionen, Kultur und Gesellschaft im Mittelalter. FS J. Flekkenstein (1984). [13]

Deér, J.: Das Grab Friedrichs II., in: VuF XVI (1974). [11, 13]
Deér, J.: Die Siegel Kaiser Friedrichs I. Barbarossa und Heinrichs VI. in der Kunst und Politik ihrer Zeit, in: FS H.R. Hahnloser (1961). [5–9]
Deér, J.: Papsttum und Normannen (1972). [3–9]
Dehnholm-Young, N.: Richard of Cornwall (1947). [9]
Deich, W.: Das Goslarer Reichsvogteigeld (1974). [12]
Demandt, K.E.: Der Endkampf des staufischen Kaiserhauses im Rhein-Main-Gebiet, in: HJL 7 (1957). [13, 14]

Dienst, H.: Agnes. Herzogin-Markgräfin, Ehefrau und Mutter (1985). [1–3]
Diestelkamp, B.: Welfische Stadtgründungen und Stadtrechte des 12. Jahrhunderts, in: ZRG GermAbt 81 (1964). [8]
Dietrich, I.: Herzog Friedrich II. von Schwaben (Diss. masch. Gießen 1943). [1–3]
Dilcher, G.: Die Entstehung der lombardischen Stadtkommune (1967). [7]
Dilcher, G.: Königliche Privilegienerneuerung und kirchliches Reformdenken bei Konrad III., in: Petershauser Kolloquium, FS K.S. Baader (1986). [4]
Dilcher, H.: Die sizilische Gesetzgebung Kaiser Friedrichs II. Quellen der Constitutionen von Melfi und ihrer Novellen (1975). [13]
Droege, G.: Landrecht und Lehnrecht im hohen Mittelalter (1969). [8]
Duby, G.: Der Sonntag von Bouvines, 27. Juli 1214 (1988). [11]

Ehlers, J.: Frankreich im Mittelalter. Von der Merowingerzeit bis zum Tode Ludwigs IX. (5./6. Jahrhundert bis 1270). Neuerscheinungen von 1961 bis 1979, in: HZ Sonderheft 11 (1982). [1–14]
Eickhoff, E.: Friedrich Barbarossa im Orient. Kreuzzug und Tod Friedrichs I. (1977). [8]
Eisenloher, E.: Paläographische Untersuchungen zum Tafelgüterverzeichnis des römischen Königs (Hs. Bonn UB S. 1559), in: ZAGV 92 (1985). [3]
Elze, R.: Zum Königtum Rogers II. von Sizilien, in: Classen P./Scheibert P. (Hg.): FS P.E. Schramm I (1964). [3]
Engels, O.: Art. Geschichte/Geschichtsschreibung, in: TRE XII (1984). [1–14]
Engels, O.: Beiträge zur Geschichte der Staufer im 12. Jahrhundert (I), in: DA 27 (1971). [1–9]
Engels, O.: Die Kanonisation Karl des Großen und ihre Beweggründe, in: Müllejans, H. (Hg.): Karl der Große und sein Schrein in Aachen (1988). [6]
Engels, O.: Federico I Barbarossa e l'Italia nella storiografia più recente, in: BISI 96 (1990). [15]
Engels, O.: Gottfried von Viterbo und seine Sicht des staufischen Kaiserhauses, in: H. Mordek (Hg.): Aus Archiven und Bibliotheken (1992). [6, 8, 9]
Engels, O.: König Jakob I. von Aragón und die internationale Politik im 13. Jahrhundert, in: Ders.: Reconquista und Landesherrschaft. Studien zur Rechts- und Verfassungsgeschichte Spaniens im Mittelalter (1989). [14]
Engels, O.: La idea imperial de Alfonso X y Sevilla, in: Piñero Ramírez, P.M./ Wentzlaff-Eggebert, C.: Sevilla en el imperio de Carlos V. Encrucijada entre dos mundos y dos épocas (1991). [14]
Engels, O.: La personalidad de Federico II de Staufen. Posibilidades y Límites de la giografía, in: Vázquez de Prada, V./Adâo da Fonseca, L./Floristán (Hg.): Actas de las II Conversaciones Internacionales de Historia (1985). [15]
Engels, O.: Stauferstudien. Beiträge zur Geschichte der Staufer im 12. Jahrhundert (1988). [1–9]
Engels, O.: Zum Konstanzer Vertrag von 1153, in: Hehl, E.-D./Seibert, H./ Staab, F. (Hg.): Deus qui mutat tempora. FS A. Becker (1987). [3, 5]
Enzensberger, H.: Beiträge zum Kanzlei- und Urkundenwesen der normannischen Herrscher Unteritaliens und Siziliens (1971). [3, 6, 7, 9]

Enzensberger, H.: Der »böse« und der »gute« Wilhelm. Zur Kirchenpolitik der normannischen Könige von Sizilien, in: DA 36 (1980). [5–7, 9]
Erkens, F.-R.: Der Erzbischof von Köln und die deutsche Königswahl (1987). [10–14]
Erkens, F.R.: Die Kölner Kirche und das Reich in der Regierungszeit Lothars von Supplinburg, in: Vollrath, H./Weinfurter, St. (Hg.): Köln, Stadt und Bistum in Kirche und Reich des Mittelalters. FS O. Engels (1993). [2, 3]

Fasoli, G.: Federico II e la Lega Lombarda. Linee di ricerca, in: Annali dell' Istituto storico italo-germanico in Trento 2 (1976). [13]
Faußner, H.C.: Herzog und Reichsgut im bairisch-österreichischen Rechtsgebiet im 12. Jahrhundert, in: ZRG GermAbt 85 (1968). [3, 5]
Favreau, M.L.: Studien zur Frühgeschichte des Deutschen Ordens (1974). [9]
Feldmann, K.: Herzog Welf VI. und sein Sohn (Diss. Tübingen 1967). [3, 5, 6, 8]
Fichtenau, H.: Akkon, Zypern und das Lösegeld für Richard Löwenherz, in: AÖG 125 (1966). [9]
Fichtenau, H.: Von der Mark zum Herzogtum (²1965). [8]
Ficker, J.: Forschungen zur Reichs- und Rechtsgeschichte Italiens, 4 Bde. (1869–74). [3–7, 9–11, 13, 14]
Fleckenstein, J./Hellmann, M. (Hg.): Die geistlichen Ritterorden, VuF XXVI (1980). [9, 12, 13]
Fleckenstein, J.: Die Entstehung des niederen Adels und das Rittertum, in: ders., Herrschaft und Stand (1977). [7, 8]
Fleckenstein, J.: Friedrich Barbarossa und das Rittertum. Zur Bedeutung der großen Mainzer Hoftage von 1184 und 1188, in: FS H. Heimpel, II (1972). [8]
Folz, R.: Les Saints Rois du Moyen Age en Occident (VIe-XIIIe siècles) (1984). [6]
Folz, R.: Translation de l'Empire et Déposition de l'empereur dans la vision des canonistes et des papes (1140–1245), in: Hehl, E.D./Seibert, H./Staab, F. (Hg.): Deus qui mutat tempora. FS A. Becker (1987). [13]
Foreville, R.: Le pape Innocent III et la France (1992). [10, 11]
Forstreuter, K.: Der Deutsche Orden am Mittelmeer (1967). [9–13]
Franzel, E.: König Heinrich VII. von Hohenstaufen (1929). [11–12]
Freytag, H.J.: Der Nordosten des Reiches nach dem Sturz Heinrichs des Löwen, in: DA 25 (1969). [8, 9]
Fried, J.: »Das goldumglänzte Buch«. Heinrich der Löwe, sein Evangeliar, sein Selbstverständnis, in: GGA 242 (1990). [8]
Fried, J.: Der Regalienbegriff im 11. und 12. Jahrhundert, in: DA 29 (1973). [6, 7]
Fried, J.: Die Wirtschaftspolitik Friedrich Barbarossas in Deutschland, in: BDLG 120 (1984). [8]
Fried, J.: Friedrich Barbarossas Krönung in Arles, in: HJb 103 (1983). [8]
Fried, J.: Königsgedanken Heinrichs des Löwen, in: AK 55 (1973). [8]
Friedland, K./Goez, W./Müller, W.J.: Politik, Wirtschaft und Kunst des staufischen Lübecks (1976). [9–13]

Fritze, W.H.: Corona regni Bohemiae. Die Entstehung des böhmischen Königtums im 12. Jahrhundert im Widerspiel von Kaiser, Fürst und Adel, in: Ders.: Frühzeit zwischen Ostsee und Donau (1982). [6]

Gabrieli, F./Scerrato, U.: Gli Arabi in Italia (1979). [11, 13]
Gabrieli, F.: Die Kreuzzüge aus arabischer Sicht (1973). [3, 8–10, 13]
Geldner, F.: Kaiserin Mathilde, die deutsche Königswahl von 1125 und das Gegenkönigtum Konrads III., in: ZBLG 40 (1977). [3]
Geldner, F.: Konradin, das Opfer eines großen Traumes (1970). [14]
Geldner, F.: Zur neueren Beurteilung Konrads III., in: FS B. Kraft (1955). [14]
Gensini, S. (Hg.): Politica e Cultura nell' Italia di Federico II (1986) [11, 13]
Georgi, W.: Friedrich Barbarossa und die auswärtigen Mächte. Studien zur Außenpolitik 1159–1180 (1990). [5–8]
Gerlich, A.: Thronstreit – Erzbistumsschismen – Papstpolitik (1198–1208), in: Hehl, E.D./Seibert, H./Staab, F. (Hg.): Deus qui mutat tempora. FS A. Becker (1987). [10]
Giese, W.: Das Gegenkönigtum des Staufers Konrad 1127–1135, in: ZRG GermAbt 95 (1978). [2]
Giesebrecht, W.v.: Geschichte der deutschen Kaiserzeit, 4–6 (1877–95). [1–9]
Gillingham, J.: Richard I. and the Science of War in the Middle Ages, in: Ders./Holt, J.C. (Hg.): War and Government in the Middle Ages (1984). [9]
Gillingham, J.: Richard Löwenherz (1981). [9]
Glaeske, G.: Die Erzbischöfe von Hamburg-Bremen als Reichsfürsten (937–1258) (1962). [3–14]
Glaser, H. (Hg.): Wittelsbach und Bayern (Ausstellungskatalog), I 1 Die Zeit der frühen Herzöge (1980). [8–14]
Gleber, H.: Papst Eugen III. (1145–1153) unter besonderer Berücksichtigung seiner politischen Tätigkeit (1936). [3, 5]
Goes, R.: Die Hausmacht der Welfen in Süddeutschland (Diss. masch. Tübingen 1960). [3, 5, 8]
Goez, W.: Translatio imperii (1958). [6, 10]
Goez, W.: Von Bamberg nach Frankfurt und Aachen. Barbarossas Weg zur Königskrone, in: JbffL 52 (1992). [5]
Götz, H.W.: Das Geschichtsbild Ottos von Freising (1984). [5]
Grauwen, W.M.: Norbert, Erzbischof von Magdeburg (1126–1154), übers. und bearb. v. L. Horstkötter (1986). [2]
Grebe, W.: Rainald von Dassel als Reichskanzler Friedrich Barbarossas, in: JbKGV 49 (1978). [6–8]
Grebe, W.: Studien zur geistigen Welt Rainalds von Dassel, in: AHVN 171 (1969). [6–8]
Grill, L.J.: Das Itinerar Ottos von Freising, in: Ebner, H. (Hg.): FS F. Hausmann (1977). [3, 5]
Groß, Th.: Lothar III. und die Mathildischen Güter (1990). [2]
Große, R.: Überlegungen zum Kreuzzugsaufruf Eugens III. von 1145/46, in: Francia 18 (1991). [3]

Groten, M.: Konrad von Hochstaden und die Wahl Richards von Cornwall, in: Vollrath, H./Weinfurter, St. (Hg.): Köln, Stadt und Bistum in Kirche und Reich des Mittelalters. FS O. Engels (1993). [14]

Groten, M.: Priorenkolleg und Domkapitel von Köln im Hohen Mittelalter. Zur Geschichte des kölnischen Erzstifts und Herzogtums (1977). [3–12]

Groten, M.: Studien zum Aachener Karlssiegel und zum gefälschten Dekret Karls des Großen, in: ZAGV 93 (1986). [6]

Grundmann, H.: Der Cappenberger Barbarossakopf und die Anfänge des Stiftes Cappenberg (1959). [8]

Haas, W.: Friedrich Barbarossa und Heinrich der Löwe beim Tausch von Badenweiler gegen Reichsgut am Harz, in: ZGO 131 (1983). [6]

Hagedorn, G.: Papst Innozenz III. und Byzanz am Vorabend des vierten Kreuzzuges (1198–1203), in: OKS 23 (1974). [10]

Hageneder, O.: Bischof Wolfger von Passau und Papst Innozenz III. Ihre Aussöhnung im Jahre 1204, in: JbffL 52 (1992) (FS A. Wendehorst). [10]

Hageneder, O.: Das päpstliche Recht der Fürstenabsetzung: seine kanonistische Grundlegung (1150–1250), in: AHP 1 (1963). [10]

Hageneder, O.: Weltherrschaft im Mittelalter, in: MIÖG 93 (1985). [13]

Hägermann, D.: Beiträge zur Reichslegation Christians von Mainz in Italien, in: QFIAB 49 (1969). [6, 7]

Hägermann, D.: Das Urkundenwesen Wilhelms von Holland, ADipl. Beiheft 2 (1978). [13, 14]

Haidacher, A.: Über den Zeitpunkt der Exkommunikation Ottos IV. durch Papst Innozenz III., in: RHMitt 3 (1958/60) u. 4 (1960/61) u. 11 (1969). [10]

Haider, S.: Schriftliche Wahlversprechungen römisch-deutscher Könige im 13. Jahrhundert, in: MIÖG 76 (1968).

Hampe, K.: Das Hochmittelalter. Geschichte des Abendlandes von 900–1250 (⁵1963). [1–13]

Hampe, K.: Deutsche Kaisergeschichte in der Zeit der Salier und Staufer, bearbeitet von F. Baethgen (¹¹1963) [1–14]

Hampe, K.: Kaiser Friedrich II. in der Auffassung der Nachwelt (1925). [15]

Hartmann, H.: Die Urkunden Konrads IV. Beiträge zur Geschichte der Reichsverwaltung in spätstaufischer Zeit, in: AU 18 (1944). [13, 14]

Hausmann, F.: Reichskanzlei und Hofkapelle unter Heinrich V. und Konrad III. (1956). [3, 4]

Hauzinski, J.: Polityka orientalna Fryderyka II Hohenstaufa (1978). [13]

Haverkamp, A. (Hg.): Friedrich Barbarossa. Handlungsspielräume und Wirkungsweisen des staufischen Kaisers, VuF XL (1992). [5–8]

Haverkamp, A.: Aufbruch und Gestaltung. Deutschland 1056–1273, Neue Deutsche Geschichte 2 (²1993). [1–14]

Haverkamp, A.: Der Konstanzer Friede zwischen Kaiser und Lombardenbund 1183, in: Maurer, H. (Hg.): Kommunale Bündnisse Oberitaliens und Oberdeutschlands im Vergleich, VuF XXXIII (1987). [7]

Haverkamp, A.: Die Städte im Herrschafts- und Sozialgefüge Reichsitaliens, in: HZ Beiheft 7 (1982). [7]

Haverkamp, A.: Friedrich I. und der hohe italienische Adel, in: Beiträge zur Geschichte Italiens im 12. Jahrhundert, VuF Sonderband 9 (1971). [7]
Haverkamp, A.: Herrschaftsformen der Frühstaufer in Reichsitalien, 2 Bde. (1970–71). [7]
Heinemann, H.: Untersuchungen zur Geschichte der Zähringer in Burgund, in: ADipl 29 (1983) u. 30 (1983). [2, 5, 8]
Heinemann, W.: Das Bistum Hildesheim im Kräftespiel der Reichs und Territorialpolitik vornehmlich des 12. Jahrhunderts (1968). [3, 5, 6, 8]
Heinemeyer, W.: Der Friede von Montebello (1175), in: DA 11 (1954/55). [6]
Heinemeyer, W.: Die Verhandlungen an der Saône im Jahre 1162, in: DA 20 (1964). [6]
Heinisch, K.: Kaiser Friedrich II. in Briefen und Berichten seiner Zeit (1968). [11, 13]
Herde, P.: Das Papsttum und die griechische Kirche in Süditalien vom 11. bis zum 13. Jahrhundert, in: DA 26 (1970). [2, 3, 5, 6, 9–11, 13]
Herde, P.: Die Katastrophe vor Rom im August 1167, eine historisch-epidemologische Studie (1991). [6]
Herde, P.: Die Schlacht bei Tagliacozzo, in: ZBLG 25 (1962). [14]
Herde, P.: Karl I. von Anjou (1979). [14]
Herkenrath, R.M.: Die Reichskanzlei in den Jahren 1167–1174, in: AZ 71 (1975). [6–8]
Herkenrath, R.M.: Die Reichskanzlei in den Jahren 1174–1180, Denkschrift Ak. Wien 130 (1977). [6–8]
Herkenrath, R.M.: Rainald von Dassel, Reichskanzler und Erzbischof von Köln (Diss. masch. Graz 1962). [6, 7]
Herkenrath, R.M.: Regnum und Imperium. Das »Reich« in der frühstaufischen Kanzlei (1138–1155), in: Sitzungsberichte Wien 264,5 (1969). [3–5]
Herkenrath, R.M.: Wibald von Stablo, Albrecht der Bär und die Mark Brandenburg, in: MIÖG 98 (1990). [8]
Heuermann, H.: Die Hausmachtpolitik der Staufer von Herzog Friedrich I. bis König Konrad III. (1079–1152) (1939). [1–4]
Heupel, W.: Der sizilische Großhof unter Kaiser Friedrich II. Eine verwaltungsgeschichtliche Studie (1940, Ndr. 1952). [13]
Heydel, J.: Das Itinerar Heinrichs des Löwen, in: Niedersächs. JbLG 6 (1929). [3, 5, 6, 8, 9]
Heyen, F.J.: Über die Trierer Doppelwahlen von 1183 und 1242, in: AmrhKG 21 (1969). [8]
Hildebrand, R.: Der sächsische »Staat« Heinrichs des Löwen (1937). [5–8]
Hildebrand, R.: Herzog Lothar von Sachsen (1986). [1, 2]
Hlawitschka, E.: Zu den Grundlagen der staufischen Stellung im Elsaß. Die Herkunft Hildegards von Schlettstadt, Sb. d. Sudetendeutschen Akad. d. Wiss, Geisteswiss. Kl. 9 (1991). [1]
Hoch, M.: Jerusalem, Damaskus und der zweite Kreuzzug (1993). [3]
Hödl, G.: Das Erzstift Salzburg und das Reich unter Kaiser Friedrich Barbarossa, in: Mitt. d. Ges. f. Salzburger LK 114 (1975). [6]
Hoffmann, B.: Das deutsche Königtum Konrads IV. (1960). [13, 14]
Hoffmann, E.: Die Bedeutung der Schlacht von Bornhöved für die deutsche

und skandinavische Geschichte, in: Zeitschr. d. Ver. f. Lübeckische Gesch. u. Altertumskunde 57 (1977). [12]
Hoffmann, H.: Der Kirchenstaat im hohen Mittelalter, in: QFIAB 57 (1977). [3, 5–13]
Hoffmann, H.: Die beiden Schwerter im hohen Mittelalter, in: DA 20 (1965). [5]
Hohmann, M.: Das Erzstift Bremen und die Grafschaft Stade im 12. und frühen 13. Jahrhundert, in: Stader Jb NF 59 (1969). [3, 5–12]
Holtzmann, W.: Zum Itinerar Heinrichs VI., in: DA 14 (1958). [9]
Holzapfel, Th.: Papst Innozenz III., Philipp II. August, König von Frankreich, und die englisch-welfische Verbindung 1198–1216 (1991). [10, 11]
Hoppe, W.: Die Mark Brandenburg, Wettin und Magdeburg (1965). [5, 6, 8]
Horn, M.: Studien zur Geschichte Papst Eugens III. (1145–1153) (1992). [3, 5]
Houben, H.: Philipp von Heinsberg, Heinrich VI. und Montecassino, in: QFIAB 68 (1988). [8, 9]
Houben, H.: Tra Roma e Palermo. Aspetti e momenti del Mezzogiorno medioevale (1989). [5–7, 9]
Hucker, B.H.: Die imperiale Politik Ottos IV. im baltischen Raum und ihre personellen und materiellen Grundlagen, in: Friedland, K. (Hg.): Visby-Kolloquium des Hansischen Gesch.-Ver., (1987). [10]
Hucker, B.U.: Die Chronik Arnolds von Lübeck als »Historia regum«, in: DA 44 (1988). [8–10]
Hucker, B.U.: Kaiser Otto IV. (1990). [10, 11]

Ignor, A.: Über das allgemeine Rechtsdenken Eikes von Repgow (1984). [8]
Imkamp, W.: Das Kirchenbild Innozenz' III. (1198–1216) (1983). [10]
Imkamp, W.: Pastor et sponsus. Elemente einer Theologie des bischöflichen Amtes bei Innozenz III., in: Mordek H. (Hg.): Aus Theologie und Reich. FS F. Kempf (1983). [10]
Irmscher, I.: Über den Charakter der Orientpolitik König Manfreds von Sizilien, in: Byzance. Hommage a A.N. Strator II (1986). [14]

Jackson, P.: The End of Hohenstaufen Rule in Syria, in: BIHR 59 (1986). [14]
Jakobi, F.-J.: Wibald von Stablo und Corvey (1098–1158), benediktinischer Abt in der frühen Stauferzeit (1979). [3–5]
Jakobs, H.: Kirchenreform und Hochmittelalter. 1046–1215, Grundriß der Geschichte 7 (1984). [1–11]
Johannek, P.: Eike von Repgow, Hoyer von Falkenstein und die Entstehung des Sachsenspiegels, in: Jäger, H./Petri, F./Quirin, H. (Hg.): Civitatum communitas. FS H. Stoob II (1984). [8]
Jordan, K.: Cölestin III. und die Welfen zu Beginn seines Pontifikats, in: ADipl 23 (1977). [9]
Jordan, K.: Das politische Kräftespiel an Oberweser und Leine um die Mitte des 12. Jahrhunderts, in: FS Heimpel II (1972). [5]
Jordan, K.: Der Harzraum in der Geschichte der deutschen Kaiserzeit, in: FS H. Beumann (1977). [3–6, 8–10]

Jordan, K.: Die Bistumsgründungen Heinrichs des Löwen (1939). [5]

Jordan, K.: Friedrich Barbarossa, Kaiser des christlichen Abendlandes (1959). [5–9]

Jordan, K.: Heinrich der Löwe und seine Familie, in: ADipl 27 (1981). [3, 5, 6, 8, 9]

Jordan, K.: Heinrich der Löwe, (^{2}1980). [3, 5, 6, 8, 9]

Jordan, K.: Sachsen und das deutsche Königtum im Hochmittelalter, in: HZ 210 (1970). [1–3, 5, 6, 8–12]

Jordan, K.: Staufer und Kapetinger im 12. Jahrhundert, in: Francia 2 (1974). (3, 5, 6, 8, 9]

Kahl, H.D.: Der sog. »Ludus de Antichristo« (de finibus saeculorum) als Zeugnis frühstauferzeitlicher Gegenwartskritik, in: Mediaevistik 4 (1991). [6]

Kahl, H.D.: Römische Krönungspläne im Komnenenhaus? Ein Beitrag zur Entwicklung des Zweikaiserproblems im 12. Jahrhundert, in: AK 59 (1977). [6]

Kahl, H.D.: Slawen und Deutsche in der brandenburgischen Geschichte des 12. Jahrhunderts, 2 Bde. (1964). [3]

Kamp, N.: Der Episkopat und die Monarchie im staufischen Königreich von Sizilien, in: QFIAB 64 (1984). [9, 13]

Kamp, N.: Kirche und Monarchie im staufischen Königreich Sizilien. I: Prosopographische Grundlegung. Bistümer u. Bischöfe des Königreichs 1194–1266, 3 Bde. (1973–75). [9, 13, 14]

Kamp, N.: Kirchenpolitik und Sozialstruktur im staufischen Königreich Sizilien, in: FS H. Heimpel, II (1973). [9, 11, 14]

Kamp, N.: Münzprägung und Münzpolitik der Staufer in Deutschland, in: HBNum 17 (1963). [8]

Kampers, F.: Die deutsche Kaiseridee in Prophetie und Sage (1886). [9, 10, 13]

Kampers, F.: Vom Werdegang der abendländischen Kaisermystik (1924). [9, 10, 13]

Kantorowicz, E.: Kaiser Friedrich der Zweite, 2 Bde. (1927–31). [9–13]

Kauffmann, H.: Die italienische Politik Friedrichs I. nach dem Frieden von Konstanz (1183–1189) (1933). [7]

Keilmann, B.: Der Kampf um die Stadtherrschaft in Worms während des 13. Jahrhunderts (1985). [12, 14]

Keller, H.: Adelsherrschaft und städtische Gesellschaft in Oberitalien, 9.-12. Jahrhundert (1979). [3, 5–7, 9]

Keller, H.: Militia, Vasallität und frühes Rittertum im Spiegel oberitalienischer miles-Belege des 10. und 11. Jahrhunderts, in: QFIAB 62 (1982). [2]

Keller, H.: Zwischen regionaler Begrenzung und universalem Horizont. Deutschland im Imperium der Salier und Staufer, Propyläen-Geschichte Deutschlands 2 (1986). [1–14]

Kempf, F.: Das zweite Versprechen Ottos IV. an die römische Kirche (1200/01), in: FS E.E. Stengel (1952). [10]

Kempf, F.: Innozenz III. und der deutsche Thronstreit, in: AHP 23 (1985). [10]

Kempf, F.: Kanonistik und kuriale Politik im 12. Jahrhundert, in: AHP 1 (1963). [3, 5–7, 9]
Kempf, K.: Papsttum und Kaisertum bei Innozenz III. Die geistigen und rechtlichen Grundlagen seiner Thronstreitpolitik (1954). [10]
Kienast, W.: Deutschland und Frankreich in der Kaiserzeit (900–1270). Weltkaiser und Einzelkönige, 3 Bde. (1974/75). [1–3, 5, 6, 9–14]
Kienast, W.: Die deutschen Fürsten im Dienste der Westmächte bis zum Tode Philipps des Schönen von Frankreich, 2 Bde. (1924). [3, 5, 6, 8–14]
Kirchner, G.: Die Steuerliste von 1241. Ein Beitrag zur Geschichte des staufischen Königsterritoriums, in: ZRG GermAbt 70 (1953). [12]
Kirchner-Feyerabend, C.: Otto von Freising als Diözesan- und Reichsbischof (1990). [3, 5]
Kirfel, H.J.: Weltherrschaftsidee und Bündnispolitik. Untersuchungen zur auswärtigen Politik der Staufer (1959). [6, 9]
Kirmeier, J./Brockhoff, E. (Hg.): Herzöge und Heilige. Das Geschlecht der Andechs-Meranier im europäischen Hochmittelalter, Ausstellungskatalog (1993). [8, 10]
Klebel, E.: Die Herkunft der Hohenstaufen, in: ZGO 102 (1954). [1]
Klingelhöfer, E.: Die Reichsgesetze von 1220, 1231/2 und 1235 (1955, dazu E. Schrader, in: Wolf, G. (Hg.): Stupor mundi). [11, 12]
Kloos, R.M.: Kaiser Friedrich II. (Literaturbericht), in: Traditio 12 (1956). [9–13]
Kloos, R.M.: Petrus de Prece und Konradin, in: QFIAB 34 (1954). [14]
Kluger, H.: Hochmeister Hermann von Salza und Kaiser Friedrich II. (1987). [13]
Koch, G.: Auf dem Wege zum Sacrum Imperium (1972). [2–6]
Koch, W.: Die Reichskanzlei in den Jahren 1167–1174, Sb Wien, Phil.-Hist. Kl. Denkschriften 115 (1973). [6–8]
Koller, H.: Die Bedeutung des Titels »princeps« in der Reichskanzlei unter den Saliern und Staufern, in: MIÖG 68 (1960). [8]
Kölzer, Th.: Das Königtum Minderjähriger im fränkisch-deutschen Mittelalter, in: HZ 251 (1990). [5–14]
Kölzer, Th.: Die sizilische Kanzlei von Kaiserin Konstanze bis König Manfred (1195–1266), in: DA 40 (1984). [9–14]
Kölzer, Th.: Ein Königreich im Übergang? Sizilien während der Minderjährigkeit Friedrichs II., in: Schnith, K./Pauler, R. (Hg.): FS E. Hlawitschka (1993). [9–11]
Kölzer, Th.: Kanzlei und Kultur im Königreich Sizilien 1130–1198, in: QFIAB 66 (1986). [3, 5–7, 9]
Kölzer, Th.: Magna imperialis curia. Die Zentralverwaltung im Königreich Sizilien unter Friedrich II., in: HJb 114 (1994). [13]
Kölzer, Th.: Sizilien und das Reich im ausgehenden 12. Jahrhundert, in: HJb 110 (1990). [7–9]
Kosztolnyik, Z.J.: From Coloman the Learned to Bela III (1095–1196) (1987). [3, 5, 6, 8, 9]
Kresten, O.: Der »Anredestreit« zwischen Manuel I. Komnenos und Fried-

rich I. Barbarossa nach der Schlacht von Myriokephalon, in: RHMitt 34/35 (1992/93). [8]
Krieger, K.F.: Die königliche Lehnsgerichtsbarkeit im Zeitalter der Staufer, in: DA 26 (1970). [2–13]
Krohn, R./Thun, B./Wapnewski, P. (Hg.): Stauferzeit. Geschichte, Literatur, Kunst (1977). [1–14]
Krüger, H.J.: Zur Politik Heinrichs VI. in Oberlothringen, in: RhVjbll 39 (1975). [9]
Kupper, J.L.: Raoul de Zähringen, évêque de Liège, 1167–1191 (1975). [8]
Kuttner, S./Garcia y Garcia, A.: A New Eyewitness Account of the Fourth Lateran Council, in: Traditio 20 (1964). [11]

Lackner, C.: Studien zur Verwaltung des Kirchenstaates unter Papst Innozenz III., in: RHMitt 29 (1987). [10, 11]
Lamma, P.: Comneni e Staufer. Ricerche sui rapporti fra Bisanzio e l'Occidente nel secolo XII, 2 Bde. (1955–57). [2–7]
Laufs, M.: Politik und Recht bei Innozenz III. (1980). [10]
Lazio Meridionale tra Papato e Impero al tempo di Enrico VI, Pbbl. degli Archivi di Stato, Saggi 16 (1991). [9]
Lechner, K.: Die Babenberger (1976). [2–12]
Leistikow, D.: Aufbewahrungsorte der Reichskleinodien in staufischer Zeit, in: Burgen und Schlösser 15 (1974). [2, 5, 9, 10, 12]
Leonhard, J.F.: Die Seestadt Ancona im Spätmittelalter (1983). [13, 14]
Leying, B.: Niederrhein und Reich in der Königspolitik Konrads von Hochstaden bis 1256, in: Vestische Zeitschr. 73/75 (1971). [12, 13]
Lilie, R.J.: Das »Zweikaiserproblem« und sein Einfluß auf die Außenpolitik der Komnenen, in: Byzantin. Forsch. 9 (1985). [6, 7]
Lilie, R.J.: Handel und Politik zwischen dem byzantinischen Reich und den italienischen Kommunen Venedig, Pisa und Genua in der Epoche der Komnenen und Angeloi (1081–1204) (1984). [3–10]
Liotta, F. (Hg.): Miscellanea Rolando Bandinelli Papa Alessandro III (1986). [6, 7]
Lothmann, J.: Erzbischof Engelbert I. von Köln (1216–1225) (1993). [12]
Lotter, F.: Die Konzeption des Wendenkreuzzuges, VuF Sonderbd. 23 (1977). [3]
Löwe, H.: Dante und die Staufer, in: ders., Von Cassiodor zu Dante (1973). [15]

Maccarone, M.: Papato e Impero dalla elezione di Federico I alla morte di Adriano IV (1152–1159) (1959). [5, 6]
Madertoner, W.: Die zwiespältige Papstwahl des Jahres 1159 (1978). [6]
Maier, W.: Stadt und Reichsfreiheit. Entstehung und Aufstieg der elsässischen Hohenstaufenstädte (1972). [12]
Makk, F.: The Arpads and the Comneni. Political Relations between Hungary and Byzantium in the 12th century (1989). [3, 5–8]
Maleczek, W.: Das Kardinalskollegium unter Innozenz II. und Anaklet II., in: AHP 19 (1981). [3]

Maleczek, W.: Papst und Kardinalskolleg von 1191 bis 1216. Die Kardinäle unter Coelestin III. und Innozenz III. (1984). [9–11]
Maleczek, W.: Petrus Capuanus, Kardinal, Legat am Vierten Kreuzzug, Theologe (+1214) (1988). [10]
Manselli, R. (Hg.): Studi su Pietro da Eboli (1978). [9]
Manselli, R./Riedmann, J. (Hg.): Federico Barbarossa nel dibattito storiografico in Italia e Germania (1982). [5–8, 15]
Manselli, R.: Ezzelino da Romano nella politica italiana del sec. XIII, Studi ezzeliani. Istituto storico italiano per il medio evo, in: Studi storici 45–47 (1963). [13, 14]
Manselli, R.: Onorio III e Federico II, in: SR 11 (1963). [11, 13]
Marazzato, O.: L' Apello di Federico II contro la sentenza del concilio di Lione, in: Istituto di diritto publico 4 (1955). [13]
Marc-Bonnet, H.: Le Saint-Siège et Charles d'Anjou sous Innocent IV et Alexandre IV (1245–1261), in: RH 200 (1948). [14]
Marcus, P.: Herzog Bernhard von Anhalt (um 1140 bis 1212) und die frühen Askanier in Sachsen und im Reich (1993). [2, 3, 5, 8–10]
Mariotte, J.Y.: Le comté de Bourgogne sous les Hohenstaufen 1156–1208 (1963). [5, 6–10]
Maschke, E./Sydow, J. (Hg.): Südwestdeutsche Städte im Zeitalter der Staufer (1980). [11]
Maschke, E.: Das Geschlecht der Staufer (1943). [1–14]
Maschke, E.: Die Wirtschaftspolitik Kaiser Friedrichs II. im Königreich Sizilien, in: VSWG 53 (1966). [13]
Matscha, M.: Heinrich I. von Müllenark. Erzbischof von Köln (1992). [12, 13]
Maurer, H.: Der Herzog von Schwaben (1978). [1–6, 8–14]
Maurer, H.H.: Der Hohenstaufen. Geschichte der Stammburg eines Kaiserhauses (1977). [1]
Mayer, H.E.: Geschichte der Kreuzzüge (^{7}1989). [3, 9, 13]
Mayer, H.E.: Kreuzzüge und lateinischer Osten (1983). [10, 13]
Mayer, H.E.: Staufische Weltherrschaft? Zum Brief Heinrichs II. von England an Friedrich Barbarossa von 1157, in: Haidacher A./Mayer H. E. (Hg.): FS K. Pivec (1966). [6]
Mayer, Th. (Hg.): Kaisertum und Herzogsgewalt im Zeitalter Friedrichs I. (1944). [8]
Mayer, Th.: Der Staat der Herzoge von Zähringen (1935). [1, 8]
Mayer, Th.: Die Ausbildung des modernen deutschen Staates im hohen Mittelalter, in: HZ 159 (1939). [1]
Mégier, E.: Tamquam lux post tenebras, oder Ottos von Freising Weg von der Chronik zu den Gesta Friderici, in: Mediaevistik 3 (1990). [3–6]
Meier, G.: Die Bischöfe von Paderborn und ihr Bistum im Hochmittelalter (1987). [1, 8]
Meiers, M.: Erzbischof Johann I. von Trier im deutschen Thronstreit (1198–1208), in: Kurtrierisches Jb 8 (1968). [10]
Ménager, L.R.: L' institution monarchique dans les Etats normands d' Italie, in: CCMéd 2 (1959). [3, 5–7]

Menzel, M.: Die Sächsische Weltchronik. Quellen und Stoffauswahl, VuF Sonderbd. 34 (1985). [14]

Metz, W.: Staufische Güterverzeichnisse (1964). [8, 11]

Meuthen, E.: Barbarossa und Aachen, in: RhVjbll 39 (1975). [6, 8]

Meuthen, E.: Die Aachener Pröpste bis zum Ende der Stauferzeit, in: ZAGV 78 (1967). [2–6, 8–13]

Meyer v. Knonau, G.: Jahrbücher zur Deutschen Geschichte unter Heinrich IV. und Heinrich V. (1890–1909). [1]

Meyer, O.: Bischof Eberhard II. von Bamberg (1146–1170). Mittler im Wandel seiner Zeit in: Neujahrsbll. d. Ges. f. Fränk Gesch. 29 (1964). [5]

Mitteis, H.: Die deutsche Königswahl (²1944). [1–14]

Möhring, H.: Der andere Islam. Zum Bild vom toleranten Sultan Saladin und neuen Propheten Schah Ismail, in: Engels O./Schreiner P. (Hg.): Die Begegnung des Westens mit dem Osten (1993). [8]

Möhring, H.: Saladin und der Dritte Kreuzzug (1980). [8]

Möhring, H.: Zu einem Brief Sultans as-Salik Aiyub an den Papst –Beweisstück Innozenz' IV. gegen Friedrich II., in: DA 41 (1985). [13]

Mohrmann, W.D. (Hg.): Heinrich der Löwe (1980). [8–12]

Momigliano, E.: Manfredo (1963). [14]

Müller, A.: Das Konradin-Bild im Wandel der Zeit (1972). [15]

Munz, P.: Frederick Barbarossa. – A Study in Medieval Politics (1969). [5–8]

Munz, P.: Papst Alexander III. Geschichte und Mythos bei Boso, in: Saeculum 41 (1990). [6]

Munz, P.: Why did Rahewin stop writing the Gesta Frederici? A further consideration, in: EHR 84 (1969). [6]

Nahmer, D.v.d.: Die Reichsverwaltung in Toscana unter Friedrich I. und Heinrich VI. (Diss. Freiburg/B. 1965). [7, 9]

Neumann, R.: Parteibildungen im Königreich Sizilien während der Unmündigkeit Friedrichs II. (1198–1208) (1986). [10, 11]

Niederkorn, J.P.: Der »Prozeß« Heinrichs des Stolzen, in: P.J. Heinig (Hg.): Diplomatische und chronologische Studien aus der Arbeit an den Regesta Imperii (1991). [3]

Niederkorn, J.P.: Der Übergang des Egerlandes an die Staufer, in: ZBLG 54 (1991). [4]

Niederkorn, J.P.: Die Mitgift der Kaiserin Irene, in: RHMitt 28 (1986). [3, 5]

Nitschke, A.: Der Prozeß gegen Konradin, in: ZRG KanAbt 42 (1956). [14]

Nitschke, A.: Die Mitarbeiter des jungen Friedrich Barbarossa, in: FS O. Herding (1977). [3, 5]

Nitschke, A.: Konradin und Clemens IV., in: QFIAB 38 (1958). [14]

Nix, M.: Der Kreuzzugsaufruf Walthers im Ottenton und der Kreuzzugsplan Kaiser Ottos IV., in: GRM NF 34 (1984). [10]

Nonn, U.: Geblütsrecht, Wahlrecht, Königswahl. Die Wahl Lothars von Supplinburg 1125, in: GWU 44 (1993). [2]

Norwich, J.J.: Die Normannen in Sizilien 1130–1194 (1971). [2–9]

Oberweis, N.: Die Interpolationen im Chronicon Urspergense (1990). [10]
Oehring, S.: Erzbischof Konrad I. von Mainz im Spiegel seiner Urkunden und Briefe (1161–1200) (1973). [6–10]
Oexle, O.G.: Adliges Selbstverständnis und seine Verknüpfung mit dem liturgischen Gedenken – das Beispiel der Welfen, in: ZGO 134 (1986). [2–9]
Ohnsorge, W.: Abendland und Byzanz (1958). [2–13]
Opll, F.: Das Itinerar Kaiser Friedrich Barbarossas (1152–1190) (1978). [5–8]
Oppl, F.: Amator ecclesiarum. Studien zur religiösen Haltung Friedrich Barbarossas, in: MIÖG 88 (1980). [5–8]
Oppl, F.: Barbarossa in Bedrängnis. Zur uneinheitlichen Datierung eines Diploms aus dem Spätsommer von 1153, in: DA 43 (1987). [5]
Oppl, F.: Das kaiserliche Mandat im 12. Jahrhundert (1125–1190), in: MIÖG 84 (1976). [5–8]
Oppl, F.: Friedrich Barbarossa (1990). [3–8]
Oppl, F.: Stadt und Reich im 12. Jahrhundert (1125–1190) (1986). [2–8]
Otto, E.: Friedrich Barbarossa (1940). [3–8]

Pacaut, M.: Alexandre III. Etude sur la conception du pouvoir pontifical dans sa pensée et dans son oeuvre (1956). [6, 7]
Pacaut, M.: Aux origines du Guelfisme. Les doctrines de la ligue lombarde, in: RH 220 (1963). [6, 7, 13]
Pacaut, M.: Friedrich Barbarossa (1969). [3–8]
Pacaut, M.: Louis VII et son royaume (1964). [5, 6, 8]
Palumbo, P.F.: Contributi alla storia dell'età di Manfredo (1959). [14]
Patze, H. (Hg.): Der Reichstag von Gelnhausen. Ein Markstein in der deutschen Geschichte 1180–1980 (1982). [8]
Patze, H.: Adel und Stifterchronik. Frühformen territorialer Geschichtsschreibung im hochmittelalterlichen Reich, in: BDLG 100–101 (1964–65). [8]
Patze, H.: Die Welfen in der mittelalterlichen Geschichte Europas, in: BDLG 117 (1981). [5–12]
Patze,H/Ahrens, K.H.: Die Begründung des Herzogtums Braunschweig im Jahre 1235 und die »Braunschweigische Reimchronik«, in: BDLG 122 (1986). [12]
Pazzelli, R./Temperini, L. (Hg.): Prime manifestazioni di vita comunitaria maschile e femminile nel movimento francescano della penitenza (1215–1447) (1982). [11, 13]
Perels, E.: Der Erbreichsplan Heinrichs VI. (1927). [8, 9]
Petersohn, J.: »Echte« und »falsche« Insignien im deutschen Krönungsbrauch des Mittelalters? Kritik eines Forschungsstereotyps. in: Sb. d. Wiss. Ges. an der J.W. Goethe-Universität Frankfurt XXX 3 (1993). [10]
Petersohn, J.: Das Präskriptionsrecht der Römischen Kirche und der Konstanzer Vertrag, in: Herbers K. (Hg.): Ex ipsis rerum documentis. FS H. Zimmermann (1991). [5]
Petersohn, J.: Der König ohne Krone und Mantel. Otto IV. auf dem Dreikönigsschrein, in: Ders. (Hg.): Überlieferung, Frömmigkeit, Bildung als Leitthemen der Geschichtsforschung (1988). [10]
Petersohn, J.: Der südliche Ostseeraum im kirchlich-politischen Kräftespiel

des Reichs, Polens und Dänemarks vom 10. bis 13. Jahrhundert (1979). [2, 5, 8, 12]
Petersohn, J.: Der Vertrag des Römischen Senats mit Papst Clemens III. (1188) und das Pactum Friedrich Barbarossas mit den Römern (1167), in: MIÖG 82 (1974). [7]
Petersohn, J.: Kaiser, Papst und Praefectura Urbis zwischen Alexander III. und Innozenz III., in: QFIAB 60 (1980). [7, 9, 10]
Petersohn, J.: Saint Denis-Westminster-Aachen. Die Karls-Translatio von 1165 und ihre Vorbilder, in: DA 31 (1975). [6]
Petke, W.: Kanzlei, Kapelle und königliche Kurie unter Lothar III. (1125–1137) (1985). [2]
Petke, W.: Zur Herzogserhebung Lothars von Süpplingenburg im Jahre 1106, in: DA 46 (1990). [1]
Pfaff, V.: Das Papsttum in der Weltpolitik des endenden 12. Jahrhunderts, in: MIÖG 82 (1974). [9, 10]
Pfaff, V.: Der Vorgänger. Das Wirken Coelestins III. aus der Sicht von Innozenz III., in: ZRG KanAbt 60 (1974). [9]
Pfaff, V.: Die Gesta Innozenz' III. und das Testament Heinrichs VI., in: ZRG KanAbt 50 (1964). [9, 10]
Pfaff, V.: Papst Coelestin III., in: ZRG KanAbt 47 (1961). [9]
Pfaff, V.: Sieben Jahre päpstlicher Politik. Die Wirksamkeit der Päpste Lucius III., Urban III., Gregor VIII., in: ZRG KanAbt 67 (1981). [6, 7, 9]
Pischke, G.: Der Herrschaftsbereich Heinrichs des Löwen. Quellenverzeichnis (1987). [5, 8]
Pischke, G.: Die Landesteilungen der Welfen im Mittelalter (1987). [10, 12]
Poole, A.L.: Die Welfen in der Verbannung, in: DA 2 (1938). [8]
Popolo e stato in Italia nell' età di Federico Barbarossa. Alessandria e la Lega Lombarda. Relazioni e communicazioni al XXXIII congresso storico subalpino per la celebrazione dell' VIII centenario della fondazione di Alessandria (1970). [6, 7]
Potere, società e popolo nell' età dei due Guglielmi (1981). [6, 7]
Potere, società e popolo tra età normanna ed età sveva (1189–1210). Atti delle quinte giornate normanno sveve ... 1981 (1983). [7, 9, 10]
Probleme des 12. Jahrhunderts, VuF XII (1968). [2–9]
Probleme um Friedrich II., VuF XVI (1974). [11–13]
Publis, L.: Le nozze di Constanza di Sicilia e Pietro d'Aragona, in: Archivio storico Siciliano 10 (1962). [11]

Queller, D.: The Fourth Crusade. The Conquest of Constantinople 1201–1204 (1978). [10]

Rainer, J.M.: Innozenz III. und das römische Recht, in: RHMitt 25 (1983). [10, 11]
Rassow, P.: Der Prinzgemahl. Ein pactum matrimoniale aus dem Jahre 1188 (1950). [9]
Rassow, P.: Honor imperii. Die neue Politik Friedrich Barbarossas 1152–1159 (^{2}1961). [5, 6]

Rauch, G.: Die Bündnisse deutscher Herrscher mit Reichsangehörigen vom Regierungsantritt Friedrich Barbarossas bis zum Tode Rudolfs von Habsburg (1966). [5, 9]
Reeves, M.: The Influence of Prophecy in the later Middle Ages (1969). [15]
Reichert, F.: Der sizilische Staat Friedrichs II. in Wahrnehmung und Kritik der Zeitgenossen, in: HZ 253 (1991). [13]
Reisinger, C.: Tankred von Lecce, normannischer König von Sizilien 1190–1194 (1992). [9]
Reisinger, R.: Die römisch-deutschen Könige und ihre Wähler 1198–1273 (1977). [10–12, 14]
Reuling, U.: Die Kur in Deutschland und Frankreich (1979). [2, 3, 5, 6, 10]
Reuter, T.: Das Edikt Friedrich Barbarossas gegen die Zisterzienser, in: MIÖG 84 (1976). [6]
Richard I. Löwenherz, König von England (1189–1199), Ausstellungskatalog (1966). [9]
Riedmann, J.: Studien über die Reichskanzlei unter Friedrich Barbarossa in den Jahren 1156–1166, in: MIÖG 75 (1967) u. 76 (1968). [6]
Rösch, G.: Venedig und das Reich. Handels- und verkehrspolitische Beziehungen in der deutschen Kaiserzeit (1982). [2–13]
Roscher, H.: Papst Innozenz III. und die Kreuzzüge (1969). [10, 11]

Sankt Elisabeth. Fürstin – Dienerin – Heilige, Ausstellungskatalog hg. von der Phillips-Universität Marburg (1981). [12]
Sante, G.W.: Siegfried III. von Eppstein, Erzbischof von Mainz 1230–1249, in: Nassauische Lebensbilder, I (1940). [12, 13]
Schaller, H.M.: Kaiser Friedrich II., Verwandler der Welt (1964). [10–13]
Schaller, H.M.: Stauferzeit. Ausgewählte Aufsätze (1993). [11–15]
Scheibelreiter, G.: Der deutsche Thronstreit 1198–1208 im Spiegel der Datierung von Privaturkunden, in: MIÖG 84 (1976) u. 85 (1977). [10]
Schiffer, P.: Die Grafen von Geldern im Hochmittelalter (1085–1229) (1988). [2, 3, 8, 10–12]
Schildhauer, J.: Die Grafen von Dassel. Herkunft und Genealogie (1966). [6]
Schilling, J.: Arnold von Lübeck, Gesta Gregorii Peccatoris. Untersuchungen und Edition (1986). [9]
Schlesinger, W.: Bischofssitze, Pfalzen und Städte im deutschen Itinerar Friedrich Barbarossas, in: Ders.: Ausgewählte Aufsätze, VuF XXXIV (1987). [5, 6, 8]
Schlesinger, W.: Zur Frühgeschichte des norddeutschen Städtewesens, in: Lüneburger Blätter 17 (1966). [5, 8, 9]
Schlunk, A.: Königsmacht und Krongut. Die Machtgrundlagen des deutschen Königtums im 13. Jahrhundert – und eine neue historische Methode (1988). [10–12, 14]
Schmale, F.-J.: Studien zum Schisma des Jahres 1130 (1961). [2]
Schmandt, R.H.: The Election and Assassination of Albert of Louvain, Bishop of Liège, in: Speculum 42 (1967). [9]
Schmid, K. (Hg.): Die Zähringer. Eine Tradition und ihre Erforschung (Ausstellungskatalog) (1986). [2–6, 8–12]

Schmid, K.: Aspekte der Zähringerforschung, in: ZGO 131 (1983). [2–6, 8–12]
Schmid, K.: Gebetsgedenken und adliges Selbstverständnis im Mittelalter (1983). [1]
Schmid, K.: Graf Rudolf von Pfullendorf und Kaiser Friedrich I. (1954). [8]
Schmidinger, H.: Federico II e il Friuli, in: Ders.: Patriarch im Abendland (1986). [13]
Schmidt, U.: Königswahl und Thronfolge im 12. Jahrhundert (1987). [2, 3, 5, 6, 10]
Schneidmüller, B.: Das Goslarer Pfalzstift St. Simon und Judas und das deutsche Königtum in staufischer Zeit, in: Geschichte in der Region, FS H. Schmidt (1993). [3, 5, 8–12]
Schneidmüller, B.: Die Siegel des Pfalzgrafen Heinrich bei Rhein, Herzogs von Sachsen (1195/96–1227), in: Niedersächs. JbLG 57 (1985). [10–12]
Schnith, K.: England in einer sich wandelnden Welt (1189–1259). Studien zu Roger Wendover und Matthäus Paris (1974). [9–14]
Schnith, K.: Otto IV. und Gervasius von Tilbury. Gedanken zu den Otia Imperialia, in: HJb 82 (1963). [10]
Schöntag, W.: Untersuchungen zur Geschichte des Erzbistums Mainz unter den Erzbischöfen Arnold und Christian I. (1153–1183) (1973). [5–7]
Schramm, P.E.: Kaiser Friedrich II. Herrschaftszeichen (1955). [11–13]
Schreibmüller, H.: Herzog Friedrich IV. von Schwaben und Rothenburg, in: ZBLG 18 (1955). [5, 6, 8]
Schreiner, K.: Vom geschichtlichen Ereignis zum historischen Exempel. Eine denkwürdige Begegnung zwischen Kaiser Friedrich Barbarossa und Papst Alexander III. in Venedig 1177 und ihre Folgen in Geschichtsschreibung, Literatur und Kunst, in: Wapnewski P. (Hg.): Mittelalterrezeption (1986). [15]
Schulze, H.K.: Adelsherrschaft und Landesherrschaft. Studien zur Verfassungs und Besitzgeschichte der Altmark, des ostsächsischen Raumes und des hannoverschen Wendlandes im hohen Mittelalter (1963). [8]
Schwarzmaier, H.: Das Ende der Stauferzeit in Schwaben, Friedrich II. und Heinrich (VII.), in: Bausteine z. geschichtl. LK v. Baden-Württemberg (1979). [11, 12]
Schwarzmaier, H.: Die Heimat der Staufer (1976). [1, 4, 8]
Schwarzmaier, H.: Die Zeit der Staufer. Ein Literaturbericht zum »Stauferjahr« 1977 in Baden Württemberg, in: BDLG 117 (1981). [1–14]
Schwarzmaier, H.: Dominus totius domus comitisse Mathildis. Die Welfen und Italien im 12. Jahrhundert, in: Schnith, K./Pauler, R. (Hg.): FS E. Hlawitschka (1993). [1, 2, 5–7]
Schwarzmaier, H.: Zur Familie Viktors IV. in der Sabina, in: QFIAB 48 (1968). [6]
Schwineköper, B.: Das »Paragium« als Mittel staufischer Territorialpolitik, in: Geschichte u. ihre Quellen. FS F. Hausmann (1988). [4, 8]
Seegrün, W.: Das Papsttum und Skandinavien bis zur Vollendung der nordischen Kirchenorganisation (1164) (1967). [2, 5, 6]

Seegrün, W.: Kirche, Papst und Kaiser nach den Anschauungen Kaiser Friedrichs II., in: HZ 207 (1968). [11, 13]
Segl, P.: »Statit Constantinopoli«. Inquisition und päpstliche Orientpolitik unter Gregor IX., in: DA 32 (1976). [13]
Selge, K.V.: Die Ketzerpolitik Friedrichs II., in VuF XVI (1974). [11–13]
Seltmann, I.: Heinrich VI. Herrschaftspraxis und Umgebung (1983). [9]
Setton, K.: The Papacy and the Levant (1204–1571), 2 Bde. (1976–78). [10, 13]
Sibilia, S.: Gregorio IX (1961). [13]
Simonsfeld, H.: Jahrbücher zur Deutschen Geschichte unter Friedrich I. (bis 1158) (1908) [5, 6]
Sivéry, G.: Saint Louis et son siécle (1983). [13, 14]
Societá, potere e popolo nell' età di Ruggero II (1979). [2, 3, 5]
Somerville, R.: Pope Alexander III and the Council of Tours (1163) (1977). [6]
Somerville, R.: The Beginning of Alexander IIIs Pontificate. »Aeterna et incomutabilis«, and Scotland, in: Misc. Rolando Bandinelli papa Alessandro III (1986). [6]
Speer, L.: Kaiser Lothar III. und Erzbischof Adalbert I. von Mainz (1983). [2]
Spier, H.: Die Geschichte der Harzburg. Ihr wechselndes Verhältnis zur Pfalz und Reichsstadt Goslar und zu den welfischen Herzögen von 1065–1651 (1985). [1, 5, 8, 10, 12]
Spieß, K.H.: Königshof und Fürstenhof. Der Adel und die Mainzer Erzbischöfe im 12. Jahrhundert, in: Hehl, E.D./Seibert, H./Staab, F. (Hg.): Deus qui mutat tempora. FS A. Becker (1987). [3, 5]
Springer, M.: Erzbischof Wichmann von Magdeburg, in: Erzbischof Wichmann, Ausstellungskatalog (1992). [5, 6]
Staufer, Die Zeit der. Geschichte-Kunst-Kultur, Ausstellungskatalog, Bd. I-V (1977–79). [1–15]
Staufisches Apulien, hg. von der Gesellschaft für staufische Geschichte Göppingen (1993). [9–11, 13, 14]
Stefano, A. de: La Cultura alla corte di Federico II Imperatore (^{2}1950). [13]
Stehkämper, H.: Der Kölner Erzbischof Adolf von Altena und die deutsche Königswahl (1195–1205), in: HZ Beiheft 2 (1973). [10]
Stehkämper, H.: Der Reichsbischof und Territorialfürst (12. und 13. Jahrhundert), in: Berglar P./Engels O. (Hg.): Der Bischof in seiner Zeit. FS J. Kard. Höffner (1986). [8–10, 12]
Stehkämper, H.: Friedrich Barbarossa und die Stadt Köln. Ein Wirtschaftskrieg am Niederrhein, in: Vollrath, H./Weinfurter, St. (Hg.): Köln, Stadt und Bistum in Kirche und Reich des Mittelalters. FS O. Engels (1993). [8]
Stehkämper, H.: Geld bei deutschen Königswahlen des 13. Jahrhunderts, in: Schneider J. (Hg.): Wirtschaftskräfte und Wirtschaftswege I (1978). [10, 14]
Steindorff, L.: Die dalmatinischen Städte im 12. Jahrhundert, Städteforschung A/20 (1984). [5, 7, 10]
Stengel, E.E.: Land- und lehnrechtliche Grundlagen des Reichsfürstenstandes, in: ZRG GermAbt 66 (1948). [8, 9]

Stephan-Kühn, F.: Wibald als Abt von Stablo und Corvey und im Dienste Konrads III. (Diss. Köln 1973). [3, 4]
Stoob, H.: Die sächsische Herzogswahl des Jahres 1106, in: Droege G. (Hg.): Landschaft und Geschichte (1970). [1]
Stoob, H.: Formen und Wandel staufischen Verhaltens zum Städtewesen, in: Brunner, O. u. a. (Hg.): FS H. Aubin II (1965). [3, 5, 8–12]
Stoob, H.: Gedanken zur Ostseepolitik Lothars III., in: Ebner, H. (Hg.): FS F. Hausmann (1978). [2]
Stoob, H.: Haldensleben. Burg und Stadt bis zum späten Mittelalter, in: FS B. Schwineköper (1982). [8]
Stoob, H.: Zur Königswahl Lothars von Sachsen im Jahre 1125, in: Beumann, H. (Hg.): Historische Forschungen f. W. Schlesinger (1974). [2]
Störmer, W.: Bayern und der bayerische Herzog im 11. Jahrhundert, in: Weinfurter, St. (Hg.): Die Salier und das Reich I (1991). [5]
Stroll, M.: The Jewish Pope. Ideology and Politics in the Papal Schisme of 1130 (1987). [2]
Struve, T.: Utopie und gesellschaftliche Wirklichkeit. Zur Bedeutung des Friedenskaisers im späten Mittelalter, in: HZ 225 (1977). [15]
Stürner, W.: Friedrich II., I (1992). [11]
Stürner, W.: Kreuzzugsgelübde und Herrschaftssicherung. Friedrich II. und das Papsttum im letzten Pontifikatsjahr Innozenz' III., in: Mordek, H. (Hg.): Papsttum, Kirche und Recht im Mittelalter. FS H. Fuhrmann (1991). [11]
Stürner, W.: Peccatum und potestas. Der Sündenfall und die Entstehung der herrscherlichen Gewalt im mittelalterlichen Staatsdenken (1987). [13]
Stürner, W.: Rerum necessitas und divina provisio. Zur Interpretation des Prooemiums der Konstitutionen von Melfi (1231), in; DA 39 (1983). [13]
Suhle, A.: Hohenstaufenzeit im Münzbild (1963). [3–14]

Thorau, P.: Territorialpolitik und fürstlicher Ehrgeiz am Niederrhein zur Zeit Kaiser Friedrichs II. und König Konrads IV. Das Lütticher Schisma von 1238, in: Herbers, K. (Hg.): Ex ipsis rerum documentis. FS H. Zimmermann (1991). [13]
Thurnher, E.: Die deutsche Hofpoesie um Friedrich II. von Hohenstaufen, in: DA 31 (1975). [11–13]
Tierney, B.: The Continuity of Papal Political Theory in the Thirteenth Century, in: MSt 27 (1965). [10, 13, 14]
Tillmann, H.: Papst Innozenz III. (1954). [10, 11]
Toeche, Th.: Jahrbücher zur Deutschen Geschichte unter Heinrich VI. (1867) [9]
Töpfer, B. (Hg.): Stadt und Städtebürgertum in der deutschen Geschichte des 13. Jahrhunderts (1976). [12]
Töpfer, B.: Das kommende Reich des Friedens. Zur Entwicklung chiliastischer Zukunftshoffnungen im Hochmittelalter (1964). [15]
Tumser, M.: Die Frangipani. Abriß der Geschichte einer Adelsfamilie im hochmittelalterlichen Rom, in: QFIAB 71 (1991). [2]

Ullmann, W.: Die Machtstellung des Papsttums im Mittelalter (1960). [2–14]

Ullmann, W.: Some Reflections on the Opposition of Frederick II to the Papacy, in: Archivio Storico Pugliese 13 (1960). [11–13]

Ullmann, W.: The Pontificate of Adrian IV, in: CHJ 11 (1955). [5]

Unverhau, D.: Approbatio-Reprobatio. Studien zum päpstlichen Mitspracherecht bei Kaiserkrönung und Königswahl vom Investiturstreit bis zum ersten Prozeß Johannes XXII. gegen Ludwig IV. (1975). [2–5, 10, 11–14]

Vehse, O.: Die amtliche Propaganda in der Staatskunst Kaiser Friedrichs II. (1929). [13]

Viscardi, A./Barni, G.: L'Italia comunale (1966). [7, 13]

Vogt, H.W.: Das Herzogtum Lothars von Süpplingenburg (1106–1125) (1959). [1]

Vogtherr, Th.: Der bedrängte König. Beobachtungen zum Itinerar Heinrichs (VII.), in: DA 47 (1991). [12]

Vollrath, H.: Konrad III. und Byzanz, in: AKG 59 (1977). [3]

Voltmer, E.: Formen und Möglichkeiten städtischer Bündnispolitik in Oberitalien nach dem Konstanzer Frieden. Der sog. Zweite Lombardenbund, in: VuF XXXIII (1987). [7]

Vones-Liebenstein, U.: Neue Aspekte zur Wahl Konrads III. (1138), in: Vollrath, H./Weinfurter, St. (Hg.): Köln, Stadt und Bistum in Kirche und Reich des Mittelalters. FS O. Engels (1993). [3]

Wadle, E.: Reichsgut und Königsherrschaft unter Lothar III. (1125–1137) (1968). [2]

Warren, W.L.: Henry II (1973). [6, 8]

Webke, A. u. M.: Theologie, Politik und Diplomatie am Dreikönigenschrein, in: Wallraf-Richartz-Jb 46/47 (1985/86). [10]

Weigand, R.: Magister Rolandus und Papst Alexander III., in: AKKR 149 (1980). [6]

Weinfurter, St. (Hg.): Reformidee und Reformpolitik im spätsalisch-frühstaufischen Reich (1992). [1]

Weinfurter, St.: Erzbischof Philipp von Köln und der Sturz Heinrichs des Löwen, in: Vollrath, H./Ders. (Hg.): Köln, Stadt und Bistum in Kirche und Reich des Mittelalters. FS O. Engels (1993). [8]

Weinfurter, St.: Friedrich Barbarossa und Eichstätt. Zur Absetzung Bischof Burchards 1153, in: JbffL 52 (1992). [5]

Weinfurter, St.: Norbert von Xanten – Ordensstifter und »Eigenkirchenherr«, in: AK 59 (1977). [2]

Weinfurter, St.: Salzburger Bistumsreform und Bischofspolitik im 12. Jahrhundert (1975). [2]

Weinfurter, St.: Wer war der Verfasser der Vita Erzbischof Arnolds von Mainz (1153–1160)?, in: Schnith, K./Pauler, R. (Hg.): FS E. Hlawitschka (1993). [5, 6]

Wellas, M.: Das westliche Kaiserreich und das lateinische Königreich Thessalonike (1987). [13]

Wellas, M.: Griechisches aus dem Umkreis Kaiser Friedrichs II. (1983). [13]

Werle, H.: Staufische Hausmachtpolitik am Rhein im 12. Jahrhundert, in: ZGO NF 71 (1962). [3–5, 8]
Werle, H.: Titelherzogtum und Herzogsherrschaft, in: ZRG GermAbt 73 (1956). [1]
Werner, M.: Prälatenschulden und hohe Politik im 13. Jahrhundert, in: Vollrath, H./Weinfurter, St. (Hg.): Köln, Stadt und Bistum in Kirche und Reich des Mittelalters. FS O. Engels (1993). [12–14]
Wessley, St.E.: Ioachim of Fiore and Monastic Reform (1990). [9]
Wieruszowski, H.: Roger II of Sicily. Rex-Tyrannus in Twelfth Century Political Thought, in: Speculum 38 (1963). [2–9]
Wieruszowski, H.: Vom Imperium zum nationalen Königtum. Vergleichende Studien über die publizistischen Kämpfe Kaiser Friedrichs II. und König Philipps des Schönen mit der Kurie (1933). [13]
Willemsen, C.A.: Bibliographie zur Geschichte Kaiser Friedrichs II. und der letzten Staufer (1986). [11–14]
Winkelmann, E.: Jahrbücher zur Deutschen Geschichte unter Friedrich II. (1889–97). [11–13]
Winkelmann, E.: Jahrbücher zur Deutschen Geschichte unter Philipp von Schwaben (1873). [10]
Winkelmann, E.: Jahrbücher zur Deutschen Geschichte unter Otto IV. von Braunschweig (1878). [10, 11]
Wolf, G. (Hg.): Friedrich Barbarossa (WdF 390, 1975). [5–8]
Wolf, G. (Hg.): Stupor mundi. Zur Geschichte Friedrichs II. von Hohenstaufen, WdF 101 (1966; 2. veränderte Aufl. 1982). [11–13]
Wolf, G.: Kaiser Friedrich II. und das Recht, in: ZRG KanAbt 102 (1985). [11–13]
Wolff, R.L.: Baldwin of Flanders and Hainaut, first Latin Emperor of Constantinople, 1172–1225, in: Speculum 27 (1952). [10]
Wolter, H.: Arnold von Wied, Kanzler Konrads III. und Erzbischof von Köln (1973). [3–5]
Wolter, H.: Die Verlobung Heinrich VI. mit Konstanze von Sizilien im Jahre 1184, in: HJb 105 (1985). [8]
Wolter, H.: Friedrich Barbarossa und die Synode zu Pavia im Jahre 1160, in: Vollrath, H./Weinfurter, St. (Hg.): Köln, Stadt und Bistum in Kirche und Reich des Mittelalters. FS O. Engels (1993). [6]
Wulz, W.: Der spätstaufische Geschichtsschreiber Burchard von Ursberg (1982). [11, 12]
Wurst, O.: Bischof Hermann von Verden. 1148–1167 (1972). [5, 6]

Zeillinger, K.: Das erste Roncaglische Lehnsgesetz Friedrich Barbarossas, das Scholarenprivileg (Authentica habita) und Gottfried von Viterbo, in: RHMitt 26 (1984). [7]
Zeillinger, K.: Friedrich I. Barbarossa, Manuel I. Komnenos und Süditalien in den Jahren 1155/56, in: RHMitt 27 (1985). [5]
Zerbi, Papate, Impero e »Republica Christiana« dal 1187 al 1198 (^{2}1980). [9]
Zielinski, H.: Zu den Urkunden der beiden letzten Normannenkönige Siziliens, Tankreds und Wilhelms III. (1190–1194), in: DA 36 (1980). [9]

Zielinski, H.: Zum Königstitel Rogers II. von Sizilien (1131–1154), in: AK Beihefte 18 (1982). [2, 3, 5]

Zillmann, S.: Die welfische Territorialpolitik im 13. Jahrhundert (1975). [12]

Zimpel, D.: Die Bischöfe von Konstanz im 13. Jahrhundert (1990). [11, 12]

Zinsmaier, P.: Beiträge zur Diplomatik der Urkunden Friedrichs II., in: DA 41 (1985). [11–13]

Zinsmaier, P.: Miszellen zu den Stauferurkunden des 12. und 13. Jahrhunderts, in: DA 36 (1980), 37 (1981), 38 (1982). [3–13]

Zöllner, E. (Hg.): Das babenbergische Österreich (976–1246), (1978). [1–13]

Namen- und Sachregister

Aachen 33, 50, 59, 63, 72, 88, 89, 120 f., 132, 143, 146, 156, 158
–, Marienstift 127
–, Pfalz 110
Aaron, Hoherpriester 176
Absalon, Bf. v. Roskilde 86
Achalm 18
Acht (Reichsacht, Oberacht) 27, 29–31, 38, 62, 73, 98, 118, 124, 168, 179
Adalbert I., Ebf. v. Bremen 14
Adalbert I., Ebf. v. Mainz 20, 22 f., 25 f., 30
Adalbert II., Ebf. v. Mainz 35
Adela v. Vohburg, Gattin Ks. Friedrich Barbarossas 9, 66
Adelheid, Gattin Kg. Rudolfs v. Rheinfelden 15
Adelheid, Verlobte Richard Löwenherz' 130
Adelphus, Johannes 196 f.
Adelshaus (Hausmacht, Hausverständnis; vgl. Askanier, Babenberger, Salier, Staufer, Welfen, Zähringer) 9, 11–13, 51 f., 110, 187 f., 192
Admont, Kl. 44
Adolf v. Altena, Ebf. v. Köln 137, 142 f., 145–147
Adolf III., Gf. v. Holstein 128
Adolf, Gf. v. Berg 159
Ätna 192
Agnes, Gattin Hzg. Friedrichs I. v. Schwaben 9, 15, 21 f., 31
Agnes v. Saarbrücken, Gattin Hzg. Friedrichs II. v. Schwaben 30
Agnes, Gattin Hzg. Bertholds v. Zähringen 15
Agnes, Gattin Hzg. Wladislaws II. v. Polen 43
Agnes, Gattin Pfgf. Heinrichs v. Braunschweig 133
Akkon 127, 132, 139, 174 f.
al-Kamil, Sultan v. Kairo (1218–1238) 175
al-Mansur, Kalif (1184–1199) 135
Albero v. Montreuil, Ebf. v. Trier 33, 35
Albert Azzo II. v. Este, Mgf. 19
Albert v. Brabant, Bf. v. Lüttich 132
Albrecht „der Bär", Mgf. und Hzg. v. Sachsen 33, 38 f., 51, 115, 125
Albrecht v. Meißen, Pfgf. 60
Albrecht, Gf. v. Arneburg 125
Alemannensteuer 136
Alessandria 92
Alexander III. (Roland Bandinelli), Papst (1159–1181) 73, 80, 82–94, 96, 104 f.
Alexander IV., Papst (1254–1271) 188 f.
Alexander v. Roes 138
Alexios III. Angelos, byz. Ks. (1195–1203) 135 f.
Alexios IV. Angelos, byz. Ks. (1203–1204) 146
Alfons VIII., Kg. v. Kastilien (1158–1214) 117, 128
Alfons X., Kg. v. Kastilien und Ks. (1221/1257–1284) 177, 189 f.
Almohaden 135
Almoraviden 135
Altdorf (bei Weingarten) 18, 31
Altdorf (Franken) 28 f.
Altmark 125
Alzey 23
Amadeus, Gf. v. Genf 48
Amalrich II., Herr u. Kg. v. Zypern u. Jerusalem (1194/1197–1205) 139
Ammergau 31
Anagni, Vorfrieden v. 1176 92–94
Anaklet II., Papst (1130–1138) 29, 41
Anastasius IV., Papst (1153–1154) 66
Ancona, Mark 134, 141 f., 147, 173, 175, 182, 189
–, Stadt 70 f., 91
Andechs, Gfn. v. 114, 147 f.
Annweiler 23
Anselm, Bf. v. Havelberg, Ebf. v. Ravenna 45, 68 f.
Appelt, Heinrich 55
Approbation der Königswahl 63, 144, 151, 154 f.
Apulien, Hzm. 43, 65, 106, 128
Aquapendente 55, 104
Aquitanien, Hzm. 143
Aragon, Krone 117, 138, 151, 189, 191

Archipoeta 94
Arelat, regnum Arelatense 108
Arles 108
Armenien, Kgr. 136
Arnold II., Ebf. v. Köln 47, 50, 57
Arnold v. Brescia 70
Arnsberg, Gfn. v. 120
Arthur, Hzg. der Bretagne 130
Askanier 125
–, Hausgut/Hausmacht 125 f.
Assisen v. Capua 169–171
Augsburg 17, 161
–, Kirche v., Bf. 68, 109, 163
Augustale 179
Augustus, Ks. 177

Baar 18
Babenberger 24 f., 39, 42–45, 73 f., 89, 112–114, 137, 168 f.
–, Selbstverständnis 24, 112
–, Hausgut/Hausmacht 114
Backnang, Stift 18
Baden, Mkgfn. v. 163
Baden-Baden 18
Balduin II., lat. Ks. v. Konstantinopel (1228–1261) 180
Balduin V., Gf. v. Hennegau 114, 125
Balduin VI., Gf. v. Hennegau 125
Bamberg 30, 47, 147, 152, 155
–, Kirche v., Bf. 21
–, Reichstag v. 1138 33
–, Reichstag v. 1169 91
Barcelona 191
Barcelona, Gfn. v. 105
Bari 73, 175
–, Reichstag v. 1195 134
Barletta 172
Barraclough, Geoffrey 201
Basel 161
Bayern 21, 38, 39, 109, 114, 191, 194
–, Herzogsgewalt in 11, 15, 38–40, 45, 60–62, 64, 73 f., 107, 111–113, 115, 118, 147
Beatrix v. Burgund, Gattin Ks. Friedrich Barbarossas 72 f., 79, 108, 110, 127
Beatrix, Gattin Ks. Ottos IV. 148 f., 153
Beatrix, Gattin Hzg. Ottos v. Andechs-Meran 127
Beauvais 83
Beaux, Gfn. v. 108
Béla II., Kg. v. Ungarn (1131–1141) 44
Béla III., Kg. v. Ungarn (1172–1196) 127
Below, Georg v. 96
Benevent 72, 91
–, Vertrag v. 1156 73–76, 80 f., 104, 106, 141, 151, 170, 172
–, Schlacht v. 1266 191
Berard, Ebf. v. Bari 152
Berengaria, Tochter Kg. Sanchos VI. v. Navarra 130
Berenguela, Tochter Kg. Alfons' VIII. v. Kastilien 127, 130
Bergamo 82
Bernhard II., Hzg. v. Sachsen 14
Bernhard v. Anhalt, Hzg. v. Sachsen 113, 119 f., 125 f., 131, 142
Bernhard v. San Clemente, Kardinalpriester, Legat 80
Bernhard, Ebf. v. Bari, Legat 152
Bernhard, Abt v. Clairvaux 39 f., 67
Bertha v. Sulzbach/Irene, Gattin Ks. Manuels I. 41–43, 45 f., 65
Berthold IV. v. Andechs, Hzg. v. Meranien 147 f.
Berthold v. Zähringen, Hzg. v. Kärnten 15
Berthold II. v. Zähringen, Hzg. in Schwaben 15 f.
Berthold III., Hzg. v. Zähringen 19
Berthold IV., Hzg. v. Zähringen 48 f., 58, 60, 63, 87, 108, 120
Berthold V., Hzg. v. Zähringen 143
Berthold v. Rheinfelden, Hzg. in Schwaben 15 f.
Berthold, Mgf. v. Hohenburg 189
Berthold, Gf. im Breisgau 9
Berthold v. Teck, Bf. v. Straßburg 160
Besançon, Reichstag v. 1157 79 f., 82
Bethlehem 88, 175, 182
Bianca Lancia, Mgfn. 189
Billunger 18, 20, 33
Bingen 23
Biondo, Flavio 193
Bischofsstuhlbesetzung, Recht auf 36 f., 60, 63, 67 f., 109, 126, 154, 171, 181
Bismarck, Otto v. 200

Bitonto 175 f.
Böhmen, Hzm. 27
–, Kgr. 43 f., 78, 115
Böhmer, Johann Friedrich 198
Boleslaw III., Hzg. v. Polen 43
Bologna
–, Rechtsschule v. 99, 171
–, Universität 158
Bonifaz, Mgf. v. Montferrat 146
Boppard 23, 163, 189
Boris, ungarischer Thronprätendent 44
Boso, Kard. 70
Bouvines, Schlacht v. 1214 154, 156
Brabant, Hzge. v. 50, 114, 125, 132
Brandenburg, Mark 125 f., 166, 199
Braunschweig 40, 130, 146, 166
–, Herzogssitz 110, 117
Braunschweig-Lüneburg, Hzm. 165
Bregenz 108
Bregenz, Gfn. v. 108
Breisach 160
Breisgau, Gft. 18 f.
Bremen 166
–, Kirche v., Ebf. 50, 59, 78, 115, 163
Brennerpaß 107 f.
Brescia 82, 180
Brindisi 72 f., 174 f.
Bruchsal 49
Bruno, Bf. v. Speyer 20
Buchhorn, Gfn. v. 18
Bünau, Heinrich Gf. v. 197
Bündner Pässe 108
Büren (= Wäschenbeuren?) 9 f.
Burchard II., Bf. v. Worms 23
Burchard v. Ursberg 148
Burchard, Kapellan 84
Burckhardt, Jacob 198
Burgund 18, 52, 73
–, Gft. 108
–, Pfgft. 147
–, Rektorat 29, 55, 87, 108, 157
Bursfeld, Kl. 49
Butera 73
Byzanz, byz. Kaiserreich 41–46, 59, 61, 64–66, 68 f., 71 f., 75, 78, 89 f., 90, 92, 116, 135, 146

Caesarius v. Heisterbach 160
Calixt III., Papst (1168–1178) 91
Canossa 15, 94
Capua 169 f.
Carrión de los Condes 127
Carroccio 180
Cefalú, Kirche v. 176
Cencius (s. a. Honorius III.) 141
Ceprano 177
Cham 51
Chemnitz 107
Chiavenna 92, 115 f.
Chiogga 93
Christian v. Buch, Ebf. v. Mainz 86, 90, 92, 105, 110
Chur 152
–, Kirche v., Bf. 108
Churrätien, Gft. 108
Clemencia, Gattin Hzg. Heinrichs „des Löwen“, 40, 87
Clemens III., Papst (1187–1191) 105 f., 128
Clemens IV., Papst (1265–1268) 191
Coelestin III., Papst (1191–1198) 106, 129–131, 135 f.
Como 98, 100
Confoederatio cum principibus ecclesiasticis (v. 1220) 161, 164
Constans, Sohn Ks. Konstantins d. Großen 139
Constitutum Constantini 75–77, 90
Contado 97, 104
Corpus iuris civilis 158
Corradino s. Konradin
Cortenuova, Schlacht v. 1237 180
Corvey, Kl. 49 f.
Cremona 103, 180
–, Reichstag v. 1226 172 f.

Dachau, Gfn. v. 39
Dalmatien, Hzm. 114
Dante Alighieri 194
Dauphiné, Gfn. v. 108
David, Kg. v. Israel 175 f.
–, Königshaus 175 f.
Davidskönigtum 149, 175 f.
Defensa 179
Dekretalensammlung 177
Deutscher Ritterorden 139, 166 f., 174
Devolutionsrecht 172
Diepoldinger 51
Dießen, Gfn. v. 147
Dietrich v. Niem 195 f.
Dietwin, Kardinalbischof v. Sancta Rufina 33 f.

Dijon 85
Dionysius, frz. Reichsheiliger 89
Dôle, Synode v. 1162 85 f.
Dritter Orden der Franziskaner s. Tertiare
Droysen, Johann Gustav 198
Dürnstein 132
Duisburg 121
Durazzo 135

Eberhard I., Ebf. v. Salzburg 81, 83
Eberhard II., Bf. v. Bamberg 63, 81
Edelfreie 123
Edessa 42
Edmund, Sohn Kg. Heinrichs III. v. England 190 f.
Eduard „der Bekenner", angelsächs. Kg. (1042–1066) 89
Egeno V., Gf. v. Freiburg 163
Eger 51, 110, 155
Eichstätt, Bm., Bf. 67
Eike v. Repgow 101, 126
Einschildritter 123
Eisenach 29
Ekbert v. Andechs, Bf. v. Bamberg 147 f.
Ekkehard, Abt v. Aura 24
Eleonore v. Aquitanien, Gattin Kg. Heinrichs II. v. England 130, 133, 145
Eleonore, Gattin Kg. Alfons' VIII. v. Kastilien 117
Eleonore, Tochter Kg. Heinrichs II. v. England 88, 90
Elisabeth, Gattin Kg. Konrads IV. 186, 189
Elsaß 10, 21 f., 27, 29 f., 79, 160, 165
Embricho, Bf. v. Würzburg 28, 41, 47
Emmerich, Kg. v. Ungarn (1196–1204) 146
Engelbert I., Ebf. v. Köln 159 f.
Enzio (Heinrich), Kg. v. Sardinien (1238–1272) 180 f., 184, 186, 189
Erbreichsplan 121, 126, 136–138
Erfurt, Reichstag v. 1181 119
–, Fürstentag v. 1196 136
Erlung, Bf. v. Würzburg 20–23
Eskil, Ebf. v. Lund 78 f.
Este 32
Estland 166
Eticho, Urahn der Welfen 31
Eugen III., Papst (1145–1153) 42, 44–46, 59, 62–65, 68 f., 75, 77

Ficker, Kaspar Julius v. 96, 200
Fischbeck, Stift 50
Flächenstaat, territorialer 10, 12–14, 111
Flandern, Gft., Gfn. v. 122, 125, 132
Flochberg, Schlacht v. 1150 40
Florenz 189
Fodrum 81, 101
Foggia 174
Foligno 142
Folmar, Ebf. v. Trier 122
Forchheim, Fürstentag v. 1077 15
Franken (s. a. Rheinfranken, Ostfranken) 16, 23, 27, 52
–, Volk 14
–, Herzogsgewalt in 19
Frankfurt 39
–, Reichstag v. 1147 39 f.
–, Wahlversammlung v. 1152 56–59
–, Nachwahl v. 1212 153
–, Wahlversammlung v. 1220 157, 159
–, Reichstag v. 1234 163
–, Wahlversammlung v. 1257 190
Franz I., Ks. v. Österreich 199
Fraticellen 193
Freiburg/Br. 18
Friedberg 110
Friedrich I., „Barbarossa", röm. Ks. (1152–1190) 9, 35 f., 40, 47 f., 52, 54–56, 58–99, 101–105, 107–111, 113, 115–119, 121–127, 130, 132, 135, 138, 147, 155
Friedrich II., (Konstantin), Kg. v. Sizilien (1198–1250), röm. Ks. (1212–1250) 127 f., 136–139, 141 f., 148–188, 190, 192 f., 195–200, 202
Friedrich III., Kg. v. Sizilien (1296–1337) 193
Friedrich, erster Staufer in Schwaben 9
Friedrich, „filius Friderici", schwäb. Pfgf. 9
Friedrich v. Büren, Gf. im Riesgau 9
Friedrich I., Hzg. v. Schwaben 9 f., 17, 19, 21, 23 f.

Friedrich II., Hzg. v. Schwaben 19, 21 f., 25–31, 40, 49, 52 f., 109
Friedrich IV., Hzg. v. Schwaben 56, 59, 110
Friedrich V., Hzg. v. Schwaben 88, 110, 116
Friedrich VI. (Konrad), Hzg. v. Schwaben 110, 127
Friedrich II. „der Streitbare“, Hzg. v. Österreich 168
Friedrich „v. Antiochien“, Generalvikar Ks. Friedrichs II. 189
Friedrich „der Freidige“ 193
Fulda, Abt. v. 163

Gebhard v. Henneberg, Bf. v. Würzburg 23
Geisa II., Kg. v. Ungarn (1141–1162) 42, 44, 78
Gelnhausen 110, 118, 123
–, Reichstag v. 1180 118
–, Versammlung v. 1186 123
Gelnhäuser Urkunde (v. 1180) 111, 118
Generalkapitäne 169, 181
Generalvikariat 181
Genf, Kirche v. 87
Genua 85, 138, 171, 181, 183 f.
Gerhoh, Probst v. Reichersberg 36
Gerold, Patriarch v. Jerusalem 175
Gertrud v. Sulzbach, Gattin Kg. Konrads III. 30
Gertrud, Gattin Hzg. Heinrichs „des Stolzen“ 25, 33, 40, 50
Gertrud, Gattin Hzg. Vladislavs v. Böhmen 44
Gertrud (Fides), Gattin d. rhein. Pfgf. Hermann v. Stahleck 109
Gervasius v. Tilbury 57
Ghibellinen 181, 183, 190–195
Giengen 49
Gislebert v. Mons 57
Gnesen, Kirche v. 78
Göppingen 9
Görres, Joseph v. 198
Goldbulle v. Eger (v. 1213) 154 f.
Goldbulle v. Rimini (v. 1226) 167
Goldene Freiheit (v. 1168) 111–113
Golgatha 140
Goslar 49, 165
–, Reichstag v. 1126 27
–, Reichstag v. 1154 60 f., 69, 73 f.
Gotha 29
Gotland 61
Gottesfrieden 113
Gottfried II., Hzg. v. Brabant 50
Gottfried, Gf. v. Calw, rhein. Pfgf. 21, 30, 36 f.
Gottfried v. Hohenlohe 163
Gottfried v. Viterbo 94, 107, 121, 135, 137, 139
Gotthardpaß 108, 161
Grafenamt 11–14, 20, 35
Gravina, Konkordat v. 1192 129, 132, 141
Gregor VII., Papst (1073–1085) 10, 15, 56, 82
Gregor IX. (Hugo v. Ostia), Papst (1227–1241) 162 f., 168, 174, 177, 180–184
Guarda 32
Guastalla 32
Guelfen 190, 192 f., 195
Guido v. Praeneste, Kardinallegat 145

Habsburger 29
Hadrian IV., Papst (1154–1159) 59, 66, 69–73, 75 f., 78–82, 93, 104, 106, 144
Hagenau 10, 157 f., 170
Halberstadt, Kirche v., Bf. 26, 115
Halitsch, Fsn. v. 42
Hameln 117
Hampe, Karl 55, 201
Hanse 167
Hartwich v. Stade, Ebf. v. Bremen 59 f., 69
Harzburg 154
Hauteville 176
Heer, Friedrich 201
Heerschildordnung 123 f., 169
Heilbronn 38
Heiliger Wald 10
Heiliges Land 27, 46, 116, 126, 132, 136, 139 f., 142, 173, 175, 180
Heinrich I., Kg. des Ostfrankenreiches (919–936) 200
Heinrich III., röm. Ks. (1036–1056) 14, 199
Heinrich IV., röm. Ks. (1056–1105/6) 9 f., 14–21, 34, 38, 41, 48, 52, 56, 68, 74, 96, 113

Heinrich V., röm. Ks. (1106–1125) 19–26, 28f., 35–37, 47, 52, 63, 68
Heinrich (VI.), röm. Kg. (1147–1150) 39, 44, 46
Heinrich VI., röm. Ks. (1169/1190–1197) 91, 94, 19–107, 110, 122, 126–140, 144–146, 149f., 152, 156, 159, 176
Heinrich (VII.), röm. Kg. (1222–1235) 152, 156–167, 169, 172, 176f.
Heinrich Raspe, röm. Kg. (1246–1247) 186
Heinrich II., Kg. v. England (1154–1189) 84, 86–90, 116f., 122f., 130
Heinrich III., Kg. v. England (1216–1272) 168, 190f.
Heinrich IX., „der Schwarze", Hzg. v. Bayern 18f., 30–32, 56
Heinrich X. „der Stolze", Hzg. v. Bayern 25, 27, 30, 32–34, 36, 38, 40
Heinrich XI. „der Löwe", Hzg. v. Bayern und Sachsen 38–41, 43, 50, 53, 57f., 60–62, 65, 67, 73f., 80, 87f., 90, 92, 107–110, 113–119, 122–125, 127f., 130f., 133, 142, 165–167, 200
Heinrich II. „Jasomirgott", Hzg. v. Bayern und v. Österreich 39, 44f., 50, 61f., 64, 69, 73f., 78, 112
Heinrich I., Hzg. v. Brabant 145
Heinrich II., Hzg. v. Brabant 186
Heinrich, Sohn des Eticho 31f.
Heinrich der Champagne, Pfgf. 139
Heinrich v. Braunschweig, rhein. Pfgf. 131f., 145f., 165f.
Heinrich, Mgf. v. Istrien 147
Heinrich IV. „der Blinde", Gf. v. Namur und Luxemburg 120, 122
Heinrich, Gf. v. Schwerin 166
Heinrich, Sohn Friedrichs II. 187
Heinrich, Kardinalpriester v. St. Nereus und Achilleus 80
Heinrich I., Ebf. v. Mainz 49, 57, 67, 109
Heinrich v. Kalden, Reichsmarschall 136
Heinrich v. Langenstein 192
Heinrich v. Neuffen 160
Heinrich v. Wiesenbach (Würzburg) 47
Helena, Gattin v. Manfreds v. Sizilien 191
Helmold v. Bosau 38
Hennegau 132
–, Gft., Gfn. v. 120, 125
Hermann v. Stahleck, rhein. Pfgf. 109
Hermann, Lgf. v. Thüringen 146
Hermann v. Salza, Hochmeister des Deutschen Ordens 174f., 177, 181
Hermann, Bf. v. Münster 143
Herzogsamt, Herzogtum (vgl. Stammesherzogtum) 11, 16f., 29, 36, 38, 50, 53, 112–115, 121
Hessen, Gft. 36, 186
Hildegard, Gattin Friedrichs v. Büren 9f.
Hildesheim, Kirche v., Bf. 50, 61, 67
Hofen, Kl. 18
Höfler, Constantin 198
Hohenbaden 18
Hohenstaufen 9f.
Hohenzollern 198f.
Hohkönigsburg 10
Holstein 146
Honor imperii 64, 75
Honorius II., Papst (1124–1130) 29
Honorius III., Papst (1216–1227) 156–158, 166, 170, 173
Hugo v. Ostia s. Gregor IX. 156
Humbert, Gf. v. Savoyen 117
Humbert, Ebf. v. Besançon 72
Huneburg, Gfn. v. 30
Hyazinth, Kardinaldiakon v. S. Maria in Schola greca 80

Ichtershausen 143
Immunitätsprivileg 100
Imperatura 142
Imperium und Sacerdotium (vgl. Kaisertum) 54, 56f., 63–66, 75–77, 79f., 82–85, 93f., 139, 144, 177, 181, 185, 188
Innominatvertrag 143, 154
Innozenz II., Papst (1130–1143) 29, 31, 34, 41, 49, 73, 94, 106
Innozenz III., Papst (1198–1216) 105, 130, 141, 143–157, 166, 182

Innozenz IV., Papst (1243–1254) 183f., 187f., 190f.
Investiturstreit 34, 56, 76, 188, 199
Irene, Gattin Ks. Manuels I., s. Bertha v. Sulzbach
Irene/Maria, Gattin Rogers, Gattin Kg. Philipps v. Schwaben 129, 135
Isaak II. Angelos, Ks. v. Byzanz (1185–1195, 1203–1204) 129, 146
Isabella v. England, Gattin Friedrichs II. 168
Isabella v. Jerusalem, Gattin Ks. Friedrichs II. 173
Istrien, Mkgfn. v. 114
Jakob I., Kg. der Krone Aragon 188
Jerusalem 126, 135, 138–140, 149, 175f., 184
–, Kgr. v. 139, 174–177, 187
–, Deutsches Hospital 139
Jesi 136, 182
Jesus v. Nazareth 175f.
Joachim, Abt v. Fiore 180
Johann „ohne Land", Kg. v. England (1199–1216) 133, 145, 153f.
Johann I., Ebf. v. Trier 142
Johanna, Gattin Kg. Wilhelms II. v. Sizilien 129
Johannes der Täufer 182
Johannes II. Komnenos, Ks. v. Byzanz (1118–1143) 31, 41f., 95
Johannes III. Vatatzes, Ks. v. Nicaea (1222–1254) 180
Johannes v. Brienne, Kg. v. Jerusalem (1210–1225), lat. Ks. v. Konstantinopel (1231–1237) 174
Johannes v. Salisbury, (seit 1176) Bf. v. Chartres 86
Johannes v. Winterthur 195
Johanniter 139
Jordan, Karl 74
Judith, Gattin Ks. Ludwigs des Frommen 32
Judith, Gattin Hzg. Friedrichs II. v. Schwaben 19, 28
Judith, Gattin Hzg. Matthäus' v. Oberlothringen 49
Justinian I., byz. Ks. (527–565) 54f., 89, 158, 177
Kärnten, Hzm. 18
Kaiserkrönung 59, 63–65, 70f., 101, 105f., 130f., 136, 144, 148, 152f., 155f., 158
Kaiserprophetie 135, 139f., 176, 180, 197
Kaiserslautern 23
Kaisertum, theoretische Begründung (vgl. Imperium und Sacerdotium) 34, 37, 54, 70, 75–77, 84–86, 88–90, 94f., 107, 135, 137, 144f., 142, 155f., 176, 179, 182f.
–, Rom als Ursprung des Kaisertums 34, 75, 77, 84f., 94f., 179, 191
Kanonisation 32, 88f.
Kapetinger 89, 116f., 127, 159, 168
Karl der Große, Kg. und Ks. (768–814) 71, 77, 88f., 95, 126, 135, 144, 156, 195, 201
Karl IV., röm. Ks. (1346–1378) 195
Karl v. Anjou, Kg. v. Sizilien (1265–1282) 190f., 200
Karolinger 89, 95
Kemnade, Kl. 50
Kiew, Großfsn. v. 42
Kilidj Arslan II., Sultan v. Ikonium (1156–1192) 92, 116
Kinnamos, Johannes 42, 71
Kirchenhoheit des Königs
–, in Deutschland 20, 34, 36f., 60f., 154
–, in Sizilien 73, 129, 171f., 181, 187
Kirchenstaat 70, 75–77, 81f., 93f., 104f., 131, 141, 143, 154, 173, 177, 181–189
Kirchheimbolanden 23
Knut V., Kg. v. Dänemark (1154–1157) 60
Knut VI., Kg. v. Dänemark (1182–1202) 127, 166
Koblenz, Wahlversammlung v. 1138 33–35, 38
Kochergau 22
Köln 87, 121, 153
–, Bürger 143
–, Kirche v., Ebf. 50, 117, 119f., 127, 130, 132, 143
–, Hzm. des Ebf. 50f., 111, 114, 119–122, 132, 143, 145, 159f.

Königsbrück 53
Königserhebung, Königswahl 25–27, 32–35, 39, 56–59, 67, 80, 91, 105f., 110, 128, 136f., 142, 144, 150, 154, 168, 172, 185
Komburg, Kl. 21f.
Kommunen, kommunale Autonomiebewegung (vgl. Städtepolitik der Staufer) 97f., 102–105, 173, 179, 184, 200
Konrad III., röm. Kg. (1138–1152) 21f., 25, 27f., 30, 32–57, 62f., 65, 69, 71f., 74, 78, 94, 107, 109–111, 114, 125
Konrad IV., röm. Kg. (1250–1254) 157, 161, 168, 172, 175–177, 180, 185–188, 198
Konrad, Hzg. v. Rothenburg und v. Schwaben 127, 130
Konrad, Hzg. v. Masowien 167
Konrad, rhein. Pfgf. 109f., 127, 133
Konrad II., Gf. v. Dachau 58
Konrad II., Ebf. v. Salzburg 87
Konrad v. Hochstaden, Ebf. v. Köln 185f.
Konrad v. Wittelsbach, Ebf. v. Mainz 87f., 130, 138f., 142, 144
Konrad, Bf. v. Konstanz 32
Konrad, Bf. v. Metz/Speyer 159
Konrad v. Urslingen 134
Konrad v. Winterstetten 160
Konradin, Sohn Kg. Konrads IV. 189, 191, 193f., 198, 200
Konstantin I. der Große, Ks. (324–337) 139, 174
Konstantinische Schenkung s. Constitutum Constantini
Konstantin, ursprünglicher Name für Ks. Friedrich II.
Konstantinopel 45, 69, 72, 116, 128
–, Eroberung v. 1204 146
–, lat. Kaiserrich 155
–, Patriarchat 45
Konstanz 48, 103, 152, 161
–, Kirche v., Bf. 152
–, Vertrag v. 1153 61, 63–67, 69f., 74f., 77, 81
–, Friede v. 1183 96f., 103
Konstanze, Gattin Ks. Heinrichs VI. 105f., 122, 128f., 131, 134, 141f., 150, 157f., 194
Konstanze, Gattin Ks. Friedrichs II. 151f., 156–158
Konstanze, Gattin Kg. Peters III. der Krone Aragon 191
Konstitutionen v. Clarendon 87
Konstitutionen v. Melfi 177f.
Konsuln 97, 99, 102f.
Konzil 82–86
Korfu 42
Korner, Hermann 196
Korsika 81
Kreuzzug
–, Erster 97
–, Zweiter 39f., 42–44, 53, 71
–, Wenden- 40, 60
–, Dritter 126–129, 131f., 156
–, Vierter 146, 155
–, nach Damiette 156f.
–, „Kreuzzug" Friedrichs II. 156, 160, 169, 172–177
–, Ludwigs IX. 186
–, geplante Kreuzzüge
  –, 1149/50 46
  –, 1165 88
  –, 1176 92
  –, 1195 135
  –, 1198 136, 138, 142, 156
  –, 1236/7 180
  –, 1245 184
Kroatien, Hzm. 114
Kulmer Handfeste v. 1233 167
Kulmer Land 167
Kurfürsten 144, 168, 192
Kyffhäuser 107, 196

Landfriede, Landfriedewahrung 17, 29, 50f., 100, 113, 115, 159, 164f., 169
Landgrafschaft (vgl. Reichslandvogtei) 29
Landrecht 74, 115, 118f., 121, 124
Langnau, Stift 18
Langobardien 43
Legisten 188
Legnano, Schlacht v. 1176 92
Lehnswesen, Lehnrecht 14f., 36, 38, 40, 50–52, 74, 98–101, 107, 112, 114, 117, 119, 121, 123f., 126, 136f., 170
Leibniz, Gottfried Wilhelm v. 197
Leihezwang 119, 124
Leitha, Schlacht a. d. v. 1146 44
Leo, Heinrich 198

Leopold III., Mgf. v. Österreich 24, 43f.
Leopold IV., Mgf. v. Österreich, Hzg. v. Bayern 38f., 43f.
Leopold V., Hzg. v. Österreich 132f.
Leopold VI., Hzg. v. Österreich 160
Liber augustalis s. Konstitutionen v. Melfi
Liber censuum 141
Ligurinus 57
Limburg (bei Weilheim) 18
Limburg (Weinstraße), Burg und Kl. 20
Limburg a. d. Maas 50
Limburg, Hzge. v. 50, 114, 159
Lindau 108
Liudolfinger 14
Livland 166
Lochgarten 53
Lodi 98, 100, 130
Löwen, Hzge. v. s. Brabant, Hzge. v.
Lombardei 145, 180
Lombardenbund 91–93, 97, 102f., 116, 142, 168, 173, 179f.
–, *Rectores* 102
London, Westminster-Abtei 89
Lorch, Kl. 10, 24
Lorenz, Ottokar 200
Lorsch, Kl. 49, 53, 185
Lothar III., röm. Ks. (1125–1137) 19f., 25–32, 34–36, 38, 41, 43, 45, 49f., 52–54, 61, 63–65, 78, 98, 106, 114f., 202
Lothar v. Hochstaden, Bf. v. Lüttich 132
Lothringen s. Ober- und Niederlothringen
Lucca 86
Lucera 171
Lucius III., Papst (1181–1185) 105f.
Ludolf, Ebf. v. Magdeburg 125f.
Ludowinger 29
Ludwig der Fromme, Ks. (814–840) 32
Ludwig der Bayer, röm. Ks. (1314–1347) 193–195
Ludwig VII., Kg. v. Frankreich (1137–1180) 42, 84–87, 94
Ludwig VIII., Kg. v. Frankreich (1223–1226) 154
Ludwig IX., Kg. v. Frankreich (1226–1270) 163, 177, 183, 186
Ludwig I., Hzg. v. Bayern 147, 160, 163
Ludwig II., Hzg. v. Oberbayern 191
Lübeck 130, 166f.
–, Erhebung zur Reichsstadt 119, 167
–, Kirche v., Bf. 61
Lüneburg 130
–, Michaelskloster 31
Lüttich, Kirche v., Bf. 132, 185
Lund, Kirche v., Ebf. 78
Luxemburg (Lützelburg), Gfn. v. 10
Luxemburger 195
Lyon 186
–, Kirche v., Ebf. 108
–, Allgemeines Konzil v. 1245 184

Machiavelli, Niccolò 193, 195
Magdeburg
–, Kirche v., Ebf. 63f., 67f., 78, 115
–, Hoftag v. 1179 118
Magnus, Hzg. v. Sachsen 18
Mailand 28f., 76, 80, 82–88, 97–100, 102f., 105, 117, 131f., 173, 180
Mainz 20, 30, 49, 87, 109, 143, 146, 153
–, Kirche v., Ebf. 22, 29, 33, 35, 49, 61, 67, 109f., 130, 159, 185
–, Wahlversammlung v. 1125 25f., 57
–, geplante Wahlversammlung v. 1138 32
–, Hoffest v. 1184 122
–, „Hoftag Jesu Christi" v. 1188 123, 128
–, Hoftag v. 1196 136
–, Reichstag v. 1235 164f.
Manfred, Kg. v. Sizilien (1258–1266) 187, 189–194
Mansfeld 20
Manuel I. Komnenos, Ks. v. Byzanz (1143–1180) 41–46, 61, 64–66, 68, 71f., 74, 89–92, 116
Margarete, Gattin Kg. Heinrichs (VII.) 160, 169
Margarete v. Blois, Gattin Pfgf. Ottos v. Burgund 127
Maria, Gattin Kg. Philipps v. Schwaben, s. Irene
Maria v. Brabant, Verlobte Kg. Ottos IV. 145

Maria, Gattin Hzg. Leopolds III. v. Österreich 44
Markward v. Annweiler 134, 140–142, 146, 150
Mathilde, Gattin Ks. Heinrichs V. 23 f.
Mathilde, Gattin Hzg. Heinrichs „des Löwen" 88, 90, 115 f.
Mathilde, Mgfn. v. Tuszien 19, 21
Mathildische Güter 21, 28–30, 32, 58, 80 f., 93, 100, 134, 141
Matthäus, Hzg. v. Oberlothringen 49, 72
Mayer, Theodor 12
Meißen, Mgft. 137
Meranien, Hzge. v. 58, 114
Merseburg
–, Reichstag v. 1152 59–61
–, Reichstag v. 1189 128
Messina 129 f., 139
Metz, Kirche v., Bf. 110
Mignano, Friede v. 1139 41, 46, 73
Minden 90
–, Kirche v., Bf. 50, 61, 67
Ministeriale 14, 35, 47 f., 51 f., 61, 123, 134, 141, 144, 148, 160, 165
Möser, Justus 197
Montaperti, Schlacht v. 1260 190
Montebello, Friedensverhandlungen v. 1175 92, 102
Montecassino, Kl. 54
Montecristo, Seeschlacht v. 1241 183
Monza 28, 100
Mousson-Mömpelgard, Gfn. v. 9
Mühlhausen (Thüringen) 30, 143
München 107
Münsterdreisen 22, 53
Munz, Peter 55
Myriokephalon, Schlacht v. 1176 92

Namur, Mgft., Mkgfn. v. 114, 122, 125, 132
Nazareth 175
Neapel 129, 131, 139, 191
–, Universität 171
Neuburg, Kl. 53
Neuenburg (am Rhein) 160
Neuenburg (bei Rothenburg o. d. T.) 22, 28
Neuß, Eide v. 1201 145, 148 f.
Nicaea, byz. Kaiserreich 155
Nidaros/Drondheim, Kirchenprovinz 78
Niederlande 120
Niederlothringen 27
–, Herzogsgewalt in 11 f., 16, 50, 111
Niederrhein, Städte am 156
Nierstein 23
Niketas, Ebf. v. Nikomedien 45
Nordgau, bayer. 51
Nordmark 125
Nowgorod 166
Nürnberg 21, 26–28, 34, 51, 110, 160
Oberlothringen 20, 27
–, Herzogsgewalt in 30
Obotriten, Fürsten der 119
Ochsenhausen, Priorat 18
Offenburg 18, 160
Oldenburg, Kirche v. 61
Oppenheim 23
Österreich, Region (vgl. *Privilegium minus*) 40, 42, 113
–, Mgft. 62, 111 f.
–, Hzm. 61 f., 74, 107, 112–114, 168 f.
Ostfranken 21 f., 51, 163
–, Herzogsgewalt in (s. a. *Goldene Freiheit*, Rothenburg) 21–23, 111–113
Otto I., röm. Ks. (936–973) 11, 77, 195, 199
Otto IV., röm. Ks. (1198–1218) 142–149, 151–155, 165, 173
Otto I., bayer. Pfgf., Hzg. v. Bayern (1180–1183) 82, 99, 113
Otto II., Hzg. v. Bayern 163, 168, 185 f.
Otto, Hzg. v. Andechs-Meran 127
Otto, Hzg. v. Braunschweig-Lüneburg 165
Otto v. Wittelsbach, bayer. Pfgf. 147
Otto, Pfgf. v. Burgund 110
Otto I., Mgf. v. Brandenburg 125
Otto II., Mgf. v. Brandenburg 125
Otto, Bf. v. Freising 9 f., 21 f., 26, 32, 35, 56–58, 62, 64, 66, 68, 71, 73, 75, 95, 98, 108
Otto I., Bf. v. Würzburg 159
Otto v. St. Blasien 117
Otto, Eberhard 55
Ottokar I., Kg. v. Böhmen (1198–1230) 146

Palermo 91, 128f., 133, 136, 141f., 151
–, Kirche v., Ebf. 128, 156
Papa angelicus 182f., 193
Parma 186
Paschalis II., Papst (1099–1118) 24
Paschalis III., Papst (1164–1168) 86–88, 90f.
Patrimonium s. Petri s. *Kirchenstaat*
Pavia, Konzil v. 1160 82f.
Pegau 107
Personenverbandsstaat 10–12
Perugia 104
Peter II., Kg. der Krone Aragon (1196–1213) 151
Peter III., Kg. der Krone Aragon (1276–1285) 191, 193
Peterlingen (Payerne), Schlacht v. 1133 48
Petrus, Apostel 64
Petrus de Vinea, kaiserlicher Logothet 182, 186
Petrus v. Eboli 139
Pfalz, Region 19
Pfullendorf, Gfn. v. 108
Philipp v. Schwaben, röm. Kg. (1198–1208) 127, 134f., 142–146, 148–150, 155, 161, 177f., 189
Philipp II. August, Kg. v. Frankreich (1180–1223) 122f., 127, 129–133, 145, 151, 153f.
Philipp v. Heinsberg, Ebf. v. Köln 113, 117, 119–123, 127, 130, 143
Philipp, Gf. v. Namur 125
Phillip, Kanzler Lothars III. 47
Piacenza 98
Pietro Polani, Doge v. Venedig 31
Pisa 85, 104, 138, 148, 171, 182
Pistoja 104
Plantagenet 122
Podestà 99, 102
Poitou, Gft. 143
Polen, Hzm. 43, 78
Pommern, Hz. v. 119
Preßburg 44
Preußen 198f.
Privilegium minus v. 1156 62, 74, 107, 111f., 137
Prosapia imperialis (vgl. Kaisertum; Staufer, Selbstverständnis)
Provence 108
Preußen 166f.
Pseudo-Method 135
Pufendorf, Samuel v. 197

Radulf v. Diceto 105
Rahewin 81, 98f.
Raimund Peñafort 177
Rainald v. Dassel, Ebf. v. Köln 79, 83, 86–88, 90f., 99f.
Ratzeburg, Kirche v., Bf. 61
Raumer, Friedrich v. 197
Ravensburg 18, 31
Regalia s. Petri s. Kirchenstaat
Regalien, Regalienpolitik 76, 81, 87, 93f., 98–101, 103, 154, 161f., 164
Regensburg
–, Hoftag v. 1125 26–28, 31
–, Reichstag v. 1151 46
–, Reichstag v. 1152 61f.
–, Reichstag v. 1155 74
Regnum teutonicum 48
Reichenau, Kl. 18, 48
Reichsacht s. Acht
Reichsfürstenstand (jüngerer) 123–126, 165
Reichsgesetze Kaiser Friedrichs II. s. Confoederatio cum principibus ecclesiasticis und Statutum in favorem principum
Reichsgut, Königsgut 14, 19–22, 26, 28–32, 34–53, 107, 110, 112, 120, 124, 132, 160, 165
Reichsheilige 88f.
Reichshofrichter 165
Reichsitalien 77, 82, 91–93, 96f., 99, 101, 104, 137, 141, 164, 181, 189
Reichskanzlei 35f., 47f., 54, 64, 94, 149, 186
Reichslandfrieden
–, v. 1152 113
–, 1235 164f.
Reichslandvogtei (vgl. Landgrafschaft) 160
Reichsverweserschaft 21f., 25, 159f., 186, 189
Reichsvikariat, staufisches 22
Reims, Kirche v., Ebf. 132
Rekuperationen, päpstliche 142f., 145, 148

Remiremont, Kl. 49
Reutlingen 18
Reutte 32
Rheinecker Fehde 109
Rheinfranken 21 f., 26–28, 49
Richard v. Cornwall, röm. Kg. (1257–1272) 190
Richard Löwenherz , Kg. v. England (1189–1199) 129 f., 132 f., 135, 142 f., 145
Richard v. Acerra 128
Richenza, Gattin Ks. Lothars III. 38 f.
Rimini s. *Goldbulle v. Rimini*
Rittertum 101, 122, 135, 201
Robert Guiscard, normannischer Hzg. 41
Roger II., Kg. v. Sizilien (1130–1154) 41 f., 45 f., 60, 69, 106, 128
Roger, Sohn Rogers II., Hzg. v. Sizilien 128
Roger, Sohn Kg. Tankreds v. Lecce 129, 133
Roger, Gf. v. Andria 128
Roger v. Hoveden 145
Roland Bandinelli s. Alexander III.
Römisches Recht 96, 178, 188
Rom 45, 59, 63 f., 65, 67–71, 75, 77–82, 85, 90 f., 104, 110, 148, 152, 158, 181, 183
–, Lateran 29
–, Peterskirche 71, 91
–, Kommunalbewegung in 41 f., 45 f., 59, 70–72, 75, 81 f., 91, 102, 104–106, 181, 191
–, *Praefectus urbis* 93, 104, 141
–, Hauptstadt des Imperiums 152, 179, 181
–, *Pactum* v. 1167 91, 105
–, Konkordat v. 1188 105
–, IV. Laterankonzil v. 1215 154–156, 172
–, geplantes Konzil v. 1241 183
Romagna, Hzm. 134, 141 f.
Roncaglia, Reichstag v. 1158 80 f., 97–100, 102 f.
Rothe, Johannes 196
Rothenburg o. d. T. 21 f., 28, 110, 113
–, Hzg. v. Rothenburg s. Konrad
Rouen 87
Rudolf v. Rheinfelden, röm. Kg. (1077–1080) 15, 48
Rudolf I. v. Habsburg, röm. Kg. (1273–1291) 160, 192, 197, 200
Rudolf v. Zähringen, Elekt v. Mainz und Bf. v. Lüttich 120
Rugger, Elekt v. Würzburg 23

Saarbrücken 22, 30, 35
–, Gfn. v. 20, 22, 30, 67, 109
Sachsen 14, 19, 21, 28, 50, 61, 131
–, Herzogsgewalt in (s. a. Westfalen, Kölner Hzm.) 11, 14, 32 f., 38 f., 61, 111, 113–115, 118–120, 146
Sachsenspiegel 124
Saint Denis, Kl. 89
Saint-Jean de Losne 85 f.
Sakralnomina, Epitheta des Herrschers 53–55, 63, 182
Salem, Kl. 48
Salerno 129, 131
Salier 33, 35, 56, 95, 110, 150, 187 f.
–, Hausgut, Hausmacht 14, 19 f., 23, 25 f., 34, 49, 52
–, Städtepolitik 14 f.
Salimbene, Adam de 192
Salzburg, Kirche v., Ebf. 83, 87
San Germano
–, Vertrag v. 1225 173
–, Friede v. 1230 162, 177
Sangershausen 29
St. Pantaleon (Köln), Mönch v. 58
St. Walburg 53
Santiago de Compostela 87
Sardinien 81
–, Fürst v. 58
Schisma, päpstliches
–, 1130 29, 41, 83
–, 1159 82–94, 102, 104
Schlettstadt 10, 49
Schöffen, Schöffenbarfreie 123
Schwabach 29
Schwaben 16 f., 39, 109, 163
–, Herzogsgewalt in 11 f., 15, 30, 53, 110 f., 147, 150, 157, 160 f., 189, 199
Schwäbisch Hall, Reichstag v. 1190 114
Schwerin, Kirche v., Bf. 61
Sevilla 190

Siegfried III. v. Eppstein, Ebf. v. Mainz 185
Simon, Hzg. v. Oberlothringen 27, 30, 49
Sizilien, Kgr. 41–43, 46, 59, 63–65, 70–73, 75, 84, 90–92
–, päpstliche Lehnshoheit 37, 65, 73, 106, 152, 170, 187, 190f.
–, Rechte des Imperiums 37, 43, 65
–, Erwerb durch das Imperium 105, 128f., 134, 170, 189, 200
Sizilische Vesper 191, 193
Sobeslav I., Hzg. v. Böhmen 43
Söldner 101, 180
Sophia, Tochter Kg. Belas II. v. Ungarn 44
Sophia, Gattin Hzg. Bertholds III. v. Zähringen 19
Speyer 28, 148f., 154f.
–, Kirche v., Bf. v. 19f., 22, 110, 163
–, Versammlung v. 1199 144
Speyergau 22, 30
Spoleto, Hzm. 51, 58, 141, 147, 173, 175, 182
Springiersbach, Stift 35
Städtepolitik der Staufer
–, in Deutschland 107, 110, 119, 121, 161f.
–, in Italien (vgl. *Kommunen*) 98–100, 102f., 117, 173, 190
Stammesherzogtum 10–12, 16f., 111, 113, 123
Statutum in favorem principum (v. 1231/32) 162f., 177
Stauf, Stoph, Staufen 10, 110
Staufer 9f., 19, 37, 58, 95, 109, 127, 192–202
–, Selbstverständnis 17, 33f., 95, 107, 110, 134f., 137, 142, 144, 150, 187–189, 201
–, Hausgut, Hausmacht 9f., 16, 19, 21–25, 29f., 34, 47, 53, 107, 109–111, 191f., 194
Stedinger 163
Steiermark, Hzge. v., Hzm. 39, 113f., 132, 168
Stein a. Rh., Kl. 18
Stephan, ungarischer Thronprätendent 78
Stephan Langton, Ebf. v. Canterbury 153
Straßburg 27, 157
–, Kirche v., Bf. 163
Sulzbach 51
Sutri 70, 75
Sven III., Kg. v. Dänemark (1147–1157) 60, 69
Sybel, Heinrich v. 96, 199
Sybille, Gattin Kg. Tankreds v. Lecce 133
Tagliacozzo, Schlacht v. 1268 191
Tankred v. Lecce, Kg. v. Sizilien (1189–1194) 112, 128–131, 133–135, 141
Tarentaise, Ebf. 143
Templer 46, 139
Terra di Lavoro 128, 141
Terrisius v. Atina 182
Territorialisierung der Herrschaft, Territorialpolitik 13, 25, 35f., 48, 51–53, 96, 107, 109, 111–113, 115, 133, 162, 165
Tertiare 173f., 185
Tettnang 18
Thaddeus v. Suessa, Großhofrichter 184
Theodora, Gattin Hzg. Heinrichs II. „Jasomirgott“ v. Österreich 45, 112
Thessalonike 42, 135
–, Vertrag v. 1148 42f., 45, 68f., 71
Thomas v. Capua, Kardinalpriester v. Santa Sabina 181
Thomas Becket, Ebf. v. Canterbury 87f., 90
Thomas v. Eccleston 192
Thronstreit, deutscher 121, 140–150, 161
Thüringen 21, 29, 36, 107, 193
–, Lgft. 29, 137
Tilleda 107
Tirol 114, 147
Tivoli 76
Tortona 98
Toulouse, Gfn. v. 108
Translatio imperii 144, 180
Trient 173
Trier, Kirche v., Ebf. 34f., 87, 109, 159
Trifels 20, 25, 134
Tripolis 135
Trojaner 95
Tunis 135

Tuszien, Toscana (Mgft., Hzm.) 32, 38, 58, 100, 103f., 134, 142, 145, 147

Überlingen 152
Ugolino v. Ostia s. Gregor IX. 173
Ulm 16f., 19, 30, 34
Ungarn, Kgr. 44f., 61f., 78, 116, 169
Unionsversuche zwischen griech. u. lat. Kirche 45f., 74, 89, 155
Uppsala, Kirchenprovinz 78
Uracher 163
Urban III., Papst (1185–1187) 105, 122
Urban IV., Papst (1261–1264) 191
Uri 18
Ursberg, Stift 109
Utrecht 24

Valley a. d. Mangfall, Schlacht v. 1140 38
Valvassoren 97
Vaucouleurs 153
Venedig 102, 181, 196
–, Doge 31, 155
–, Friede v. 1177 93f., 97, 103–105, 108, 116, 184
Verona 102, 104, 173
–, Verhandlungen v. 1184 105
Veroneser Bund 87, 97, 102
Vicelin, Bf. v. Oldenburg 60
Vicenza 102
Vienne, Kirche v., Ebf. 108
Viktor IV. (vormals Kard. Oktavian), Papst (1159–1164) 81–86, 104
Villani, Giovanni 193
Villingen 18
Vladislav I., Hzg. u. Kg. v. Böhmen (1158–1172) 44, 78
Vladislav, böhmischer Herzogsanwärter 44
Vogtei (Entwicklung) 12–14, 53

Waiblingen 33, 189
Waldburg (bei Ravensburg) 160
Waldemar I., Kg. v. Dänemark (1154/7–1182) 60, 79, 86, 119, 127
Waldemar II., Kg. v. Dänemark (1202–1241) 159, 166f.
Walram Paganus v. Limburg, Hzg. v. Niederlothringen 50
Walter v. Palearia, Bf. v. Troia, Catania 150
Walther v. der Vogelweide 140
Wassenberg, Schlacht v. 1206 147
Weilheim (Teck) 15, 18
Weingarten, Kl. 18, 31
Weinheim 49
Weinsberg 38, 48
Weißenburg, Kl. 19
Welf IV., Hzg. v. Bayern 15, 19, 34, 74
Welf v., Hzg. v. Bayern 18f., 34
Welf VI., Hzg. v. Spoleto und Mgf. v. Tuszien 38, 40, 42, 44f., 48, 53, 99f., 109, 117
Welf VII. 100, 109
Welfen 17–19, 27, 31f., 36, 38, 58, 74, 126, 140, 165, 168
–, Selbstverständnis 31f., 34, 115, 117
–, Hausgut, Hausmacht 18f., 24, 31f., 48, 60, 67, 107, 109, 117, 146
Welfesholz, Schlacht v. 1115 20
Weltherrschaft 84f., 94, 137–140
Wenzel I., Kg. v. Böhmen (1230–1253) 168
Werd, Gfn. v. 30
Westfalen 114, 119f., 143
–, Herzogsgewalt in (vgl. Köln, Hzm.) 113
–, Gogerichte 119
Wetterau 49, 110
Wettiner 193
Wetzlar, Reichsgut 110
Wibald, Abt v. Stablo-Malmedy u. Corvey 46, 50, 54f., 59, 63, 72
Wiblingen 49
Wichmann, Ebf. v. Magdeburg 63, 67f., 87f., 131
Wien 132
–, Hoftag v. 1237 168
Wilhelm v. Holland, röm. Kg. (1246–1256) 186, 189
Wilhelm I., Kg. v. Sizilien (1154–1166) 66, 69f., 72f., 75, 81, 90
Wilhelm II., Kg. v. Sizilien (1166–1189) 90, 94, 105f., 117, 128f., 135, 172
Wilhelm III., Kg. v. Sizilien (1194) 133

Wilhelm v. Ballenstädt, rhein. Pfgf. 34 f., 37
Wilhelm, Gf. v. Mâcon 73
Wilhelm v. Capparone 150 f.
Wilhelm, Kard. 81 f.
Windeck 49
Winterthur 18
Wiprecht, Gf. v. Groitzsch, Mgf. v. Meißen und Lausitz 26
Wittelsbacher 114, 147 f., 193–195
Wladislaw II., Hzg. v. Polen 43, 78
Wolfratshausen, Gfn. v. 39
Worms 20 f., 23, 26, 163, 168
–, Kirche v., Bf. 20, 109 f., 163
–, Hoftag v. 1179 117 f.
–, Reichstag v. 1192 131
–, Reichstag v. 1195 136
–, Hoftag v. 1235 164, 168
Wormser Konkordat v. 1122 23, 36 f., 60, 67, 97, 154
Wormsgau 22
Wülfingen 18
Würzburg 26, 73
–, Kirche v., Bf. 21–23, 111, 113, 127, 163
–, Hzm. s. *Goldene Freiheit*
–, Reichstag v. 1152 62 f.
–, Reichstag, Eide v. 1165 88, 90–93, 110
–, Reichstag v. 1180 118, 123 f.
–, Reichstag v. 1196 136
Wulfhild, Gattin Hzg. Heinrichs „des Schwarzen“ v. Bayern 18

Zähringer 9, 19, 30, 115, 157
–, Selbstverständnis 9, 56, 112
–, Hausgut, Hausmacht 18, 24, 108, 161
Zürich 18
–, Reichsvogtei 16
Zwiefalten, Kl. 18
Zypern, Kgr. 136, 139, 174